국제폐기물법

최영진

International Waste Law

박영사

본서는 필자의 박사학위논문 및 연구보고서를 기반으로
집필되었음을 밝힙니다.

교과서가 독자들에게 편안하게 읽힐 수 있도록 편집에 애써준
박영사 편집부 윤혜경 선생님과 손준호 과장님께 감사의 말씀을 드립니다.

서 문

본서는 광범위한 폐기물 분야를 관련 국제 조약 및 외국법으로 한정하고 양 법체계가 전 지구적 관심사인 폐기물 문제를 해결하는 일에 소극적인 측면을 제시하면서 그 개선방안을 논의하는 데 목적이 있다. 이에 따라 제1편 제2장에서 폐기물 및 기타물질의 해양투기 규제를 위한 국제협약인 런던의정서에 명정된 해양투기의 개념을 중심으로 해양투기 규제의 발전과정을 고찰하고 국제법상 해양환경보호의무를 준수하기 위한 해양투기 개념의 재정립과 연안국의 관할권 범위의 확대에 관하여 연구하도록 한다. 제3장에서는 런던의정서의 규제배경과 주요내용을 분석하여, 해양지구공학 활동 관리를 위한 런던의정서 규제범위 확대의 타당성에 대하여 고찰하도록 한다. 제4장에서는 해양투기로 인한 해양오염 분야에서 현재의 국가책임법을 적용하는 데 있어서의 한계를 연구하고 특히 문제되는 방사능 오염수의 해양투기에 대하여 우주법(Space Law) 분야에 있어서의 절대책임(absolute liability) 및 무과실책임주의를 해양투기 분야로의 도입 필요성을 주장하는 데 주안점이 있다. 이상의 연구방법은 폐기물 해양투기와 관련한 기존의 국제문서 이외에 전문적인 해양 관련 저서와 논문을 바탕으로 그에 대한 규범적 의미와 해석을 중심으로 연구한다. 제1편은 주로 폐기물 해양투기 관련 국제법의 선행연구가 중심이며, 비판적 검토를 통한 문제제기 및 해결방안을 마련하는 것을 방법론적으로 다루고자 하였다.

제2편은 제2장을 총 3개의 절로 구분하고 제1절에서는 EU의 폐기물관리 전략, 제2절에서는 개발도상국가의 주요 법령, 제3절은 폐기물관리의 기본원칙을 중심으로 연구하고, 제4절에서 지속가능한 폐기물 관리를 위한 방법을 고찰하였다. 제1절은 폐기물 전략에 해당하는 부분으로 EU의 폐기물 관리전략을 모범으로 예방－재사용－재생이용－재활용－처분(매립 및 소각)으로 구성하여 각 단계에서의 행위규범을 제시함으로써 친환경적

폐기물 관리의 당위성을 살펴보도록 한다. 제2절에서는 폐기물관리가 상대적으로 취약한 개발도상국가의 주요 법령을 다루는 데 있어서 라오스, 인도네시아, 캄보디아의 국내법이 폐기물관리에 충분한지에 대하여 검토하고자 한다. 제3절은 폐기물이 인위적인 국경 내에서만 피해를 야기시킬 뿐만 아니라, 공통의 관심사로 관리되어야 한다는 이해 아래 국제규범상 폐기물관리의 일반원칙을 제시하고 이와 관련된 개발도상국가의 법령을 살펴본다. 마지막으로 제4절에서는 폐기물관리에 있어서 추구되는 원리로 순환경제 개념에 대해서 EU와 한국의 국가실행을 분석하고 개발도상국 입장에서의 개선방안에 대하여 논의하도록 한다.

2022. 3.

저자

목 차

제1편

해양폐기물 관련 국제조약

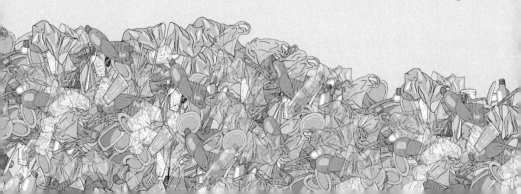

제1장

서 론

　네덜란드 법학자인 휴고그로티우스(Hugo Grotius, 1583~1645)는 그의 저서인 「자유해양론(Mare Liberum, 1609)」을 통해 17세기까지만 하더라도 해양이 무한한 자정능력을 가지고 있는 것으로 보았다. 그러나 오늘날 해양의 자정능력은 인간 스스로 자제하지 않으면 안 될 정도로 한계에 이르렀다는 것은 이미 자명한 사실이다.[1] 해양은 지구환경의 순환과정 중 가장 낮은 위치에 있으므로 오염물질의 대부분이 궁극적으로는 해양에 도달하게 된다. 폐기물의 해양투기로 인한 해양오염[2] 여부를 결정하는 기준은 점점 더 전문화되고 복잡해질 뿐만 아니라, 국제사회구조의 변화와 고도로 전문화된 지식을 필요로 하는 과학기술에 상당 부분 의존할 수밖에 없다. 그러나 해양오염으로부터 국제사회를 보호하기 위해서는 일반적 의무를 전제로 합리적인 해석을 통하여 관련 국제조약의 보편화를 통한 일국의 효과적인 해양투기 규제가 필연적이다. 지금까지 이러한 조약은 주로

---

1) 김한택, 「국제환경조약법」, 강원대학교·환경부, 2011, p. 100.
2) 본 연구에서 해양오염이란 인간에 의하여 직접적 또는 간접적으로 생물자원에 유해하며, 인간의 건강에 위험하고, 인간의 활동을 방해하는 결과를 초래하는 물질 또는 에너지가 해양에 투입되는 행위를 의미한다; V. Frank, *The European Community and Marine Environmental Protection in the International Law of the Sea*, Martinus Nijhoff Publishers, 2007, p. 11.

지역적 협약에 그치고 있으나, 보편적 국제규범의 확립을 위해 관련 입법적 다자조약에 상응하는 문서로 제시되는 런던의정서의 역할이 중요하다.

1960년대 후반 북대서양의 발트해(Blatic Sea)에서 해수 중의 높은 비소 농도가 1930년대 투기되었던 비소 때문이라는 사실이 밝혀짐에 따라 해양 투기가 해양오염에 비가역적인 악영향을 미친다는 인식이 자리잡게 되었다.[3] 이에 국제사회는 해양투기를 규제하기 위한 "런던협약"(Convention on the Prevention of Marine Pollution by Dumping of Wastes and Other Matters)과 이를 강화한 "런던의정서"(Protocol to the convention on the prevention of marine pollution by dumping of wastes and other matter)에 1972년과 1996년에 각각 합의하였다. 런던의정서는 Protocol이라는 명칭 으로 되어 있으나 실제에 있어서는 런던협약의 내용을 완전히 수정하여 새로운 협약에 해당한다. 런던의정서 당사국인 한국도 2016년부터 폐기물 및 기타물질의 해양투기를 금지하고 있다.

그러나 모든 폐기물 및 기타물질의 해양투기의 규제를 위하는 런던의 정서의 목적에도 불구하고, 런던의정서 그 자체로 '모든' 해양투기를 규제 하는데 한계가 상존한다. 우선 해양투기의 개념에서 운송수단 등에 의한 해양투기만을 규제하고 있으므로 유엔해양법에서 명정하고 있는 모든 해 양투기 오염원에 적용할 수 없는 한계가 따른다. 즉, 런던의정서만으로는 해양투기를 충분히 규제하지 못하고 있다. 또한, 관할권 문제와 관련하여 런던의정서 관할권 규정의 미비로 인해 유엔해양법협약을 비롯한 국제관 습법을 적용하고 있는데, 이는 전통적으로 국제해양법 분야에서 지적되는 선박에 대한 관할권 행사의 한계를 보완하지 못하고 있다. 한편, 런던의정 서 위반시 제기되는 문제로 국가책임에 관하여는 구체적인 규정을 두고 있지 않다.[4] 당사국회의에서도 국가책임 제도의 검토[5] 외에는 해양투기

---

3) 서단비 · 구민교, "국제 해양투기 금지레짐의 국내수용과 내재화에 관한 연구 - 정책 목표의 모호성과 갈등을 중심으로 - ", 「한국정책학보」 제23권 제2호, 2014, p. 145.
4) 런던의정서 제15조는 "다른 국가의 환경 또는 환경의 다른 모든 부문에 미치는 손해에 대한 국가책임에 관한 국제법의 원칙에 따라, 당사국은 폐기물이나 그 밖의

로 인한 해양오염에 대한 국가책임에 관해서는 별다른 진전을 보지 못하고 있다.[6]

이에 따라 제1편을 폐기물 관련 국제조약으로 런던협약(Convention on the Prevention of Marine Pollution by Dumping of Wastes and Other Matters), 유엔해양법협약(United Nations Convention on the Law of the Sea), MARPOL 73/78(International Convention for the Prevention of Pollution from Ships 73/78)협약 및 연성법(Soft Law)을 중심으로 연구하도록 한다. 그리고 런던의정서 제15조에서 명시한 '국가책임에 관한 국제법 원칙'에 해당하는 국제문서로 제시되는 "국제위법행위에 대한 국가책임 초안"(Draft articles on Responsibility of States for internationally wrongful acts) 및 이에 대한 발전적 해석방법으로 우주법(Space Law) 관련 조약을 비롯한 국가책임을 대한 국제협약을 연구의 범위로 한다.

구체적으로 제2장은 해양투기 규제의 발전에 관한 것으로 제1절에서 해양투기 규제의 필요성을 밝힌다. 해양투기의 개념에 대하여는 런던협약 및 런던의정서에서 규정하고 있으며, 런던협약상 해양투기의 개념은 유엔해양법협약에도 반영되어 있다. 런던의정서상 해양투기 개념이 위 두 협약과 다른 점은 폐기물 등을 고의로 해양에 투기하는 행위나 플랫폼(Platform) 기타 인공해양구조물을 부지에 유기(abandonment)하는 행위도 해양투기로 간주한다는 것이다. 그러나 이러한 해양투기의 개념적 접근 방법은 런던의정서가 목적으로 하고 있는 모든 폐기물의 해양투기에는 효과적이지 못하다. 특히 유류오염사고를 비롯한 선박 자체에서의 해양투기와 육상에서 해양으로 연결된 관로(pipeline)로부터 배출되는 미세플라스

물질의 투기 또는 해상소각으로 인한 위험 책임에 관한 절차를 개발한다."고 명시하고 있다.

5) IMO, *The London Convention and Protocol: Their role and contribution to protection of the marine environment*(www.imo.org), 2019. 4. 2.

6) IMO, *The London Protocol what it is and Why it is needed—London Protocol 1996—2016 Global Treaty at the forefront of protecting our oceans for present and future generations*(www.imo.org), 2019. 4. 2.

틱 및 방사능오염수의 해양투기에는 적용되지 않는 문제점이 발생한다. 이에 대해서는 유엔해양법협약상 해양환경보호의무의 준수를 위한 점, 해양투기에 대한 국제규범이 일반원칙으로 발전된 점을 고려하여 해양투기의 개념을 재정립할 필요가 있다. 또한, 런던의정서는 해양투기 관할권 범위에 대한 규정의 미비로 유엔해양법협약 및 국제관습법을 적용하여 해결하고 있는데, 국제해양법상 기국 우선주의 관할권 원칙으로 인하여 효과적인 해양투기 규제를 기대하는 데 한계가 따르므로 이에 대하여 해양투기 규제를 위한 일반원칙 개념을 도입한 관할권 체제의 확대 필요성에 대하여 연구하는 데 주안점이 있다.

제3장은 해양투기에 대한 런던협약 및 런던의정서 체제로 해양투기를 규제하기 위한 최초의 시도에 해당하는 런던협약을 평가하고, 런던협약상 해양투기 규제기 충분하지 못하였으며 규제 범위와 대상의 확대 문제와 관련한 당사국 총회의 이견으로 새로운 협약으로 발전한 런던의정서에 대하여 고찰한다. 런던의정서는 해양투기 규제에 있어서 '폐기물 평가 지침'을 도입하면서 런던협약보다 구체적으로 폐기물을 관리하는 것을 시도하고 있으며, 해양시비와 이산화탄소의 포집 및 저장 기술에까지 규제범위를 확대하고 있다. 해양지구공학(Marine Geoengineering) 활동으로 대표되는 위 활동을 런던의정서의 규제범위에 포함시킴으로써 해양환경관리에 있어서 보편적 다자조약으로 국제사회를 리드해 가는 런던의정서의 역할과 과제를 연구하도록 한다.

제4장은 런던의정서상 국가책임에 대한 규정이 소극적으로 다루어지고 있는 바, 이를 개발하는 것을 제15조에서 밝히고 있으므로 이와 관련한 국제문서로 "국제위법행위에 관한 국가책임 규정 초안"을 해양투기 분야에 적용하는 것이 적절한 지에 대하여 분석·평가하도록 한다. 아울러, 국가책임에 관한 최초의 국제협약으로 '우주법'(Space Law) 관련 국가책임 규범을 해양투기 분야에 도입하는 문제에 대하여 고찰하도록 한다. 해양투기에 대한 국제협약상 의무가 일국의 주권적 재량에 제한을 가할 수 있는 '대세적 의무'(obligation erga omnes)와 '강행규범'(jus cogens)[7]의 개념적 접근이 필

수적으로 요구되는 바, 런던의정서가 단순히 당사국의 일반적 의무만을 고려하는 것이 아니라 해양투기 규제를 구체화시킬 수 있는 보편적 다자조약으로서 국제사회를 리드해 나가는 역할을 하여야 한다는 점에서 해양투기에 대한 효과적인 규제를 위한 국제규범의 정립이 중요하다.

---

7) Charllotte Ku and Thomas G. Weiss(eds), *Toward Understanding Global Governance*, Acuns, 1998, pp. 5−9.

제2장

폐기물 해양투기 규제의 발전

제1절 해양투기 규제의 필요성

Ⅰ. 해양투기의 개념

1. 개념

Torrey Canyon호 사고[1] 이후 해양환경 보호에 대해 깊은 관심을 갖게 된 유엔총회는 1968[1]년 해양오염의 방지 및 통제를 위한 효율적 조치를 증진하는 결의안[2]을 채택하고, UN에 해양오염을 방지 및 통제하는 포괄적 조치와 국제협력의 증진을 제안하였다. 이에 따라 1972년 개최된 스톡홀름회의(UN 인간환경회의)에서는 해양오염이 중요한 이슈로 다루어졌으

---

1) 라이베리아 선적의 유조선인 토리캐넌호가 1967년 3월 영국 남서쪽의 실리 제도 (諸島)의 동쪽에 있는 공해상의 암초에 좌초하여 약 8만 톤의 원유가 유출되어 그 결과 영국의 해안과 프랑스의 부르타뉴 반도의 해안이 오염된 사건; R. R. Churchill & A. V. Lowe, *The law of the sea 3d ed*, 1999, p. 354: Douglas Brubaker, Marine Pollution and International Law − Principles and Practice, Belhaven Press, 1993, p. 129.
2) Resolution Promoting Effective Measures for the Prevention and Control of Marine Pollution, UNGA Res. 2414 (XXII) (1968).

며, 스톡홀름 회의 준비위원회가 1971년에 설치한 정부 간 해양오염에 관한 작업그룹(Inter-Governmental Working Group on Marine Pollution: IWGMP)에서는 선박, 항공기 등에 의한 폐기물의 해양투기를 규제하는 협약 초안과 관련 보고서를 준비하는 작업을 진행하였다. 스톡홀름 회의에서는 이 협약 초안을 검토하였으나 채택되지 못하고, 1972년 11월 영국의 초청으로 런던에서 열린 정부 간 폐기물 해양투기협약 회의(Inter-Governmental Conference on the Convention on the Dumping of Wastes at Sea)에서 폐기물 기타 물질의 투기에 의한 해양오염 방지협약(Convention on the Prevention of Marine Pollution by Dumping of Wastes and Other Matters; 이하 '런던협약'으로 약칭) 채택되었다.[3]

런던협약은 전문(Preamble)에서 대기나 하천, 하구, 배출구 및 관로(pipeline)를 통한 투기·배출 등과 같은 여러 오염원으로 인한 오염을 방지하기 위하여 당사국은 실행 가능한 최선의 수단을 이용하고, 신속한 규제를 위한 조치에 대한 논의의 필요성을 밝히고 있다.[4] 육상기인 폐기물의 해양투기는 일반적으로 관로(pipeline) 및 배출구를 통해 연안 해역에 유입되는 것으로 알려져 있다.[5] 따라서, 이에 대한 의미 있는 규제 마련이 필수적이었으나, 런던협약은 제3조 제1항 투기(dumping)에 관한 정의에서 관로(pipeline) 및 배출구를 이용한 투기(또는 배출)를 명시적으로 포함하지 않고 있다. 즉, 런던협약상 투기는 선박·항공기·플랫폼(platforms) 또는 그 밖의 인공해양구조물로부터 폐기물이나 그 밖의 물질의 고의적인 해상폐기를 규정하며, 운송수단을 이용한 해양투기 또는 인공해양구조물로부터의 고의적인 해상폐기를 명시하고 있다.

또한, 제3조 제3항에서는 "해양"의 정의를 국가의 내수를 제외한 모든 수역이라고 밝히면서 내수(internal waters)에서의 해양투기에는 동 협약을

---

3) IMO, *The London Dumping Convention,* 1991, p. 55.
4) Convention on the Prevention of Marine Pollution by Dumping of Wastes and Other Matters.
5) Lee A. Kimball, The UN Conference of the Law of the Sea and Marine Environmental Protection, *7 GEO. INT'L ENVTL. L. REV.,* 1995, p. 72.

적용할 수 없게 되었다. 당사국이 협약 이행을 위해 취해야 할 조치에 있어서도 선박, 항공기 및 플랫폼에 중점을 두고 있으므로 관로(pipeline)등으로부터의 해양오염원 통제를 위한 적절한 도구를 마련할 특별한 언급은 없다.

런던의정서(1996 Protocol to the convention on the prevention of marine pollution by dumping of wastes and other matter, 1972; 이하 '런던의정서'로 약칭)는 제1조 제4항에서 투기(dumping)의 정의를 선박·항공기·플랫폼 또는 그 밖의 인공해양구조물로부터 폐기물이나 그 밖의 물질의 고의적인 해양폐기 내지 해저와 그 하층토 내 저장으로 규정하고 있다. 또한 그 자체의 고의적인 해양폐기를 비롯하여 고의적으로 폐기만을 위한 플랫폼이나 그 밖의 해양인공구조물의 유기 또는 그 자리에서 쓰러뜨리는 행위를 투기에 포함한다. 런던협약 보다 추가된 점은 폐기물을 고의로 해저에 투기하는 행위나 플랫폼 기타 인공해양구조물을 부지에 유기 (abandonment)하는 행위도 해양투기로 간주한다는 것이다.

그러나 여전히 육상기인 폐기물의 해양투기 규제에 대해서는 언급되지 않고 있다. 육상기인 해양오염(pollution from land-based sources)은 ① 하천에 오염물질의 투기, ② 석유파이프라인으로 인한 오염, ③ 하수도를 통한 오염 등을 말한다. 주요 오염원은 생활하수, 사업장폐수, 농·축산폐수 등이다. 주요 오염물질은 연안[6] 수역에서 해양수역으로의 확장에 따라 농도와 영향이 다르게 나타난다.[7] 주로 연안해는 가장 오염된 반면 해저는 비교적 오염이 덜 된 상태이다.[8] 연안해 오염물질은 지속적인 해류의 이동으로 해저를 포함한 광범위한 해양 영역으로 운반된다.[9] 유럽

---

[6] 연안(coastal)이라 함은 해안의 가장 높은 지점에서 1km 이내 내륙으로 깊이 30m 의 등고선으로 이루어진 바다를 의미하며, 강이나 강어귀, 만, 썰물의 흐름에 따라 달라질 수 있다; Tom Beer, *Environmental Oceanography 4 2nd ed.*, 1996, p. 18.

[7] Daud Hassan, Protecting the Marine Environment from Land-Based Sources of Pollution: Towards Effective International Cooperation, *Environmental Law Review 10*, 2010, pp. 212-214.

[8] R.R. Churchill & A. V. Lowe, *op. cit.*, 1999, pp. 24-26.

은 1980년대, 미국은 1990년대 해양투기를 중단하였으며, 일본도 2007년부터 이를 금지한 바 있다. 한국은 2016년부터는 폐기물의 해양투기가 전면 금지되었다.[10)]

2. 의의 및 평가

런던협약 및 런던의정서는 정기적으로 공동당사국 회의를 개최하고 이를 효율적으로 운영함으로써 당사국 간 의견 차이를 조정하고, 과학적, 기술적 사고에 입각한 여러 결의안과 지침을 마련하여 협약의 효율성을 높여왔다. 결의안은 법적 구속력이 결여되어 있지만 대부분의 당사국들이 이를 준수함으로써 협약 이행에 기여하였다.[11)] 더욱이 그린피스(Greenpeace)와 같은 비정부 간 기구(NGOs)는 영국의 노후화된 석유시추시설인 Brent Spar의 해양투기를 반대하고 러시아가 동해에 핵폐기물을 투기하는 사실을 폭로하는 등,[12)] 당사국의 협약 위반 사례를 국제사회에 공표하여 협약 이행을 간접적으로 강제하는 역할을 기여하였다.

그러나 런던협약 및 런던의정서상 해양투기는 고의성이 없는 해양투기에는 취약하다. 뿐만 아니라, 런던의정서는 제2조 협약의 목적에서 '모든 종류의 오염원'(all sources of pollution)을 규제대상으로 하고 있으나 선박·항공기·플랫폼을 비롯한 운송수단과 인공해양구조물로부터의 해양투기에만 제한적으로 적용되므로 육상에 설치된 관로(Pipeline)으로부터의 해양투기는 동법의 규제를 우회할 수 있게 된다. 또한 해양투기 규제의

---

9) Richard Kenchington, *Managing and Protection the offshore estate*, 1995, Australian Defence Studies Centre, pp. 25 – 26.

10) 이학춘·이현주, "선박폐기물 처리에 관한 법적 규제 및 개선방안", 전북대학교 법학연구소 「법학연구」 통권 제53집, 2017, p. 187.

11) 김기순 외, "런던의정서 발효와 한국의 해양환경관리", 강원대학교·환경부, 2010, p. 21.

12) David Hunter & James Salzman & Durwood Zaelke, *International Environmental Law and Policy*, New York Foundation Press, 1998, pp. 773 – 776.

대상인 '폐기물'에 관한 개념에 관하여 "모든 종류, 형태 또는 부류의 재료와 물질"[13]이라고 밝히면서, 구체적인 언급은 회피하고 있다. 이와 관련하여 아래에서는 유엔해양법협약(United Nations Convention on the Law of the Sea; 이하 'UNCLOS'로 약칭)에서 정한 주요 오염원 중 해양투기와 관련한 오염원을 중심으로 규제 현황을 고찰하고 이러한 해양투기 규제의 필요성에 대하여 다루고자 한다.

Ⅱ. 주요 해양투기 오염원

1. 해양투기의 일반적 방법과 피해

'선박 자체에서의 해양투기'는 ① 선박 충돌이나 좌초 사고로 인한 유류유출, ② 선박평형수 청소 등 선박의 정상적인 운영활동에서 나오는 오염물질의 배출, ③ 구형 선박을 재활용 하기 위한 해체작업과정에서 발생하는 유해물질의 해상 배출을 말한다.[14] 그 밖에도 선박이 고의적으로 방출하는 쓰레기나 선박 표면에 칠한 방오 페인트[15]도 선박기인 오염원의 일부로 해양환경을 오염시키고 해양생물자원과 생태계를 위협한다. 선박 자체에서의 해양투기 중 유류유출의 경우, 매년 약 120만 톤 이상의 유류가 다양한 경로를 통해 해양으로 유입되는 것으로 알려져 있다. 이 중 자연적 누출이 49%로 가장 큰 비중을 차지하며, 선박 운행 16%, 선박사고

---

13) London Protocol Article 1(5)(8)
   "Wastes or other matter" means material and substance of any kind, form or description.
14) Curtis, J. Vessel Source Oil Pollution and MARPOL 73/78: An International Success Story?, *Environmental Law*, Vol. 15, 1985, pp. 679-692.
15) 선체에 조개류가 서식하지 못하도록 선박용 방오 도료로 사용되는 유기주석화합물성분은 해양생태계를 오염시키고 먹이사슬을 통해 인체에까지 심각한 영향을 미칠 수 있는 것으로 알려져 있다; IMO, MEPC 59 Report, Lloyd's Resiter on the 59th session of IMO Marine Environment Protection Committee, 2009, pp. 30-33.

14%, 해양시설의 운영으로부터 유출이 10%의 순으로 나타난다.[16] 특히, 선박의 좌초에 의한 해상 원유 유출 사고는 일정 지역을 상당한 기간 동안 해양생태계를 파괴[17]시킨다는 데 그 문제점이 있다. 특히 원유를 분해할 박테리아가 살 수 없는 남극지방의 경우 일단 원유가 유출되면 돌이킬수 없는 해양오염이 발생된다.[18]

'육상기인 폐기물 및 기타물질의 해양투기'는 육상에서 발생한 폐기물 및 기타 물질(이하 '폐기물'로 약칭)[19]을 연안 해역에 버리는 것을 말한다.[20] 제2차 세계대전의 전쟁 잔해물 처리의 일환으로 채택된 1945년 포츠담협정(Potsdam Agreement)의 당사국이었던 미국, 영국, 소련에 의해서 전쟁 잔해물를 연안해역에 버리는 대규모 관행이 시작되었다.[21] 폐기물이 연안해역에 투기되었을 경우 그 성분에 따라 바다 속으로 퇴적되거나 해수표면에 떠 있기도 하는데, 해양으로 배출된 폐기물은 해수에 희석돼 이동·확산되고 일부는 해저로 가라앉게 된다. 이렇게 확산된 폐기눌은 해

---

16) 임운혁·강성현, "해상 유출 사고에 의한 기름 오염", 「해양오염과 지구환경」, 한국해양과학기술원, 2012, p. 87.
17) 물고기의 아가미 호흡을 차단할 수 있으며, 해양 식물의 광합성에 영향을 미치게 된다.
18) 박기갑 외, 「환경오염의 법적 구제와 개선책」, 도서출판 소화, 1996, p. 211.
19) 해양으로 버려지는 폐기물 및 기타물질의 법률용어로서 '쓰레기'를 사용할 것인가에 용어적 혼란이 있다. 외국의 입법례를 살펴보면, 미국은 'debris'라는 용어를 사용하고 있으나 이는 표착부유물의 성격에 가까운 의미를 담고 있어 우리의 일반적 개념인 'waste'와 동일하게 볼 것인가는 다소 논란이 있으며, 일본의 경우에는 표착물이라는 용어를 사용하고 있다. 그러나 현재 육상폐기물법에서는 쓰레기라는 별도의 개념을 사용하고 있지 않다는 점, 쓰레기라는 용어의 사용 및 해석에한 일치된 입장이 없다는 점 등을 고려해 볼 때 바로 법적개념으로 사용하기 보다는 검토의 대상으로 남겨둘 필요가 있다; 김성배, "플라스틱으로 인한 해양오염에대한 대책", 「환경법연구」 제34권 제2호, 2012, pp. 36-37; 최승필, "해양폐기물의 관리 및 처리에 대한 법적 검토", 「외법논집」 제42권 제2호, 2018, p. 463.
20) A.E. Boyle, Marine Pollution under the Law of the Sea, *Journals of International law*, 1985, p. 793.
21) T. Stock, K. Lohs, The Challenge of Old Chemical Munitions and Toxic Armament Wastes, *Introduction. T. Stock, K. Lohs(eds.)*, Oxford University Press, 1997, p. 4.

양생물이 섭취하고 폐기물에 포함된 중금속 등 오염물질은 생태계 내에서 고등생물로 올라갈수록 축적이 된다. 그리고 해저로 가라앉은 퇴적물의 일부는 해저에 서식하는 저서생물(底棲生物)이 섭취하고, 다시 재부유한 후에 가라앉기를 반복하면서 최종적으로 해저 퇴적물 속으로 매몰된다. 한편 해류에 의해 연안해역에서 이동된 폐기물이 인접하는 국가의 바다로 유입되면서 인접국가와의 국가책임 문제가 제기된다.

2. 런던의정서에 포함되지 않은 해양투기

1) 선박 자체에서의 해양투기

(1) 2002년 프레스티지호 사건

바하마 국적의 유조선인 프레스티지(Prestige)호는 2002년 11월 13일 77,000메트릭톤(metric ton)에 달하는 중유를 적재하고 라트비아에서 출발하여 싱가포르로 향하던 중 스페인 해상에서 만난 태풍으로 인하여 탱크 일부에 균열이 발생하여 적재되어 있던 중유가 해양으로 흘러나오기 시작하였다.[22] 스페인 정부는 자국의 해양이 오염될 것을 우려하여 구조요청에도 불구하고 당해 선박으로 하여금 영해를 떠나게 하였고, 프레스티지호는 프랑스로부터도 기항허가를 받지 못하여 포르투갈로 향하였으나 포르투갈 당국은 자국 영해의 오염을 우려하여 해군을 동원하여 해당 선박의 접근을 막았다.[23] 프레스티지호는 어느 항구에도 기항하지 못하여 수리를 하지 못한 상태로 해상을 표류하는 사이 태풍의 영향까지 받아 단일선체(single hull)로 구성된 선체가 해체되기 시작하였다.[24] 2002년 11월 19일 결국 두 동강이 나 침몰하였으며, 침몰 이후에도 유류는 계속 누출되어 결국 모두 약 63,000톤의 중유가 해상으로 유출되면서 스페인과 프랑스의 해안, 해저 등의 해양생태계가 파괴되었을 뿐만 아니라 약 3십만

---

22) 최승필, *op. cit.*
23) *Ibid.*
24) *Ibid.*

마리의 조류가 폐사하고 양식장이 초토화되는 등 경제적으로도 최대 60억 유로의 막대한 피해가 발생한 것으로 추산하기도 하였다.[25]

프레스티지호 사고의 원인에 대해서는 20년 이상 노령화된 유조선이 노후화되면서 발생한 구조적 결함, 단일선체로 이루어진 선체구조 등이 지적되어 왔다. 나아가 프레스티지호가 등록된 기국(flag states)인 바하마가 적용하고 있던 선박의 안전기준이 다른 나라의 그것보다 낮다는 점 역시 지적된 바 있다. 이 사고를 비롯하여 여러 유류 유출사고가 발생한 이후 유럽연합(EU), 싱가포르 등 여러 국가들은 단일선체 유조선의 자국 항구에의 입항을 금지하는 등 사고를 방지하기 위한 다양한 조치를 취해 왔고, 한국도 2011년을 기준으로 단일선체 유조선의 입항을 금지하기도 하였다. 이처럼 해양생태계를 광범위하게 파괴하고 해양 및 수산 관련 산업에 막대한 손상을 야기하는 선박의 유류 유출사고 또는 일상적 운행 과정에서 발생하는 오염물질의 발생은 선박의 구조가 불완전하거나 필요한 안전기준을 준수하지 않은 것에서 기인하는 경우가 잦으므로, 국제사회는 이를 방지하기 위하여 선박이 준수하여야 할 기술적 조건이나 안전기준을 강화하여 왔다.[26]

(2) 선박평형수로 인한 해양생태계 피해

선박평형수(Ballast Water)는 선박 항해시 선박의 안정성을 유지하기 위해 배 밑바닥에 싣는 해수로, 저생 유기체(benthic organisms), 플랑크톤, 병원성 박테리아 등을 포함하고 있으며 외국에서 입항한 선박은 선박평형

---

25) Jose Juste and Velenti Bou, "After the Prestige Oil Spill: Measures Taken by Spain in an Evolving Legal Framework", Spanish Yearbook of International Law, Vol. 10 (2004); Robin Hansen, "Multinational Enterprise Pursuit of Minimized Liability: Law, International Business Theory and the Prestige Oil Spill", Berkeley Journal of International Law, Vol. 26, Issue2 (2008); Maria do Carme Garcia Negro et al, "Prestige Oil Spill in Galicia: Analysis of Legal Compensation Systems and Economic Assessment of Damages to Commercial Fisheries", Ocean Yearbook, Vol. 22 (2008).
26) 한창완, "선박으로부터의 오염방지를 위한 국제협약상 의무준수 — 미국의 사례를 중심으로 —", 「환경법연구」 제38권 제2호, 2016, pp. 202 — 203.

수를 바다에 방출할 때 외래 수중유기체를 함께 방출함으로써 연안국의 항만 주변수역을 오염시키거나 해양생태계에 피해를 입히게 된다.27) 선박 평형수로 인한 수생 생물의 이동은 해양환경을 교란시키는 등 악영향을 끼친다.28) 선박평형수를 통한 외래종 유입에 관한 연구는 20세기 초에 시작되었으며, 1993년 북해에 아시아에 서식하는 플랑크톤이 다량 서식하는 것이 확인되면서 소개되었다.29)

해양환경보호위원회(Marine Environment Protection Committee; 이하 'MEPC'로 약칭)는 선박의 선박평형수와 침전물을 통해 유해한 수중유기물질 및 병원성 박테리아가 이동하는 것을 방지하는 지침30)을 채택하였다. 1992년 리우회의는 선박평형수 배출을 주요한 국제관심사로 인정하고 이를 규제하는 협약을 채택하도록 요청하였다. 이에 따라 국제해사기구 (International Maritime Organization; 이하 'IMO'로 약칭)는 1993년과 1997년 총회에서 결의안 A.774(18)31)과 A.868(20)32)에 따라 선박평형수 관리지침을 채택하고, 동시에 선박의 선박평형수와 침전물을 통해 유해한 수중유기물질 및 병원성 박테리아가 이동하는 것을 최소화하기 위해 선박의 선박평형수 통제 및 관리를 위한 법적 구속력 있는 협약을 만들도록 MEPC에 요청하였다. MEPC는 선박평형수 관리협약을 MARPOL73/78의 새 부속서로 채택하는 방안을 검토하였으나 1999년 MEPC 제43차 회의

---

27) 김기순 외, *supra note 18.*, pp. 84－85.
28) 두현욱, "UN해양법협약상 연안국 관할 수역별 IMO선박평형수관리협약 이행방안 고찰", 「해사법연구」 제27권 제3호, 2015, p. 268.
29) Carl Hansen Ostenfeld, Immigration of a Plankton Diankton Diatom into a quite new Area within recent years Biddulphia sinensis in the North Sea Waters, *Int. Revueges. Hydrobiol. Hydrogr.*, Vol. 2, pp. 362－374.
30) Guidelines for Preventing the Introduction of Unwanted Organisms and Pathogens from Ships' Ballast Water and Sediment Discharges, 1991.
31) Resolution A.774(18), Guidelines for preventing the introduction of unwanted aquatic organisms and pathogens from ships' ballast water and sediment discharges, International Maritime Organization, 1993, p. 2.
32) Resolution A.868(20), Guidelines for the control and management of ships' ballast water to minimize the transfer of harmful aquatic organisms and pathogens, International Maritime Organization, 1997, p. 2.

에서 이를 별도의 협약으로 채택하기로 결정하고 협약 제정작업을 준비하였으며,[33] 2004년 "선박의 평형수와 침전물의 통제 및 관리를 위한 국제협약"(International Convention for the Controland Management of Ship's Ballast Water and Sediments; 이하 "선박평형수관리협약"으로 약칭)이 채택되었고[34] 2017년 9월 8일에 발효되었다. 동 협약에 따르면 당사국은 선박평형수 및 선박 내 침전물의 통제와 관리를 통해 유해한 수중 생물체와 병원성 박테리아의 이동을 방지, 경감, 제거하기 위해 협약 조항과 부속서를 준수할 일반적인 의무를 부담한다. 나아가 개별적 또는 다른 국가와 합동으로 보다 강력한 조치를 취할 권리가 있으며, 당사국 법령은 선박평형수 관리관행이 자국 또는 타국의 환경, 인류의 건강, 재산 또는 자원에 미치는 것보다 더 큰 피해를 일으키지 않는다는 것을 보장해야 한다. 이를 위하여 모든 선박은 가장 가까운 육지로부터 적어도 200해리에서, 그리고 수심 200m 이상에서 선박평형수를 교환하도록 되어 있다.

이 협약은 모든 선박이 선박평형수 및 침전물 관리계획을 이행하도록 요구하고 있으며, 선박평형수 기록장부(Ballast Water Record Book)를 선박 내에 보관하도록 하고 있다. 비상사태를 포함한 추가적인 조치에 대한 지침서는 액체 및 가스 적화물에 관한 소위원회(Sub-Committee on Bulk Liquids and Gases, BLG)에서 추진하였다.[35] 선박평형수 관리협약에 따라 협약을 적용 받는 선박들은 2024년 9월까지 순차적으로 선박평형수처리 장치를 설치하게 될 것이며, 선박평형수처리장치를 설치하기 전까지는 선박평형수 교환을 시행한 후 배출하여야 한다. 그러나 일부 국가의 경우 동 협약을 비준하였음에도 불구하고 기술적 한계에 따른 성능기준 미달의

---

33) MEPC 43/21. Report of the Marine Environment Protection Committee on its forty third session. International Maritime Organization, 1999, p. 17.

34) BWM/CONF/36. Adoption of the final act and any instruments, recommendations and resolutions resulting from the work of the conference, International Convention for the control and management of ships' ballast water and sediments, International Maritime Organization, 2004.

35) http://www.imo.org.(2022. 2. 28.)

처리장치 사용에 따른 상이한 선박평형수 배출기준을 적용하면서 동 협약의 한계가 지적된다.[36) 따라서, 동 협약상 기술지원과 관련한 국제사회의 협력이 요구되는 바, 역사적 책임성(historic responsibility)에 근거한 선진국과 해운회사의 기술지원에 관한 노력이 필요하다.

(3) 선박해체작업에서의 유해물질 배출

일반 대형선박의 경우, 약 28년을 사용하면 수명이 다하여 재활용하게 되며 여객선, 컨테이너선, 일반화물선을 포함하여 약 700척의 선박이 해체되고 있다.[37) 선박은 다양한 유해물질이 포함되어 건조되며 해체과정에서 이러한 해양오염원이 배출되게 되므로 해양에 안전한 방식으로 이루어져야 한다. 그러나 주로 개발도상국 해안에서 실시되는 선박 해체는 강도 높은 노동력 이용, 낮은 임금, 국제기준의 비준수와 유해폐기물의 배출로 환경을 오염시킬 수 있는 극히 위험한 과정을 포함하고 있다.[38) 특히 선박 건조 및 운항 시에 이용된 석면, PCBs, 유류찌꺼기, 중금속 등의 유해폐기물이 해체선박에 의해 국가 간 이동문제를 일으키기 때문에 선박 해체는 유해폐기물의 국가 간 이동 및 그 처리의 통제에 관한 바젤협약(Basel Convention on the Control of Transboundary Movements of Hazardous Wastes and their Disposal; 이하 '바젤협약'으로 약칭)과 협의가 병행되어야 하는 영역이다.[39) 2006년부터는 선박재활용협약을 채택하기 위한 준비작업이 시작되었으며, 2009년 5월 홍콩에서 열린 외교회의에서 만장일치로 선박재활용협약[40)을 채택하였다.

선박재활용협약은 재활용과정에서 발생하는 석면, 중금속, 탄화수소(hydro carbon), 오존층 파괴물질 등 환경적으로 유해한 물질이 환경오염

---

36) 이보라·이윤철, "선박평형수관리협약의 시행상의 한계와 향후 과제", 「해사법연구」 제30권 제1호, 2018, pp. 176-191.
37) 국승기, 「친환경 선박 재활용 협약 발효에 따른 국내 대응방안 정책 연구용역」, 해양경찰청, 2009, p. 4.
38) Ibid.
39) 김기순 외, supra note 18., p. 147.
40) International Convention for the Safe and Environmentally Sound Recycling of Ships, 2009.

을 일으키지 않도록 규제하고, 재활용지역의 작업 및 환경조건을 포함하여 선박재활용과 관련된 모든 문제를 다루고 있다. 따라서 선박재활용협약에서는 유해물질의 관리가 가장 중요한 부분이며, 이러한 점에서 바젤협약과 계속해서 공조를 이루어나갈 것으로 보인다.[41] 협약 부록은 선박재활용 야적장, 선박 수리야적장 및 협약당사국에게 설치나 이용이 금지되거나 제한되는 유해물질목록을 포함한다. 선박은 유해물질 재고품 목록을 입증하는 최초조사, 선박 운항 기간 중의 추가조사, 재활용 이전의 최종조사를 받아야 한다. 선박재활용 야적장은 선박이 재활용되는 방식을 명시하는 선박재활용계획을 제공해야 하고, 당사국은 그 관할권하에 있는 선박재활용시설이 협약을 이행할 수 있도록 효율적인 조치를 취하여야 한다.[42]

2) 육상기인 폐기물 및 기타물질의 해양투기

(1) 미세플라스틱

플라스틱 및 살충제를 비롯한 '잔류성 유기 오염물질'(Persistent Organic Pollutants: POPs)의 경우 해수 및 연안 환경에 누적적 영향을 미치는 오염원에 해당한다.[43] 특히 '잔류성 유기 오염물질'의 경우 오염원 축적되면서 피해가 장기적으로 나타나게 된다.[44] 오염물질의 지속성과 이동성으로 인해 국제협력을 반영한 대응이 필수적으로 요구되는 바 국제공동체의 상호의존적인 측면이 해양오염 분야에서 요구된다.[45] 2010년에는 해양으로 투기된 플라스틱 쓰레기를 480만 톤에서 1,270만 톤으로 추산되며, 만약 해양 폐기물의 적절한 처리 방안을 마련하지 못하게 된다면, 2025년에는 현

41) 김기순 외, *op. cit.*, p. 50.
42) http://www.imo.org(2022. 2. 28.)
43) Sunneva Sætevik, *Environmental Cooperation between the north sea States*, Belhaven, 1988, pp. 32−33.
44) World Wildlife Federation, UNEP Global Persistent Organic Pollutants(POPs) Treaty − INC5/Johansburg Dioxins: Aiming for Ultimate Elimination(2000).
45) Stockholm Convention on Persistent Organic Pollutants, May 22, 2001, 40 I.L.M. 532 (2001).

재 기준 약 4배 정도가 해양에 유입될 것이다.[46] 또한, 해양 평방 마일 마다 플라스틱 46,000조각이 차지하고 있으며, 매년 만 마리 이상의 바닷새와 십만 마리의 상어, 거북이, 돌고래 등이 플라스틱을 먹고 죽어 간다.[47]

플라스틱 쓰레기 중에서도 미세플라스틱(microbeads)은 더 큰 문제이다. 미세플라스틱은 길이나 지름이 5mm 이하인 플라스틱을 의미한다.[48] 미세플라스틱은 하수처리장에서 걸러지지 않고, 강이나 운하로 흘러가 궁극적으로 해양에 도달하게 된다.[49] 매년 바다로 유입되는 950만 톤의 플라스틱 쓰레기 중에서 미세플라스틱은 약 15~31%를 차지한다.[50] 매우 미세하여 수거하는 것이 불가능하다. 또한, 해양생물들이 먹이로 오인하고 섭취할 수 있기 때문에 해양생태계의 건강성과 생산성을 낮출 수 있으며, 어류섭취를 통해 인체 피해를 유발한다.[51] 한국해양과학기술원의 조사에 따르면 한국 연안 해역의 1m^{2}당 미세플라스틱 오염도는 해외 평균보다 8배 높은 상황이다.[52] 유엔환경총회(UNEA)는 2014년에 미세플라스틱에 관한 결의안을 채택하였으며, 플라스틱과 미세플라스틱에 관한 현안과 연구동향을 종합적으로 검토하여 보고하였다.[53] 향후 미세플라스틱을

46) Jambeck, J. R., R. Geyer, C. Wilcox, T. R. Siegler, M. Perryman, and A. Andrady et al., 2015, "Plastic waste inputs from land into the ocean", *Science 347(6223)*, pp. 768－771.
47) 한국환경공단, 세계 플라스틱 재활용의 전망과 동향, 2014.
48) GESAMP, 2015, *Sources, fate and effects of microplastics in the marine environment," In P. J. Kershaw (ed.)*, (IMO/FAO/UNESCO－IOC/UNIDO/WMO/IAEA/UN/UNEP/UNDP Joint Group of Experts on the Scientific Aspects of Marine Environmental Protection), Rep. Stud. GESAMP, No. 90, p. 96.
49) Government of Canada, *Microbeads－A Science Summary*, 2015, pp. 14－15.
50) Boucher, J. and D. Friot, 2017, *Primary microplastics in the oceans: A global evaluation of sources*, Gland, Switzerland: IUCN.
51) Kathryn, M., D. Santillo, and P. Johnston, 2016, Plastics in seafood － full technical review of the occurrence, fate and effects of microplastics in fish and shellfish, *Greenpeace Research Laboratories Technical Report* (Review) 07－2016.
52) 한국해양과학기술원, 2015, 미세플라스틱에 의한 연안환경 오염 연구.

포함한 해양 플라스틱 오염 이슈가 국제협약으로 발전될 가능성이 높다.

(2) 원자력발전소 사고로 인한 방사능오염수 배출

1986년 구소련에서 발생한 체르노빌 원자력 발전소 사고[54]와 2011년 일본 후쿠시마 원자력 발전소의 폭발 사고에서 알 수 있듯이 방사능오염수의 배출은 해양에 심각한 피해를 발생시켰다.[55] 저농도 오염수 배출행위의 진정한 위험성은 배출한 오염수가 방사능에 오염 되었다는 것이다. 현재 핵 관련 협약도 적지 않은 편이고 해양의 보호를 목적으로 하는 협약도 많지만 육상에서의 사고로 인한 방사능 오염수 투기문제는 어떠한 법의 구속을 받아야 할지 여전히 명확하지 않는 상태이다. 런던의정서는 방사성 물질이 IAEA에서 규정한 일정한 농도를 지나게 되면 런던의정서 부속서1에 해당하는 물질이더라도 해양투기 금지라고 규정하였으나, 후쿠시마 원자력발전소사고에서 발생한 초기의 고농도 오염수 유출은 일단 고의성을 띄지 않아 런던의정서 적용범위에서 배제하여야 한다.[56]

방사능오염수는 대기나 지하수를 통해 자연환경으로 빠르게 유입되며, 반감기가 길어 자연 분해될 때까지 길게는 천 년 내지 수십만, 수백만 년 동안 방사능과 열을 배출하게 된다.[57] 체르노빌 원자력 발전소 사고는 30년이 지난 지금도 출입이 통제되어 있고, 주변 3국의 오염 규모는 15만 km²에 이르며,[58] 일본 후쿠시마(Fukushima) 사고에서는 그 해 4월 4일에

53) *Ibid.*
54) 벨라루스의 유전학자인 V.K. 사브첸코는 체르노빌 사고를 '인류 역사상 최악의 기술적 재앙'이라고 표현했으며, 방사능에 관한 UN과학위원회는 체르노빌 사고의 사망자 수를 약 1천 명 정도로 추산했다; Alfred W.Crosby, *Children of the Sun*, W.W Norton & Co Inc, 2007, p. 218−221.
55) Alfred W.Crosby, *Children of the Sun*, W.W Norton & Co Inc, 2007, pp. 218−221; 김영일, "해양의 방사능 오염, 해양오염과 지구환경", 「한국해양과학기술원」, 2012, pp. 149−150.
56) Ken Belson & Hiroko Tabuchi, Japan Struggles to Plug Leak as Radioactive Water Seeps into the Sea, *N.Y. Times, Apr. 3,* 2011, at A12.
57) 김기순 외, *supra note 18.*, p. 76.
58) Rajiv Kalra, Glenn V. Henderson, Jr. and Gary A. Raines, Effects of the Chernobyl Nuclear Accident on Utility Share Prices, *Quarterly Journal of Business and Economics*, Vol. 32, No. 2, p. 52.

원자력발전소 운영자가 원자로 냉각에 사용할 오염수 저장 시설 확보를 위하여 의도적으로 1만 1,000톤의 방사능 오염수를 직접 바다에 유출시켰다.[59] 이러한 위험은 현재에도 상존하게 된다.[60]

따라서 육상에서의 사고로부터 유입되는 방사능 오염수에 대한 적절한 규제 방안이 마련되어야 할 것이다.[61] 현재의 국제법 체제를 유지하면서 이를 규제하기 위한 방안으로는 첫째, 런던협약 및 런던의정서에서 정한 기본 골격을 토대로 육상사고에 기인한 해양투기의 원천을 통제하기 위한 조약을 채택하여야 한다.[62] 그러나 보다 근본적으로 원자력발전소를 중단시키는 것을 고려할 수 있다. 둘째, 국가는 원자력 발전소를 비롯한 해안 시설에 대한 특별한 고려를 포함하여, 응급상황 시 해양환경오염을 최소화할 수 있는 수단을 선택할 수 있는 원칙을 개발해야 한다. 셋째, 이러한 국제문서는 제3국을 위시하는 각국의 감독 및 준비절차가 포함되어야 한다.[63] 육상으로부터의 오염물질 제어에 대한 구속력 있는 합의보다는 제한적인 골격협약(framework convention)으로 접근하는 것이 선호된다.[64]

(3) 핵폐기물의 해저처분

런던협약에서는 고준위 핵폐기물에 대해서는 해양투기 금지를 규정하면서 중준위·저준위 핵폐기물에 대해서는 특별허가에 따른 해양투기 허

---

59) Hiroko Tabuchi & Ken Belson, Japan Releases Low−Level Radioactive Water into Ocean, *N.Y. Times, Apr. 4*, 2011.

60) Ken Belson, Filtering of Tainted Water Begins at Japanese Plant, *N.Y. Times, June 18*, 2011, p. 8.

61) Daud Hassan, *supra note 14.*, pp. 215−216.

62) Darian Ghorbi, There's Something in the water: The Inadequacy of International Anti−Dumping Laws as applied to The Fukushima Daiichi radioactive water discharge, *American University International Law Review*, 2012, pp. 488−489.

63) Amal Bala, Sub−Seabed Burial of Nuclear Waste: If the Disposal Method Could Succeed Technically, Could It Also Succeed Legally?, B*oston College Environmental Affairs Law Review*, Vol. 41, 2014, pp. 461−467.

64) David Hunter et al., *supra note 19.*, p. 735.

용을 규정하고 있다. 그럼에도 불구하고 러시아와 영국을 비롯한 일부 국가들은 고준위 핵폐기물을 포함한 모든 종류의 핵폐기물을 해양에 투기하였다. 특히 러시아는 핵 함대의 핵추진 쇄빙선과 핵잠수함, 원자력 발전소에서 나오는 핵폐기물의 43%를 카라 해(Kara Sea)에 버린 것으로 기록되고 있다.[65]

원자력발전소를 운영하는 국가들이 핵폐기물을 처리하는 데 있어서 선호하는 방법은 컨테이너 보관하여 해저처분시키는 것이다. 오랫동안 인간의 접촉을 피할 수 있으며 육상환경으로부터 격리시키는 조치에 해당한다.[66] 핵폐기물을 육상에서 처리하게 되면 핵폐기물 저장탱크에 인간이 노출될 수 있으며, 테러범에게 쉬운 공격목표를 제공하게 되고, 자연재해를 악화 및 님비현상(Not In My Backyard; NIMBY)이라는 몇 가지 문제점으로부터 우려를 불식시킬 수 있는 장점으로 해저처분이 선호된다.[67] 그러나 이러한 핵폐기물의 해저처분 결과는 해양이 전 글로벌 공통의 이해관계를 가진다는 이해 아래 부적절한 결과로 보인다. 이미 다수의 국제협약에서 이를 금지하고 있다. 그러나 대서양과 태평양의 30개 지점에 약 112,000개의 핵폐기물이 고의적으로 투기되었으며, 몇몇 유럽국가들과 함께 일본과 한국이 이에 관여하였다.[68]

상당수의 원자력 산업은 지속가능하지 않게 되었는데, 핵폐기물의 장기 저장이나 처분계획을 명확히 않은 상태에서 고준위 방사성 폐기물을 계속해서 만들고 있기 때문이다.[69] 적절한 저장이나 처리방법이 없는 상태에서 핵폐기물을 해양환경에 노출시키면 인간의 건강을 극도로 긴 시간

---

65) *Ibid.*, pp. 76−77.
66) Dominique P. Calmet, Ocean Disposal of Radioactive Waste: Status Report, *31 IAEA BULLETIN, No. 4*, 1989, p. 47.
67) Megan Easley, Standing in Nuclear Waste: Challenging the Disposal of Yucca Mountain, *97 CORNELL L. REV.*, 2012, p. 690.
68) James Waczewski, Comment, Legal, Political, and Scientific Response to Ocean Dumping and Sub−Seabed Disposal of Nuclear Waste, *7 J. TRANSNAT'L L. & POL'Y 97*, 1997, pp. 22−23.
69) Amal Bala, *op. cit.*, p. 45.

동안 위협할 수 있다. 불행하게도 이와 같은 핵폐기물의 해저처분에 관한 정책이 지속가능한 발전을 위협한다.[70]

원자력 발전소 운영국가에서는 계속해서 상당한 양의 고준위 방사능을 생산하고 있으며, 이로 인한 핵폐기물은 해양오염을 야기시게 된다. 현재 435기의 원자로가 전 세계 30개국에서 가동되고 있다.[71] IAEA를 비롯한 원자력 찬성론자들은 원자력은 탄소 배출을 줄임으로써 인류생존에 필수적인 지구온난화 완화에 도움이 될 수 있는 이상적인 형태의 지속가능한 에너지라고 주장한다.[72] 반면 그린피스(Greenpeace) 등 국제환경단체는 원자력 운영비용이 경제성에 부합하지 않으며, 핵폐기물은 방사능 위험으로 허용할 수 없는 발전방식이라고 주장하면서 안전한 전력생산을 위한 대안이 충분히 마련되어 있다고 주장한다.[73]

런던의정서는 핵폐기물의 해저처분을 금지하고 있으며 원자력 발전소 운영의 부산물인 핵폐기물도 런던의정서의 규제 대상에 해당한다.[74] 일부 학자들은 런던의정서에서 금지하는 투기(dumping)에 핵폐기물의 해저처분이 포함된 것에 대하여 비판을 표명한 바 있다.[75] 그러나 UNCLOS는 해양환경오염의 정의에 있어서 "… 해로운 결과를 가져오거나 가져올 가능성이 있는 물질이나 에너지를 인간이 적접적으로 또는 간접적으로 강어귀를 포함한 해양환경에 들여오는 것"(제1조 제4항)이라고 규정하고 있으

70) Noah Lichtenstein, The Hanford Nuclear Waste Site: A Legacy of Risk, Cost and Inefficiency, *44 Natural Resources Journal*, 2004, pp. 43－45.
71) 원자력 발전은 전 세계 1차 에너지 공급량의 약 5%를 차지하고 있으며, 세계 전력발전량의 11.7.5를 연료 점유율로 제공하고 있다. 미국, 프랑스, 러시아가 세계 원자력 발전량의 약 56%를 창출하고 있으며, 특히 미국의 경우 2014년 기준 31개 주 100기의 원자로를 보유하고 있다; Amal Bala, *op. cit,,* p. 47.
72) Burton Richter, *Between Two Devils*, IAEA BULLETIN, 2006, p. 14.
73) Andrew C. Klein, Clean Energy, Guaranteed, *Why Nuclear Energy is worth the cost,* 2010, pp. 13－18.
74) Mary Jane Angelo et al., Reclaiming Global Environmental Leadership: What the United States should ratify ten pending environmental treaties, *Center for Progressive Reform White Paper*, 2012, pp. 22－24.
75) Hollister & Nadis, Burial of Radioactive Waste Under the Seabed, *Scientific American*, Vol. 278, No. 1, 1998, p. 62.

므로, 핵폐기물의 해저처분은 명확히 위법한 것이 된다. UNCLOS는 본문에서 핵폐기물을 명시적으로 언급하지는 않고 있지만 광범위한 조항을 통하여 핵폐기물의 해저 처분을 금지되는 것으로 볼 수 있으며, 이에 따라 핵폐기물 해저처분에 관한 정책적 고려는 국제법을 위반한 것이 된다. 그럼에도 불구하고 국제적 차원에서 핵폐기물의 해저 처분에 대한 열망은 원자력발전소 운영 국가들에 의해 정당화되고 있다.[76]

한편, 런던협약은 어떠한 형태나 조건에서든 폐기물의 해양투기를 금지한다고 규정하고 있지만, 해저오염에 관해서는 구체적으로 다루지 않고 있다.[77] 단, 부속서1 제6조에서 국제원자력기구가 공중보건이거나 생물학적 또는 그 밖의 이유로 해양투기가 적합하지 않다고 규정한 고준위 방사성 폐기물 또는 그 밖의 고준위의 방사성 물질은 금지하고 있다. 런던의정서는 폐기물 또는 기타 물질의 해저와 그 하층토에 저장하는 것을 금지하고 있다(제1조 제4항). 그러나 런던의정서상 해양의 정의에 육지로부터만 접근이 가능한 해저면 하부저장소는 포함되지 않으므로(제1조 제7항) 원자력발전소 운영국가들이 핵폐기물을 해저에 저장하기 위해 내수의 내측 한계 내에서 해저 시추작업을 통하여 깊이 매장하는 작업은 런던의정서의 적용 범위를 우회할 수 있게 한다.[78] 그런데 핵폐기물의 해저처분은 당해 보관시설에 하자가 발생할 경우 방사능 누출로부터 자유로울 수 없게 된다. 이와 관련하여, 런던의정서가 핵폐기물에 대한 제한적 접근을 위해서라도 내수에 인접한 육지에서의 해저처분 금지에 관한 규제 마련이 필요하다.

---

76) Charles B. Anderson, Ocean Dumping and the Marine Protection, *Research and Sanctuaries Act, 1 LOY. MAR. L.J. 79*, 2002, pp. 91−92.
77) Christopher Meisenkothen, Note, Subseabed Disposal of Nuclear Waste: An International Policy Perspective, *14 CONN. J. INT'L L. 631*, 1999, p. 649.
78) Hollister & Nadis, *op. cit.,* p. 63.

Ⅲ. 규제의 필요성

1. 해양환경보호

해양투기가 해양생태계에 미치는 악영향을 구체적으로 살펴보면 4가지 측면으로 대별할 수 있다.[79] 첫째, 해양투기의 물리적 영향에 따른 탁도의 상승으로 인해 일사광투과와 용존산소가 감소한다. 둘째, 폐기물이나 유류퇴적물이 해저에 쌓이는 경우 유해물질을 해양의 근저에 퇴적시키게 되어 해양생물종에 대한 악영향이 지속적으로 발생한다. 셋째, 생물학적인 측면에서 생태계를 교란하게 되며, 생물량이 저하되고 인간이 섭취하는 어류 및 조류에 미세플라스틱과 같은 유해물질이 축적된다. 넷째, 경제적 영향으로 어업생산량이 저하되며 장기적으로 사회문제를 야기시키게 된다.[80]

해양환경보호는 관할권 규칙과 국제환경법의 목적, 원칙, 접근방식이 병존하여 '국제해양환경법'을 형성하는 국제법 분야이다.[81] 해양환경오염에 대한 우려는 시간이 지남에 따라 증가하고 있으며, 국제법 분야가 주목하는 발전 중 하나에 해당한다.[82] 이러한 인식은 해양환경보호에 대한 중요한 위협을 해결하기 위한 법적 규제의 확산으로 이어졌다. 그러나 해양에서의 국가는 보호조치를 취하는 데 있어서 육지에서보다 자유롭지 못하다. 따라서 국제규범의 존중이 필요한데, 이러한 국제규범은 연안국의 해양기반활동에 일정한 제한을 가하고 있다.[83] 해양환경보호를 위한 국제

---

79) 최승필, "해양폐기물의 관리 및 처리에 대한 법적 검토", 「외법논집」 제42권 제2호, 2018, p. 455.
80) *Ibid.*
81) V. Frank, *The European Community and Marine Environmental Protection in the International Law of the Sea*, Martinus Nijhoff Publishers, 2007, p. 11.
82) HS Schiffman, *International Law and the Protection of the Marine Environment*, Oxford: EOLSS Publishers Co. Ltd., 2009, p. 213.
83) J. Roberts, *Marine Environment Protection and Biodiversity Conservation - The Application and Future Development of the IMO's Particularly Sensitive Sea Area Concept,* Springer, 2007, p. 17.

규범은 상호의존적이며, 이를 실현하기 위한 가장 포괄적인 환경조약인 UNCLOS은 비당사국을 포함한 대부분의 국제사회 구성원에게 구속력을 갖는 것으로 간주된다.[84]

UN이 설립한 과학부문 해양환경오염 합동 전문가 그룹(Joint Group of Experts on the Scientific Aspects of Marine Pollution; 이하 'GESAMP'으로 약칭)은 해양오염(Marine Pollution)을 "생물자원을 해치고, 인간건강에 피해를 주며, 어업 기타 해양활동을 방해하고, 바닷물 이용을 위한 수질을 악화시키고, 쾌적함을 감소시키는 등의 해로운 결과를 가져오는 물질이나 에너지를 인간이 직접, 간접적으로 강어귀를 포함한 해양환경에 투입하는 것"으로 밝히고 있다.[85] GESAMP의 정의는 런던협약과 1974년 헬싱키협약,[86] 1976년 바르셀로나협약,[87] 1978년 쿠웨이트지역협정[88] 등 해양오염을 방지하고 규제하기 위해 채택된 다수의 국제문서에 도입되었다.[89]

UNCLOS는 해양환경오염(pollution of marine environment)에 대해서 제1조 제4항에서 "생물자원과 해양생물에 대한 손상, 인간의 건강에 대한 위험, 어업과 그 밖의 적법한 해양이용을 포함한 해양활동에 대한 장애, 해수이용에 의한 수질악화 및 쾌적도 감소 등과 같은 해로운 결과를 가져

84) Suzanne Lalonde, *Protection of the Marine Environment: The International Legal Context, A Symposium on Environment in the Courtroom: Protection of the Marine Environment*, Canadian Institute of Resources Law 2016, pp. 4-5.
85) GESAMP *Reports and Studies*, No. 47, 1991, p. 35.
86) Convention on the Protection of the Marine Environment of the Baltic Sea Area (Helsink1), 1974.
87) Convention for the Protection of the Mediterranean Sea against Pollution (Barcelona); Protocol for the Preservation of Pollution of the Mediterranean Sea by Dumping from Ships and Aircraft, 1976.
88) Kuwait Regional Convention for Cooperation on the Protection of the Marine Environment from Pollution, 1978.
89) Quing-nan Meng, *Land-based Marine Pollution: International Law Development,* Graham & Trotman, Kluwer Academic Publishers Group (USA), 1987, p. 4; IMO, The London Dumping Convention: The First Decade and Beyond, London, 1991, pp. 63-64.

오거나 가져올 가능성이 있는 물질이나 에너지를 인간이 직접적으로 또는 간접적으로 강어귀를 포함한 해양환경에 들어오는 것"이라고 정의하고 있다. 중요한 점은 물질 그 자체의 특성이 아니라 해로운 영향에 대한 잠재력이라고 할 수 있다. 동 협약은 제5절에서 해양환경오염의 방지, 경감, 통제를 위한 국제규칙과 국내입법에서 해양환경오염에 관한 일반 원칙 및 국내 입법 지침을 확립하고 이와 관련한 국제적 규칙 및 기준의 강제적 이행을 규정하고 있다. 즉, UNCLOS 당사국은 동 협약에 따라 해양오염 관련 국제 규칙을 준수해야 할 의무를 가지는 것이다. UNCLOS에 가입하지 않은 국가라 할지라도, 동 규정은 국제관습법의 지위를 가지므로 국가는 이를 준수해야 할 의무가 있다.[90]

2. 해양오염의 특수성

해양의 특성으로 인해 그 오염은 종종 장기적이고 때로는 돌이킬 수 없는 것이 된다. 미국의 경우, 1989년 알래스카 연안 암초(Reef)에 부딪히면서 유류가 유출된 엑슨발데즈(Exxon Valdez)호 사고로 인해 1천 3백마일 가까운 해안의 생태계에 심각한 피해를 야기하였으며, 해양에 유출된 유류는 생물학적 분해가 되지 않아 해양생태계에 대한 피해가 현재까지도 미치고 있다.[91] 또한, 다수의 국제협약에서 해양투기를 규제하고 있지만 육상기인 폐기물의 해양투기에 대해서는 일반적으로 연안국은 주권의 통제 내에서 독점적 관할권의 지배하에 오염물질을 다루게 되므로[92] 연안국 법령에 의존하여 해결하려는 경향을 보인다. GESAMP에 의하면 육상

---

90) 홍기훈, 송효진, "해양 철분 시비 사업의 국제 관리체제 예비분석", 「한국해양환경공학회지」 제11권 제3호, 2008, p. 144.
91) 소병천, "미국의 해양유류오염피해에 대한 법적 대응과 시사점", 「환경법과 정책」 제1권, 2008, p. 48.
92) R. Zajacek, The Development of Measures to Protect the Marine Environment from Land-based Pollution, 3 JAMES COOK U. L. REV. 64., 1996, p. 70.

기인 해양오염원은 다른 오염원보다 높은 비중을 차지하고 있다.[93]

해양오염은 그 영향이 양적으로는 먼 곳까지 많은 사람들에게 미칠 뿐만 아니라, 질적으로는 장기간에 걸쳐 피해자 자신도 모르는 사이에 누적되어 인간의 건강과 재산에 피해를 가져오는 경우가 많기 때문에 부지불식간 해양오염에 노출되기도 한다. 따라서 해양환경보호[94][95] 의무를 준수하지 않은 국가는 피해당사자에 대한 손해배상 의무가 인정되는데, 이러한 부분을 입증하기 위해서는 전문적인 지식이 필요하고, 많은 시간과 비용이 든다. 특히 가해자는 국가나 대기업과 같이 경제력이 있는 경우가 많은 반면, 피해자는 국적국의 외교적 보호권 행사가 없이는 경제적 위험에 노출되기 때문에 이러한 현저한 경제적 불균형의 요인이 효과적인 배상을 어렵게 한다.[96] 그러나 현재의 런던의정서상 해양투기의 개념은 제한적인 해양투기에만 적용되며, 폐기물에 대한 정의(definition) 규정을 소극적으로 다루고 있으므로 '모든' 폐기물의 해양투기에 효율적으로 대처하지 못하고 있다. 해양투기는 사전에 예방해야 할 의무가 필연적이며, 이에 관한 보편적 국제규범의 확립을 위해 입법적 다자조약에 상응하는 문서로 제시되는 런던의정서의 역할이 중요하다. 따라서 해양투기 및 폐기물의 개념과 관련한 내용이 구체적으로 다루어져야 할 것이다.

93) Lee A. Kimball, The UN Conference of the Law of the Sea and Marine Environmental Protection, *7 GEO. INT'L ENVTL. L. REV.*, 1995, pp. 745-746.
94) 보호(protection)란 공격으로부터 방어하는 행위이고, 보존(preservation)이란 생존을 유지하게 하는 행위를 이른다. 보전(conservation)의 관점에서는 지속가능한 이용(sustainable use)을 포함한다; FAO, For the Conservation, Sustainable use and development of forest genetic resources, *Global Plan of Action*, 2014, pp. 2-11.
95) 해양환경보호란 저조면(底潮面) 아래에 위치한 바다와 바다를 둘러싸고 있는 대기와 하부 지층을 포함한 해저면과 육지에 대한 공격으로부터 방어하는 행위로써 이러한 공격행위는 해양환경오염을 구성한다; HS Schiffman, *International Law and the Protection of the Marine Environment*, Oxford: EOLSS Publishers Co. Ltd., 2009, p. 213.
96) 박병도, 「국제환경책임법론」, 집문당, 2007, pp. 161-164.

제2절 해양투기 규제에 대한 국제규범의 발전

I. 해양투기 규제 관련 국제협약

1. 1972년 런던협약

런던협약은 해양투기의 피해부터 해양환경을 보호하기 위해 채택된 최초의 전 글로벌 다자협약으로, 해양오염을 국제적으로 통제하고 방지하는 데 주요한 역할을 해 왔다. 이 협약은 바다의 폐기물 수용, 정화 및 재생산 능력이 무제한하지 않다는 인식에서 출발하고 있으며, 바다의 합법적 이용에 대한 불합리한 간섭을 막아야 할 의무와 국가관할권 내의 활동이 다른 국가의 해양환경이나 국제공역에 대해 피해를 입히거나 해양오염을 일으키지 않을 의무 등 국제관습법상 의무에 기초하고 있다(Preface, paras. 2-3). 런던협약은 특정한 폐기물에 대해서만 투기를 금지하고 나머지 폐기물에 대해서는 사전 특별허가나 일반허가를 통해 투기를 허용하는 방식을 취하는 등 해양투기에 대해 최소한의 국제기준(minimum international standards)을 규정하고 있다. 1975년 8월에 발효, 한국은 1993년 12월에 가입하였고, 2019년 현재 당사국은 87개국이다.[97]

2. 1982년 유엔해양법협약

1982년 해양에 관한 기본적인 국제법으로 해양환경 보호를 위한 기본 지침을 제시하는 국제규범으로 채택되어 해양투기를 규제하고 있다. 1994년 11월에 발효, 한국은 1996년 1월에 가입하였다. 2019년 현재 유럽연합(EU)을 포함하여 166개국이 가입하였다.[98]

---

97) IMO(2019), *Status of Treaties*, p. 2.
98) *Ibid.*

3. 1996년 런던의정서

런던협약 초기에는 해양투기를 규제가 소극적으로 다루어졌으므로 이를 규제하는 데 한계가 있었다. 협약의 규제기준이 최소한의 해양투기 규제기준에 지나지 않았기 때문에 보다 강화된 기준이 요구되었고, 협약 자체 내에 감독기관이 없어 각 당사국의 국내기관에 협약이행 감독을 위임시킴으로써 협약 위반에 대한 강력한 규제를 가할 수 없었다.[99] 또한 핵폐기물 투기의 금지규정을 법적 구속력이 없는 결의안을 통해 규정함으로써 각 당사국의 핵폐기물 투기행위에 대해 효율적인 통제를 하지 못하였다. 런던협약 당사국들이 각국의 폐기물의 해양투기로 인한 해양환경보호를 위하여 강력한 제재를 가하는 것이 필요하다는 인식을 갖게 되면서 효율적인 해양환경보호를 위하여 협약을 근본적으로 개정하기 시작하였다. 이러한 움직임은 1991년 제14차 협의당사국회의에서부터 시작되었으며, 결의안 채택[100]과 1992년 제15차 당사국회의, 1993년 제1차 개정그룹회의 등을 거치는 등 4차례에 걸친 개정작업을 통하여 해양투기규제를 점차 강화시키고, 협약의 범위를 해양투기뿐만 아니라 해상소각이 포함됨으로써 해양투기 전반에 대한 규제로 확대하게 되었으며 1996년 11월 7일 IMO의 특별회의에서 1996년 런던의정서가 채택됨으로써 협약의 전면적인 개정작업이 완성되었다.

1996년 개정의정서는 폐기물의 해양투기를 원칙적으로 금지하고 해양에서의 폐기물 소각을 금지하는 내용을 담고 있어 기존의 런던 협약에 비해 보다 더 강력한 규제라 할 수 있다. 이 개정의정서는 Protocol(의정서)이라는 표현을 사용하고 있지만 실제로는 기존의 런던협약을 완전히 수정하였기 때문에 새로운 협약이라고 할 수 있다. 2004년 5월에 발효, 한국

---

99) P. W. Birnie & A. E. Boyle, *International Law and the Environment*, Oxford University Press, 1992, pp. 330-332.

100) 1990년 산업폐기물의 해양투기를 중지하는 결의안 LDC.43(13), 1991년 해상소각의 잠정적 중지를 결정한 결의안 LDC.35(11) 및 예방적 접근방법을 명시한 결의안 LDC.44(14)이 채택되었다.

은 2009년 1월에 가입하였고, 2022년 현재 당사국 수는 53개국이다.[101]

4. MARPOL 73/78

1) 제정 배경

선박기인 해양투기 규제의 필요성에 따른 가장 이른 국제 논의는 선박에 의한 유류오염 분야에서 시작되었다. 1926년 워싱턴에서 개최된 "항로의 유류오염에 의한 예비회의"(이하 '워싱턴 회의'로 약칭)[102]는 선박에 의한 유류오염을 규제하기 위한 최초의 국제회의로서, 유류로 인한 해양오염에 대한 규제를 논의한 것에 의미가 있다. 1926년에 미국 정부의 초청으로 워싱턴에서 만난 13명의 해양전문가(벨기에, 캐나다, 덴마크, 프랑스, 독일, 이탈리아, 일본, 네덜란드, 노르웨이, 스페인, 스웨덴, 영국, 미국)들이 해양의 유류오염 문제를 다루려고 시도하였다. 동 회의에서 각국은 선박 운항에 의한 해양오염을 방지할 의무를 갖는다는 데 합의하고, 유류나 유류혼합물의 배출을 금지하는 구역을 설정하기로 하였다. 그러나 선박의 유류유출을 효과적으로 방지하기 위해 필요한 장치를 설치하는 데 해운업계의 반대로 인해 선박의 유류유출을 규제하는 국제협약의 채택에 실패하였다.[103]

UN의 주도로 1948년 제네바에서 "IMCO"(Intergovernmental Maritime Consultative Organization; 정부 간 해사 자문기구) 설립협약이 채택되었는데, 개발 단계에서 영국은 선박 근원 해양오염 분야에서 즉각적인 조치의 필요성을 인식하기 시작했다. 이는 선박에서 발생하는 유류 배출 및 해양환

---

101) IMO, *op. cit.*

102) KariI Hakapaa, Marine Pollution in International law — Material Obligations and Jurisdiction, *Akateeminen Kirjakauppa*, 1981, pp. 75 – 76; R. Michael M'gonigle & Mark W. Zacher, Pollution, Politics and International law, *University of California Press*, 1979, pp. 81 – 84.

103) Oil in the Sea Ⅲ: Inputs, Fates, and Effects, Ocean Studies Board, Marine Board, Transportation Research Board, *The National Academies Press*, 2003, p. 3.

경에 미치는 영향에 대한 대중의 관심이 높아진 결과였다.[104]

영국 Faulkner경이 의장인 "유류에 의한 해양오염 방지 위원회"(Com-mittee on the Prevention of Pollution of the Sea by Oil)의 설립은 유류 배출에 관한 규제 조치를 조화시키기 위한 잠재적인 지역적 조치를 모색하였다.[105] 1953년 Faulkner위원회 보고서에서 1954년 5월 런던에서 이주제에 관한 국제 협약 협상의 목적으로 외교 회의가 소집되었다. 동 회의에서 OILPOL협약(International Convention for the Prevention of the Sea by Oil)[106]이 채택되었다. 본질적으로 OILPOL협약은 50해리 연안 지역 내에서 유류 폐기물을 바다로 배출하는 것을 금지하였다. 이 금지조치는 주로 유조선을 목적으로 시행되었으며, 비유조선에 해당하는 상업용 선박은 크게 영향을 받지 않게 되었다. 그러나 유조선이 연안 지역 바깥쪽에서에서 운항 중일 때는 적용받지 못하였으므로 제한적인 유조선 규제에 해당하였다. 결국 OILPOL협약은 유류 유출을 모니터링할 수 있는 능력이 부족하고 일반적으로 기국이 자국의 선박을 기소하는 것이 꺼려졌기 때문에 그다지 효과적이지 못한 협약으로 남게 되었다. OILPOL협약의 단점은 유류의 해양투기에 대한 새로운 규범 마련의 촉매제가 되었다. 1973년 런던에서 개최된 해양환경오염에 관한 국제회의에는 선진국과 개발도상국을 대표하는 71개국이 참석하였으며, 이 회의에서 1973년 선박으로부터의 오염방지를 위한 국제협약(International Convention for the Prevention of

---

104) Ronald B Mitchell, Regime Design Matters: Intentional Oil Pollution and Treaty Compliance, *48 International Organization Foundation*, 1994, p. 431.

105) R Michael M'Gonigle, Mark W Zacher, Pollution, Politics and International Law: Tankers at Sea, *University of California Press*, 1979, p. 84.

106) OILPOL협약은 '유류'에 대해서 원유, 중유, 중디젤유 및 윤활유라고 정의한다. 동 협약은 유류에 의한 해양환경오염을 방지하기 위해 유류나 유류혼합물의 방출이 금지된 금지구역을 육지로부터 50마일 이상 설정하도록 하고, 유류혼합폐수와 유류찌꺼기의 수용시설을 설치하기 위해 적절한 조치를 취하도록 당사국에 요구하고 있다. 1958년에 발효되었으며, 1962년, 1969년, 1971년의 개정을 통해 금지구역을 확대하고 선박에 의한 유류혼합폐수의 배출에 대한 규제기준을 강화하였다.

Pollution from Ships; 이하 'MARPOL'로 약칭)이 채택되었지만, 동 협약 부속서2(분쟁해결을 위한 중재재판절차)에 부담을 느낀 국가들의 불참으로 협약발효가 지연되었다.[107] 결국 당사국들은 부속서2의 효력을 중단시키고 수정·추가하여 1978년 의정서에 의해 수정되었다.[108] 이 수정의 결과는 MARPOL 73/78으로 알려진 규정의 제정이었다. MARPOL 73/78은 성공적으로 비준 기준을 충족시켰고 OILPOL협약을 대체하였다.[109] 유류 유출로 인한 해양투기는 MARPOL 73/78체제 이후 30년간 45만 톤으로 감소된 것으로 추산하고 있다.[110] MARPOL 73/78이 모든 유류 유출을 완전히 바다로 제거하려는 의도는 아니지만, 자연적으로 발생하는 유류 유출물의 양이 해양에 더 이상 영향을 주지 않는 수준에는 도달하지 못하였다.[111]

2) 유류오염 사고시 통보의무

해상운송은 환경에 값비싼 영향을 미치지만, 이 영향이 인정된 것은 지난 60여 년 동안이다.[112] 심각한 해양오염의 근원은 지속적으로 증가하는 국제 상선의 운항 및 선박의 우발적인 유류오염 사고로 시작되었으며[113] 오늘날 선박으로 인한 오염의 중요한 측면이 유류오염 사고의 규제

---

107) Andrew Griffin, MARPOL 73/78 and Vessel Pollution: A Glass Half Full or Half Empty?, *2 Indiana J Global L Studies*, 1994, p. 489.
108) Elizabeth R DeSombre, *Global Environmental Institutions*, Routledge, 2006, p. 74.
109) John McEldowney, Sharron McEldowney, *Environmental Law*, Pearson Education Limited, 2010, p. 35.
110) Ronald B Mitchell, *Intentional Oil Pollution at Sea: Environmental Policy and Treaty Compliance*, The MIT Press, 1994, p. 82.
111) John M Weber, Robert E Crew, Deterrence Theory and Marine Oil Spills: Do Coast Guard civil Penalties Deter Pollution?, *58 J Environmental Management*, 2000, p. 161.
112) Patricia Birnie, Alan Boyle, Catherine Redgwell, *International Law and the Environment 3rd Edition,* Oxford University Press, 2009, p. 398.
113) Nickie Butt, *The Impact of Cruise Ship Generated Waste on Home Ports and Ports of Call: A Study of Southampton*, 31 Marine Policy, 2007, p.

에 있다.[114) MARPOL 73/78은 고의적이거나 사고에 의해 선박으로부터 배출되는 오염을 규제하고 있다.[115) 즉, 유류 및 기타 유해물질에 의한 해양환경의 고의적인 오염을 완전히 제거하고 동 물질의 사고로 인한 배출을 극소화할 것을 목적으로 하고 있다.[116) MARPOL 73/78은 국제항행에서 발생하는 오염을 감소하는 데 크게 기여하였으며, 전 세계 상선의 99%에 적용되고 있다.[117) MARPOL 73/78에 따라 유류 유출 사고 시 지체 없이 통보해야 한다. 또한 이 협약의 당사국은 담당관 또는 해당 기구가 사고에 대한 모든 보고를 수령하고 처리하도록 하기 위하여 필요한 모든 조치를 강구하고, 다른 당사국 및 기구의 회원국에 회람되도록 하기 위하여 그러한 조치의 상세를 기구에 통보하여야 한다. 그리고 이에 따라 보고를 받은 당사국은 당해 선박의 주관청 및 영향을 받을 가능성이 있는 어떠한 타국가에 대하여도 동 보고를 지체 없이 중계하여야 한다(제8조). 이러한 '통보의무'는 해양환경보호를 위한 정보교환 및 협력에 있어서 필수적으로 수반되는 바, 협약의 효과적인 이행과 해양환경 보호를 위한 중요한 수단이다.[118)

591.

114) Manfred Nauke, *Geoffrey L Holland, The Role and Development of Global Marine Conventions: Two Case Histories*, 25 Marine Pollution Bulletin, 1992, p. 74.

115) Y. Sasamura, *34 Years of IMO*, IMO NEWS No.4, 1993, pp. 1−5.

116) Claudia Copeland, *Cruise Ship Pollution: Background, Laws and Regulation, and Key Issues,* Congressional Research Service Report for Congress 7, 2008, p. 27.

117) Marjorie A. Shields, *Construction and Application of Act to Prevent Pollution from Ships (APPS),* American Law Reports, 2009, pp. 8−9

118) Alan Boyle, *Protecting the marine environment: some problems and developments in the law of the sea, in Marine Policy*, The International Journal of Ocean Affairs, Vol. 16, No. 2, 1992, pp. 79−85.

Ⅱ. 해양투기 규제를 위한 일반원칙

1. 사전예방원칙

1) 런던의정서 제3조 제1항

런던의정서 제3조는 의정서 전반에 적용되는 일반적 의무를 규정한 것으로 제1항에서는 다음과 같이 규정한다.

> 이 의정서를 이행하는 데 있어 체약당사국은 해양에 투입된 폐기물이나 그 밖의 물질이 위해를 초래할 가능성이 있는 경우, 투입된 물질과 그 영향 간의 인과관계를 증명하는 결정적인 증거가 없더라도 폐기물이나 그 밖의 물질의 투기로 인한 환경 보호를 위하여 적절한 사전조치(Precautionary approach)를 취하는 예방적 접근방식(Preventative measures)을 적용한다.

국내에서는 위 규정이 국내에서는 사전예방원칙을 따르는 것인지[119] 사전주의원칙에 관한 것인지[120] 불분명하게 기술되고 있다. 게다가 Precau－tionary Principle과 사전예방원칙 함께 병기하여 하나의 원칙으로 설명을 하기도 하는데,[121] 제1항은 사전예방원칙으로 해석하는 것이 가장 적절하다.

런던의정서상 사전허가 발급 시 당사국은 투기가 허용되는 물질이 해양생물과 인간 건강에 영향을 주는지 평가하기 위하여 투기대상물질의 특성과 성분에 대해 적절한 과학적 기초의 존재를 고려하도록 하고 있다. 이러한 점에서 볼 때 런던의정서는 사전주의원칙보다는 사전예방원칙에 근거하는 것으로 보인다. 사전주의원칙 하에서는 해양투기 여부를 판단할

---

119) 윤영민, "일본 방사능 오염수 방출의 법적 책임에 관한 고찰",「해사법연구」제 24권 제3호, 2012, p. 175.

120) 최지영·홍기훈·신창훈, "런던의정서 가입 시 중국이 제출한 통지(선언)에 대한 검토",「대한환경공학회지논문」, 2012, pp. 129－130.

121) 김기순 외, *supra note 18.*, p. 22.

때 과학적 지식이 불확실한 경우에도 주의적 조치를 취하도록 요구하지만, 런던협약은 과학적으로 확실한 근거를 요구하고 있기 때문이다.[122]

런던의정서 제3조 제1항 규정은 OSPAR협약(Convention for the Protection of the Marine Enrionment of the North-East Atlantic; 이하 '오스파협약'으로 약칭)의 제2조 2항과 유사하다. 오스파협약[123]은 동 규정에서 "이용가능한 최고의 기술"과 "최고의 환경관행"(Best Environmental Practice)을 이용하도록 요구하고 있다.[124] 이용가능한 최고의 기술은 폐기물의 배출을 제한하는 특별한 조치의 실질적인 안전성을 시사하는 운영 과정, 시설 또는 수단의 최종 발전단계를 의미하며, 최고의 환경관행은 환경보호를 위해 환경적 규제조치와 전략을 가장 적절하게 결합하여 적용하는 것을 의미한다(부속서 1). 당사국은 폐기물 의한 해양오염을 방지하기 위한 프로그램과 조치를 취함에 있어 점오염원에 대해 적절한 청정기술을 포함한 이용가능한 최고의 기술을, 비점오염원을 위해 최고의 환경관행을 이용하도록 요구하고 있다(부속서1, 제1조).

이용가능한 최고의 기술이나 최고의 환경관행은 특별한 오염원에 대한 과학적 지식과 이해에 대한 변화뿐만 아니라 기술적 진전과 경제적, 사회적 요인에 비추어 시간에 따라 변화하게 된다. 이는 오스파협약이 이용가능한 최고의 기술이나 최고의 환경관행을 통해 폐기물에 대해 적절하고 유연한 규제를 하는 동시에 계속적인 개선을 통해 해양오염원을 방지

---

122) Simon Marr, *The Precautionary Principle in the Law of the Sea: modern decision making in international law,* Martinus Nijhoff Publishers, 2003, p. 121.

123) OSPAR협약은 북동대서양의 해양환경을 보호하기 위한 지역협정으로 해양투기를 규제하는 1972년 오슬로협약(Convention for the Prevention of Marine Pollution by Dumping from Ships and Aircraft)과 육상오염원을 규제하는 1974년 파리협약(Paris Convention for the Prevention of Marine Pollution by Dumping from Ships and Aircraft)을 결합하여 만들어졌다.

124) R. Lagoni, *Regional Protection of the Marine Environment in the North East Atlantic under the OSPAR Convention of 1992(Paper presented at the Conference on Stockholm Declaration and Law of the Marine Environment),* Stockholm University Press, 2002, p. 196.

하려고 노력하는 모습을 보여주는 것이다.125) 런던의정서에서는 아직 이
들 개념을 도입하지 않고 있다.

2) 사전주의원칙과 구별

EU(European Union)와 그 회원국들에서는 역사적으로 사전예방원칙
과 사전주의원칙의 이론적 구분에 대한 애착이 현재까지 여전히 영향을
미치고 있다.126) 사전예방원칙(preventive principle)의 경우 과학적 증거가
있는 경우에만 발동되므로, 그러한 증거가 결여된 경우 이에 따른 어떠한
조치도 요구되지 않는 데 반하여, 사전주의원칙(precautionary principl
e)127)의 경우는 중대한 환경피해가 발생하리라는 과학적 증거가 충분하지
않은 경우에도 필요한 조치가 허용되는 것으로 알려져 있다.128)

사전주의원칙을 적용129)하는 것은 의심스러우면 자연에게 물으라(In

---

125) 박종원, "해양환경보전과 사전배려원칙: OSPAR협약 및 런던의정서를 중심으
   로", 「해양정책연구」 제23권 제1호, 2008, pp. 157-159.
126) A. Trouwborst, T*he Precautionary Principle and the Ecosystem Approach
   in International Law: Differences, Similarities and Linkages*, 18 Review of
   European Community and International Environmental Law 26, 2009, pp.
   60-67.
127) '사전배려원칙'이라고도 한다. 그러나 precautionary에서 caution의 명사적 쓰임
   이 주의가 요구되는 '경고'의 의미로 통용되고 있는 점을 고려할 때, '배려'로 해
   석하는 것은 본래 용어가 가지고 있는 정의를 불필요하게 확대 해석한 것으로
   보인다. 물론 후속세대를 배려한다는 뉘앙스를 반영할 수 있겠지만 궁극적으로
   현세대의 '주의' 없이는 후속세대를 배려할 수 없다; 최영진, "국제환경법상 사전
   주의원칙의 법적 지위에 관한 연구", 「경희법학」 제32권, 2016, p. 171.
128) S.A. Atapattu, *Emerging Principles of International Environmental Law*,
   Transnational Publishers, 2006, p. 221.
129) 다수의 국제환경 관련 조약에서 사전주의원칙의 개념이 언급되고 있지만, 그 개
   념을 일률적으로 명확히 제시하고 있지 못하는 한계를 가지고 있다; 신홍균, "우
   주전파재난과 우주법상의 사전주의원칙에 관한 연구", 「항공우주법학회」 제26권
   제1호, 2011, p. 261; 이근표·이범규·권순종, "생명공학기술의 안정성에 대한
   과학적 접근", 「Biosafety」 제9권 제3호, 2008, pp. 64-66; 최승환, "WTO 체
   제상 유전자변형식품에 대한 의무표시제의 합법성: EU의 관련 입법을 중심으
   로", 「국제법무연구」, 제3호, 1999, pp. 182-183; Phillipe Sands, op. cit., p.
   279; Mcginnis. J. The Appropriate Hierarchy of Global Multilateralism

dubio pro natura)130)는 것으로 과학적 불확실성이 해양환경오염으로부터 국제협력을 지연시키는 구실로 사용해서는 안된다는 것을 의미한다.131)

사전주의원칙과 사전예방원칙의 구별실익으로는 전자는 위험의 가능성까지 포함하는 'risk'를 규제하고 있는 반면, 사전예방원칙의 경우 현존하는 위험으로서의 'danger'를 규제한다는 것이다.132) 'risk'라는 용어 자체가 불확실성(uncertain)을 기반으로 하기 때문에 이에 대한 끊임없는 환류과정이 요구된다. 즉, risk(이하 '리스크'라고 약칭)의 측정 결과가 아주 크거나 불확실할 때133) 사전주의원칙이 정당화되는데134) 리스크의 개념

and Customary International Law: The Example of WTO, 44 Virginia Journal of International Law, 2003, p. 229; 최승환, "식품안전 관련 통상분쟁에 있어 사전주의원칙의 적용성", 「법무부」 통권 제87호, 2009, p. 20.

130) Arie Trouwborst, Prevention, Precaution, Logic and Law - The relationship between The Precautionary Principle and The Preventative Principle in International Law and Associated Questions, Erasmus Law Review, Vol. 2, 2009, p. 108.

131) E. Hey, The Precautionary Concept in Environmental Policy and Law: Institutionalizing Caution, 4 Georgetown International Environmental Law Review 303, 1992, pp. 22 − 23; N. de Sadeleer, Environmental Principles: From Political Slogans to Legal Rules, Oxford University Press, 2009, p. 44; P. Harremoes and others, Late Lessons from Early Warnings: The Precautionary Principle 1896 − 2000, Earthscan, 2002, p. 21. W.Th. Douma, The Precautionary Principle: Its Application in International, European and Dutch Law, Dissertation, 2003, pp. 158 − 164; J. Peel, The Precautionary Principle in Practice, The Federation Press, 2005, p. 48.

132) K.R. Gray, International Environmental Impact Assessment, 11 Colorado Journal of International Environmental Law and Policy 83, 2000, p. 99.

133) D. Freestone and Z. Makuch, The New International Environmental Law of Fisheries: The 1995 UN Straddling Stocks Convention, 7 Yearbook of International Environmental Law 3, 1996, p. 13; D. Freestone, International Fisheries Law Since Rio: The Continued Rise of the Precautionary Principle, A. Boyle and D. Freestone(eds.) International Law and Sustainable Development, Oxford University Press, 1999, pp. 135 − 139.

134) J. Cameron, The Status of the Precautionary Principle in International Law, in T. O'Riordan and J. Cameron(eds.), Interpreting the Precautionary Principle, Cameron & May 1994, pp. 263 − 275; W. Gullett,

및 범주가 다의적이며 다양성을 내포하고 있어서[135] 비교적 명확성이 요구되는 법 체계 내에서 용인되는 것이 쉽지 않다.[136] 따라서 사전주의원칙의 경우 관습법으로 아직 승화되지 않았다고 볼 수 있다.[137]

사전예방원칙에 대한 국제문서의 광범위한 지지로 국제법에서는 사전예방원칙이 지속적으로 존재해 왔으며,[138] 사전예방원칙은 지난 반세기 동안 환경정책에서 가장 혁신적이고, 중요한 개념이라고 할 수 있다.[139]

실질적인 관점에서 두 개념의 엄격하게 분리하는 것은 거의 불가능하다.[140] 리스크에 대비되는 'danger'는 '알려진 위험'이라는 용어에도 불구하고 불확실성의 위험이 내재되어 있다. 또한 주어진 계산이 아무리 정확하게 실행되더라도 아직 존재하지 않거나 잘못 이해될 수 있는 해양오염에 따른 영향을 간과하거나 잘못 이해하고 있을 수도 있다. 이러한 의미에서 리스크의 대응조치는 'danger'만큼이나 '예방'적인 것으로 명명될 수 있다. 예를 들어 우발적인 산업재해로 인한 해양오염의 문제에서는 과학적 불확실성의 중요도는 훨씬 감소하게 된다. 또한, 리스크가 반드시 과학적 불확실성을 수반하는 것은 아니다. 어떤 인과관계가 연관되어 있는지

Environmental Protection and the Precautionary Principle: A Response to Scientific Uncertainty in Environmental Management, *14 Environmental and Planning Law Journal 52*, 1997, p. 60.

135) N. Haigh, The Introduction of the Precautionary Principle into the UK, *T. O'Riordan and J. Cameron(eds.), Interpreting the Precautionary Principle,* 1994, pp. 229–241.

136) D.M. Dzidzornu, Four Principles in Marine Environment Protection: A Comparative Analysis, *29 Ocean Development and International Law 91,* 1998, p. 100.

137) 사전주의원칙의 구속력을 인정하지 않으면서 이를 인용한 판례로 헝가리와 슬로바키아 간의 댐 건설 분쟁에 관한 ICJ의 Gabčíkovo–Nagymaros 사건이 있다.

138) A. Trouwborst, *Evolution and Status of the Precautionary Principle in International Law,* Kluwer Law International, 2002, p. 35.

139) G.E. Marchant and K.L. Mossman, *Arbitrary and Capricious: The Precautionary Principle in the European Union Courts,* AEI Press 2004, p. 1.

140) A. Trouwborst, *op. cit.,* p. 118.

또는 정확히 인과관계의 확률과 크기를 상대적으로 알 수 없는 경우, 관련되는 과학적 불확실성의 평가는 사전예방적인 조치를 취급하지 않은 문제로 다루어져야 할 것이다.[141]

해양환경보호라는 두 원칙의 공통된 목적에도 불구하고 국제환경문서에서는 서로 별개의 원칙으로 취급되어 왔으며, 완전하게 중복되는 의미를 갖는 것이라고 할 수 없다. 그러나 과학적 불확실성을 이유로 두 원칙을 구별하는 것이 현실적으로 어렵다는 점을 고려할 때 주권국 입장에서는 사전예방원칙에 의존할 시기와 사전주의원칙에 의존할 때를 결정하는 것이 분명히 어려울 것이다.[142] 또한 무엇이 더 상위의 국제법 원칙을 구성하는 지에 대한 불확실성이 있을 것이다. 국제문서에서는 항상 두 원칙을 뚜렷하게 구별하지 않았으며,[143] 이는 런던의정도 마찬가지이다.

3) 오염자부담원칙과의 관계

오염자부담원칙이란, OECD에 의한 "오염자 지불 원칙"(Polluter Pays Principle)에서 유래한다.[144] 다양한 해석을 통해 오늘날의 오염자부담원칙으로 통칭하고 있다.[145] 오염자부담원칙의 목적은 환경오염이라는 외부불경제에 수반되는 사회적 비용을 내부화하기 위한 것이었는데, 그 원리로

---

141) H. Hohmann, *Precautionary Legal Duties and Principles of Modern International Environmental Law*, Kluwer Law International, 1994, p. 334.

142) A. Trouwborst, *Precautionary Rights and Duties of States*, Martinus Nijhoff Publishers, 2006, p. 91; A. Trouwborst, *De Harde Kern van het Voorzorgsbeginsel*, 34 Tijdschrift voor Milieu en Recht 198, 2007, p. 203.

143) A. Trouwborst, *The Precautionary Principle in General International Law: Combating the Babylonian Confusion*, 16 Review of European Community and International Environmental Law 185, 2007, p. 191.

144) N. de Sadeleer, Environmental Principles: from Political Slogans to Legal Rules, Oxford University Press, 2005, pp. 21–60; Polluter Pays, Precautionary Principles and Liability, *G. Betlem and E. Brans (eds.)*, *Environmental Liability*, Cambridge, 2006, pp. 89–102.

145) 細田衛士, *グッズとバッズの經濟学 循環型社会の基本原理*, 東京經濟新報社, 2012, p. 134.

오염자가 환경오염의 사전적 비용을 지불할 취지로 반영된 원칙이다.[146)

오염자부담원칙은 오염 통제 및 저감과 관련된 규제업무의 비용을 충당하는 것으로 사전예방원칙을 전제로 시행되어야 한다.[147) 사전예방원칙은 해양오염을 일으키거나 일으킬 수 있는 행위를 제한하거나 통제하여야 할 의무를 의미한다.[148) 오염자부담원칙과 관련하여서는 주로 '통제'와 관련된 목적에 부합한다. 사전예방원칙은 광범위한 범위의 환경 목적과 관련된 국가관행에 반영되어 있으며, 이른 단계에서도 해양환경보호를 위한 조치를 허용하므로 유효한 환경정책 가운데서도 압도적으로 중요한 원칙으로 기술되었다.[149) 사전예방원칙에 따르면 만약 어떠한 활동이 환경에 대한 위협적인 결과를 가져올 것이라는 의구심이 있는 경우, 당해 활동에 대하여 감당할 수 없을 정도의 결과에 대한 '과학적 근거'의 연관성이 명확하기까지 기다리기보다는 사전에 조치를 취하는 것이 '예방적 조치의 정당성'으로 인정한다는 것이다.[150) 사전예방원칙은 사건 전후 절차에 대한 충분한 설명을 제공하여 잠재적 해양오염자인 국가들을 설득하는 데 주력한다.

2. 오염자부담원칙

1) 런던의정서 제3조 제2항

런던의정서 제3조 제2항은 오염자부담원칙에 관하여 다음과 같이 규정한다.

---

146) *Ibid.*, pp. 134-137.
147) G. Winter, The legal nature of environmental principles in international, EC and German law, *in Macrory, R. (ed.) Principles of European Environmental Law*, Europa Law Publishing, 2004, pp. 19-22.
148) 박태현, 「국제환경법의 일반원칙과 분쟁해결」, 강원대학교환경부, 2010, p. 21.
149) 전광석, "환경권의 공법적 실현, 환경오염의 법적 구제와 개선책", 「한림과학원 총서」 47, 1996, p. 132.
150) Jan H. Jans and Hans H.B. Vedder, *European Environmental Law*, Europa Law Publishing, 2008, p. 38; 김두수, 「EU환경법」, 한국학술정보, 2012, p. 179.

오염자(Polluter)가 원칙적으로 오염의 비용을 부담하는 접근방식을 고려하고, 각 체약당사국은 공익을 적절히 고려하여 투기 또는 해양소각을 위임한 자가 위임 받은 행위에 관한 오염 방지와 제어 요건을 충족시키는 비용을 부담하는 관행을 증진하기 위하여 노력한다.[151]

인과 관계가 복합적이고 다수의 오염원이 존재하는 해양환경오염에서 오염자를 확정하는 것이 어렵기 때문에 이를 극복하는 방법으로는 잠재적인 오염자 집단을 형성하고 이들로부터 갹출되는 재원으로 기금을 형성하여 오염자부담원칙을 실현하는 방법이 이용되고 있다.[152] 오염에 의한 손해배상보다는 오염을 예방하기 위한 원리임을 의미하는 것으로 오염자가 오염의 결과로 발생한 비용을 부담하는 것이 아니다. 런던의정서는 해양투기를 예외적으로 인정하는 경우에도 엄격한 조건이 따르므로, 의정서의 준수 의무에 따라 각 폐기물의 해양투기가 해양환경에 미치는 영향을 예측·평가하도록 규정하고 있다. 해양으로의 폐기물 등 배출을 허가받은 자는 배출로 인해 초래될 오염을 방지하며, 이에 관한 조치 시 발생하는 모든 비용을 오염자부담원칙에 따라 부담할 것을 밝히고 있으며, 당사국은 폐기물 해양배출 허가현황 및 환경상태보고 등을 주기적으로 보고할 의무가 있다. 오염자부담원칙은 희소한 환경자원의 합리적 이용을 촉진하고 국제무역 및 투자에 왜곡을 지양하기 위한 오염방지 및 규제조치에 따른 비용배분을 위해 이용되어야 할 것을 의미한다.[153]

이상의 정의에서 볼 때, 오염자부담원칙(Polluter Pays Principle)은 '지

---

151) Taking into account the approach that the polluter should, in principle, bear the cost of pollution, each Contracting Party shall endeavour to promote practices whereby those it has authorized to engage in dumping or incineration at sea bear the cost of meeting the pollution prevention and control requirements for the authorized activities, having due regard to the public interest.

152) 전광석, *op. cit.*, p. 133.

153) 小祝慶紀, *汚染者負担原則における費用分担のあり方－「支払い」と「負担」の政策的相違－, 國士舘法學第50号*, 2017, pp. 160－162.

불'(pay)의 개념을 확대해석하여 실제로 오염이 일어나지 않은 상태에서도 그 개연성과 사전예방적 관점으로 오염원에 대한 반대급부를 상회하는 여러 '비용'을 발생시킴으로써 결국 '지불'보다는 '부담'에 가깝게 해석되고 있다. 오염자부담원칙이 국제관습법으로 승인되기 위해서는 국제표준 마련이 시급하다고 할 수 있는데, 현재의 오염자부담원칙의 해석에 따르면 사전예방적 측면에서는 실효성 추구에 용이할 수 있으나, 보편적인 국제규범에는 미치지 못하게 되는 것이다. 한편, 오스파협약 제2조 (b)항도 당사국이 해양오염을 방지, 감소, 통제하는 비용을 오염자가 부담하도록 함으로써 오염자부담원칙을 적용할 것을 요구하고 있다.[154]

런던의정서 제3조 제2항은 첫째, 오염자가 오염자부담원칙에 따라 오염의 비용을 부담하는 접근방식을 고려하도록 명시하고 있다. 이는 런던의정서가 오염자부담원칙을 적용한다는 원칙적인 입장을 표명한 것이다. 둘째, 당사국의 위임을 받아 해양투기 또는 해상소각을 하는 자는 해상투기 내지 해상소각 행위로 인하여 발생하는 해양오염을 방지하고 통제하기 위해 드는 비용을 부담하도록 관행을 확대해야 한다는 것이다. 당사국은 허가행위 기준과 조건을 규제하는 관행을 증진시켜야 하며, 해양투기나 해상소각을 허가받은 자는 오염 예방과 통제를 위한 비용을 부담해야 한다.[155] 따라서 오염에 책임이 있는 자연인이나 법인은 국가기관이 규정한 기준이나 그와 동등한 조치에 따라야 하고, 오염을 방지하고 감소시키는 데 필요한 비용을 지불하도록 되어 있다.[156] 여기에는 해양투기나 해상소각으로 인한 생태계의 피해를 막거나 오염된 해양환경을 회복 내지 정화하기 위해 국가기관이 결정한 합리적인 오염통제에 따르는 비용이 포함된

---

154) "The polluter pays principle, by virtue of which the costs of pollution prevention, control and reduction measures are to be borne by the polluter."

155) Lori Fister Damrosch & Louis Henkin & Richard Crawford Pugh & Oscar Schachter & Hans Smit, *International Law Cases and Materials, Fourth Edition American Casebook Series,* West Group, 2001, p. 1479.

156) *Ibid.*

다. 해양투기나 해상소각을 하는 자가 부담하는 비용은 일반적으로 벌금이나 세금, 환경부담금, 배출수수료, 기타 재정적 수단의 형태로 국가에 납부된다.[157]

한편 런던의정서는 당사국이 피해나 피해의 가능성을 환경의 한 부분에서 다른 부분으로 직간접적으로 이동시키거나 오염의 형태를 다른 형태의 오염으로 변형시키지 않도록 규정하고 있다(제3조 제3항). 또한, 의정서의 어떠한 조항도 국제법상 당사국이 개별적 또는 공동으로 오염을 방지, 감소, 제거하도록 요구하는 것보다 더 엄격한 조치를 취하는 것을 막는 것으로 해석하지 않는다고 규정하고 있다. 이는 당사국이 런던의정서보다 더 엄격한 국내법을 제정, 시행하는 것을 막지 않는다는 것으로, 오염자부담원칙을 이행함에 있어서 국내법상 더 엄격한 조치를 취할 수 있음을 시사하는 것이다.[158]

2) 오염자부담원칙의 법적 성질

오염자부담원칙이 처음으로 인용된 것은 1973년 "환경에 관한 환경실천계획"(Programme of Action on the Environment)이다. 이 실천계획은 "피해를 방지하고 감소시키는 비용은 오염자가 부담하여야 한다."고 언급하고 있으며, EC이사회는 각 회원국에 대해 이 원칙을 적용할 것을 권고하였다.[159] 2년 뒤인 1975년 EC 이사회 권고(75/436)와 부속서가 채택되었고, 이는 10년 후 EC 조약에 포함된 오염자부담 원칙의 법적 근거를 제공하였다. 이 권고문에서 EC 이사회는 비용부담과 환경문제에 관한 국가기관의 조치를 고려하여 공동체 차원뿐만 아니라 각 회원국도 국내 환경법 수준에서 오염자부담원칙을 적용할 것을 권고하고 있다. 즉, 오염에 책임 있는 자연인이나 법인은 국가기관이 규정한 기준이나 그와 동등한 조치에

---

157) 김기순 외, *supra note 18.*, p. 62.
158) *Ibid.*
159) Jonathan Remy Nash, *Too much market? conflict between tradable pollution allowances and the "polluter pays" principle,* Harvard Environmental Law Review, 2000, p. 82.

따르기 위하여 오염을 감소시키는 데 필요한 방법들의 비용을 부담하여야 한다는 것이다.160)

해양오염을 유발시킨 행위자가 오염을 방지하거나 제거하기 위한 비용을 부담하는 오염자부담원칙161)은 오염을 일으킨 자는 오염 관련 비용뿐만 아니라, 오염으로 인해 영향을 받은 자에 대한 손해배상의무를 인정한다.162) 오염자부담원칙은 인간 활동에 기인한 인류 및 기타 생물에 대한 생태계의 악영향을 규제하는 국제환경법상 일반원칙의 하나로 알려져 있다.163) 오염방지 비용뿐만 아니라 오염의 피해복구에 소요되는 비용을 기본적으로 해당 오염의 원인을 제공한자가 부담한다는 의미로 국내법에서는 '원인자책임의 원칙'이라고 표현하기도 한다.164) 이 원칙은 환경적으로 피해를 주는 활동에 대한 오염자의 비용부담책임을 인정하고, 오염방지 및 통제 비용의 할당방식을 결정하는 데 실질적인 중요성이 있다.165) 법적으로는 정의를 구현하고, 경제적으로는 오염자가 자신의 활동에 대한 비용을 부담하게 함으로써 경제적 효율성을 높이고, 정책적으로는 국제환

160) Aaron Wildovski, *Accounting for the Environment, Accounting,* Organization, and Society, Vol. 19, No. 415, 1994, pp. 461−481.
161) Philippe Sands, *Principles of International Environmental Law, 2nd ed.,* Cambridge University Press, 2003, p. 279; David Hunter, James Salzman, Durwood Zaelke, *op. cit.,* p. 412.
162) Nicolas de Sadeleer, *Environmental Principles: From Political Slogan to Legal Rules,* Oxford University Press, 2002, pp. 21−60; Hans Christian Bugge, The Polluter Pays Principl: Dillemas of Justice in National and International Contexts, *Environmental Law and Justice in Context, Jonas Ebbesson and Phoebe Okowa (eds.),* Cambridge University Press, 2009, pp. 411−427.
163) Philippe Sands, *Ibid.,* p. 279.
164) 박균성·함태성, 「환경법」, 박영사, 2006, pp. 56−58; 강현호, 「환경법」, 신론사, 2011, p. 71.
165) Alexandre Kiss and Dinah Shelton, *International Environmental Law, 3rd ed.,* Transnational Publishers, 2004, p. 1; L. Guruswamy, *International Environmental Law,* West Publishing. Co., 2003, p. 1; Philippe Sands, *Ibid.,* p. 15; Patricia Birnie, Alan Boyle and Catherine Redgwell, *International Law & the Environment,* Oxford University Press, 2009, p. 2.

경정책을 조화시킨다는 의미를 가지고 있다. 초기에는 법원칙이라기보다는 환경오염 및 그 방지의 비용을 분담하고 자원 배분을 극대화하기 위한 경제정책상의 원칙이었다.[166] 이는 생산과 소비과정에서 발생되는 오염 관련 비용을 시장가격에 포함시키는 역할을 의미한다.[167]

3) 오염자부담원칙의 문제점

(1) 오염자 범위의 문제

오염자부담원칙을 선호하는 경우 대부분에서는 거의 구호에 가까운 문맥과 기본 논리의 명확성이 고려되어 쉽게 승인을 얻게 된다.[168] 이 원칙은 경제논리에 부합하며, 국내에서의 환경세 분야에서 성공을 보장한다.[169] 그럼에도 불구하고, 기본적인 모호성은 오염자부담원칙에 내재되어 있다. 이미 오랜 시간 국제환경법 분야에서 자리잡아 온 동 원칙을 국제사회 구성원이 인식할 수준의 규범화에 상응하기 위한 노력으로 해양투기에 대한 긍정적인 측면에서의 점진적 해석을 추가하거나 새로운 판례를 통한 법적 인식의 확인이 요구된다.

오염자부담원칙의 의문점을 정리하면, 네 가지로 요약할 수 있다. 즉, 오염의 정의는 무엇인가? 오염자(polluter)들은 누구인가? 오염자들은 얼마를 지불해야 하는 것인가? 오염자 중 누가 지불해야 하는가? 하는 점이다. 현재까지 오염자부담원칙은 정책입안자들과 대중들에게 강력한 공감대를

---

166) U. Kettlewell, T*he Answer to Global Pollution? A Critical Examination of the Problems and Potential of Polluter—Pays Principle,* Colorado Journal of International Environmental Law and Policy, Vol. 3, No. 2, 1992, p. 431; Sanford E. Gaines, *The Polluter—Pays Principles: From Economic Equity to Environmental Ethos,* Texas International Law Journal, Vol. 26, 1991, p. 468.
167) Sumudu A. Atapattu, *Emerging Principles of International Law*, Transnational Publishers, Inc., 2006, pp. 456—460.
168) Nicolas de Sadeleer, *The Polluter—pays Principle in EU Law—Bold Case Law and Poor Harmonisation*, Lund University Publications, 2012, pp. 418—419.
169) *Ibid.*

형성하기에 충분할 수 있었으나, 오염자부담원칙은 근본적으로 법적인 책임(responsibility)에 근거하여 적용될 것이 요구된다. 오염자부담원칙의 오용(misapplication)으로 인해 종종 오염자들은 그들의 재산 내지 자원을 정부 공무원이나 환경문제 전문가에게 지불하기도 한다.[170] 결과적으로 지불할 금액은 실제 피해의 정도에 따라 결정되면 충분할 것이다. 그러나 경우에 따라서는 피해의 규모나 대상의 유무를 고려하지 않고, 전형적인 세금의 형태로 징수될 수도 있는 것이다.[171]

오염자부담원칙과 밀접한 관련이 있는 정책은 일반적으로 "시장 기반" 또는 "경제적" 조항이라는 점이다. 어느 것에 의하든 오염자에 대하여 수수료를 부과시킴으로써 비용의 지불을 시도하려는 것으로 보인다.[172] 즉, 오염자나 그들의 고객들은 오염에 대해 지불하게 된다. 기업은 정부에서 정해놓은 허용 가능한 수준의 배출 허가를 사고 팔 수도 있게 된다. 해양투기로 인한 해양오염에서는 이 점이 제한적으로 작동하게 되지만, 이미 기후변화협약이나 각국의 국내법에서 배출허가거래제이거나 이와 유사한 제도를 시행하고 있다. 미국의 경우, 주권국 정부 내지 연방정부에서 오염원과 관련하여 기준선을 설정하면 기준선 이하로 오염원의 배출량을 감축할 때, 다른 배출원에게 이를 자유롭게 판매할 수 있는 배출 감축 크레딧을 얻을 수 있게 된다.[173]

이러한 오염자부담원칙의 시장기반상품화는 ① 오염물질 사용료를 지

170) Roy E. Cordato, *The Polluter Pays Principle: A Proper Guide for Environmental Policy,* Institute for Research on the Economics of Taxation Studies in Social Cost, Regulation, and the Environment No. 6, The Institute for Research on the Economics of Taxation (IRET), 2001, p. 2.
171) *Ibid.,* pp. 4−6.
172) David Pearce & R. Kerry Turner, *Packaging Waste and the Polluter Pays Principle: A Taxation Solution,* Journal of Environmental Management and Planning, Vol. 35, No. 1, 1992. p. 16.
173) G. Winter, *The legal nature of environmental principles in international, EC and German law, Macrory, R. (ed.) Principles of European Environmental Law,* Groeningen: Europa Law Publishing, 2004, pp. 19−22.

불하도록 하는 책임의 원칙에 부합하며 ② 인센티브제 도입을 통한 경제적 당위성 및 효율성 증대를 장점으로 들 수 있으며, 이는 전통적인 명령 및 통제 정책보다 더 효율적이다.[174] 세계자원연구소(World Resource Institute)의 Duncan Austin은 소장은 인센티브의 힘을 이용하여 오염을 통제하려는 목표는 기존의 조치보다 더 비용효율적이고 유연하며, 역동적인 규제를 제공한다고 주장한다.[175] 이론적으로 오염자를 유료화함으로써 생산 및 소비활동과 관련된 오염비용이 고려되어 효율적인 환경의 사용을 장려하도록 동기부여가 이루어지는 것이다.

오염자에 대한 정의(definition)는 지나치게 광범위하게 채택되고 있다. 확장된 오염자의 범위는 법률만능주의의 비난으로부터 자유로울 수가 없게 된다. 또한 오염자가 부담해야 할 비용을 산정하는 작업이 쉽지 않다는 점은 오염자부담원칙을 법원칙으로 확립하는 데 불확실성을 가중시킨다.[176] 2004년 네덜란드와 프랑스 간 라인강 염화물 오염방지협약에 관한 중재재판에서는 오염자부담원칙이 국제법의 일부가 아니라고 판단하였다.[177] 국가들은 오염의 모든 비용을 오염자가 부담해야 한다는 견해에 대하여 지지하지 않고 있으며,[178] 오히려 부정적인 견해가 우세하다.[179] 비록 다자간 국제환경협약 중에는 이 원칙을 국제환경법상 일반원칙으로 명시하기도 하지만, 이는 당해 협약의 당사국 간 효력이 있을 뿐이므로 이를 오염자부담원칙이 국제사회 모든 당사국의 행위지침이 되는지에 신뢰할 수 있는 근거로 하기 어렵다는 견해가 우세하다.[180] 그러나 각국의 국가관행이 해양환경오염에 있어서 해로운 활동을 규제하는 효율적인 전

---

174) Roy E. Cordato, *op. cit.,* p. 3.
175) Alexandre Kiss and Dinah Shelton, *supra note 171.,* p. 214.
176) Patricia Birnie and A. Boyle, *supra note 119.,* p. 92.
177) 정인섭, 「신국제법강의」 제3판, 박영사, 2012, p. 638.
178) 박병도, "국제환경법상 오염자부담원칙의 우리나라 환경법에의 수용", 「환경법연구」 제34권 제1호, pp. 342-343.
179) Veb P. Nanda and Pring, George. *International Environmental Law and Policy for the 21st Century.* Transnational Publishers, 2003, p. 9.
180) 박병도, *op. cit.,* p. 344.

략으로 오염자부담원칙을 고려하여 접근(approach)하고 있다.

그러나 이러한 접근법의 문제점은 오염자가 지불하게 되는 비용이 실제로 제3자에게 가해진 피해보다 더 큰 의미를 가질 수 있도록 왜곡될 수 있다는 것이다(반대로 더 작은 의미를 가질 수 있다). 또한, 생산자 입장에서는 제품을 생산하는 데 발생하는 모든 비용을 고려하여 최종금액을 결정하게 되는데, 결국 잠재적인 소비자는 오염자의 지위를 갖게 된다. 오염자부담원칙의 정확한 범위는 명확하지 않으므로 많은 해석들이 종종 자신의 분야와 일치하는 맥락에서 그에 따른 의미를 갖는다.[181] 국제문서에서 오염자부담원칙의 도입을 판단할 수 있는 권한 있는 규범의 제시가 필요한 이유이다.

(2) 오염자가 부담하는 비용

오염규제 비용은 오염자를 위시하여 당해 오염자가 속해 있는 사회 또는 그 물질을 생산한 자 또는 그 물질을 소비하는 자에게 부담하게 할 수 있다. 따라서 폐기물의 배출이나 저장을 위해 해양을 사용하고, 환경 자원의 과잉 개발과 환경적으로 피해를 주는 활동에 대해 국제사회 전반에 경제적 책임을 부담하도록 하고 있다. 이러한 경제적 책임은 오염자가 환경 자원을 사용하거나 파괴하는 비용을 재화나 서비스 비용에 포함하게 하는 방식으로 나타나게 된다. 오염자부담원칙의 목적은 오염세와 배출권과 같은 경제적인 수단과 가격을 이용하여 환경의 이용과 환경 피해에 대한 책임을 경제 분야로 확대시키려는 데 있다.[182]

벌금과 재정적인 수단들은 계속 이용되어 왔고 그 종류도 다양한데, 때때로 이들 수단들은 회복 비용을 충당하기 위해 세입을 늘리기 위해 고안되었다.[183] 오염자부담원칙은 '공동의 그러나 차별화된 책임의 원칙'을

181) Hans Chr. Bugge, *The Principles of "Polluter-Pays" in Economics and Law*, Law and Economics of the environment 53, 1996, p. 74.
182) N. de Sadeleer, *Environmental Principles: from Political Slogans to Legal Rules,* Oxford University Press, 2005, p. 35.
183) Clare Coffey and Jodi Newcombe, *The Polluter Pays Principle and Fisheries: the role of taxes and charges,* Institute for European Environmental Policy,

강조하면서 선진국에 한정하여 온실가스 저감의무를 설정한 기후변화협약 및 교토의정서상의 온실가스 저감의무 부담 체계에서 명확히 확인되었다.[184] 현재의 오염자부담원칙은 환경보전을 목적으로 하는 조세와 부과금을 포함하여 환경오염에 관련된 제 비용을 지출에 대한 부담을 포함하는 것으로 확대된 것이다.[185]

오염자부담원칙은 행위자의 경제적 동기를 자극하는 제도라는 점에서는 그 효율성이 높이 평가되기도 한다.[186] 그러나 다른 한편으로 오염자부담원칙에 극단적으로 정책적인 우선 순위가 두어질 경우 경제적 동기만으로 환경 정책이 수행될 가능성이 있고, 또 경우에 따라서는 오염자부담원칙을 통해서 일국의 해양환경보호 의무가 해태될 수 있다. 즉, 오염자부담원칙을 집행하는 과정에서 구체적인 집행의 내용이 사업자의 구체적인 책임과 비교하여 과도하게 사업자에게 부담을 지우게 된다면 이로써 국가는 환경 보전 의무를 해태하고 국가의 책임을 사회에 전가하는 결과가 될 수 있다.[187] 이러한 의미에서 동 원칙은 국가가 그의 진정한 의무에 대한 고려보다는 일정한 조치를 취하고 있다는 것을 과시하는 기능으로 오용될 수도 있다.

전통국제법은 보통법(Common Law)으로부터 준용하거나 유추하는 방법으로 국제법의 연원(sources)을 해결하려고 시도하였으나, 현재의 국제법은 국가 간 명시적 합의를 바탕으로 다양한 국제법 사안에 체계적 · 합리적으로 접근할 수 있다. 그러나 여전히 국제법은 국내법에 비하여 흠결의 정도가 심하다.[188][189] 런던의정서를 비롯한 해양오염 관련 국제규범에

London, 2001, p. 1.

184) 강상인 · 한화진 · 정영근 · 최대승, "환경무역 연계논의동향과 대응방안Ⅳ: 오염자부담원칙과 국제무역의 연계 논의", 「한국환경정책 · 평가연구원」, 2001, p. 5.

185) OECD, Recommendation of the Council concerning the Application of the Polluter－Pays Principle to Accidental Pollution, OECD Doc. C(89) 88/Final (July 7, 1989).

186) 전광석, *supra note 156.*, p. 132.

187) 홍준형, "버려진 환경, 지켜지지 않는 약속", 「법과 사회」 제9권, 1994, p. 184.

188) 김부찬, "국제법상 유추의 역할 및 한계에 대한 소고", 「국제법학회논총」 제61권

명정된 오염자부담원칙이 대원칙 내지 이론이라고 불릴 수 있을 정도의 체계성을 갖추고 있다고 하여도 이를 적용하는 데 있어서는 동 원칙이 내재한 한계로부터 자유롭지 못하게 된다. 국제협약에서 수십 년간 작동하고 있는 오염자부담원칙에 대하여 합리적인 규범적 강제력을 부과하기 위해서는 '오염자'의 범위 및 비용 지불의 주체를 특정하기 위해서는 주권국 간 협력이 요구되며, 런던의정서도 이를 반영한 제3조의 개정안이 상정되어야 할 것이다.

(3) 입증책임 문제

해양오염을 비롯한 각종 환경 관련 조약 및 각종 선언, 결의, 권고 등에서 분명히 환경오염에 대한 배상의무를 강조하고 있으나, 국가실행은 국제법위반 후에도 책임과 배상이 제대로 적절하게 이행되지 않음을 볼 수 있다. 그러나 국제공동체가 법의 이념인 정의를 실현되는 공간이기를 원한다면, 각국은 자국의 행위로 인하여 발생한 환경손해에 대하여 실제로 배상할 의무가 있음을 수락하여야 한다.190)

일련의 배상책임의 한계에 대해서 살펴보면, 우선 손해를 야기했다고 간주되는 행위와 발생한 손해 사이의 인과관계(causal link)를 증명해야 하는 문제가 있다.191) 즉, 손해가 행위와 관계가 너무 없거나 추론적

제4호, 대한국제법학회, 2016, pp. 36 – 38.

189) 국내법에서는 법의 흠결을 보충하기 위한 방법으로 오염자부담원칙을 적용한다. 다만, 법의 흠결은 엄격한 의미에서 법을 발견하고 해석하는 사법작용이라기 보다는 일종의 '법 형성'이나 '법 창조'에 해당될 수 있으므로, 그 흠결을 보충하여 재판할 수 있는가 아니면 재판불능 선언이 허용되지 않기 때문에 반드시 흠결을 보충해야만 하는가, 흠결 보충이 가능하거나 이루어져야만 한다면 그 권한 또는 의무는 누구에게 귀속되고 있는가, 그리고 그 방법은 어떠한 것인가 등 여러 가지 문제가 제기된다; 김부찬, *Ibid.*, pp. 39 – 40; 김영환, 「법철학의 근본문제」, 홍문사, 2006, p. 224.

190) Bendetto Conforti, *Do States Really Accept Responsibility for Environmental Damage, in Francesco Francioni & Tullio Scovazzi(eds,), International Responsibility for Environmental Harm,* Graham & Trotman, 1991, pp. 179 – 180.

191) Alexandre Kiss, *Present Limits to the Enforcement of State Responsibility for Environmental Damage, in Fracesco Francioni & Tullio Scovazzi(eds),*

(speculative)이어서는 안 된다. 그러나 일반적으로 해양오염피해는 오랜 시간에 걸쳐 생태계를 파괴할 수 있으며, 피해가 발생한 경우에도 인과관계를 입증하기가 어렵다. 이와 같이 문제의 활동과 환경에 야기된 해로운 영향 사이의 인과관계를 입증하기 어려운 경우가 자주 나타난다.[192] 손해의 증명은 배상에 있어서 결정적인 역할은 한다. 그러나 이러한 손해배상 소송은 원칙적으로 피해자가 그 구성요건을 입증해야 한다.

또한, 입증책임 문제와 관련해서 아래와 같은 이유로 한계가 따른다. 첫째, 오염원과 피해 발생지 사이는 상당한 거리가 있어 오염행위를 규명할 수 있다고 하더라도 피해와의 인과관계를 명쾌하게 확립하기 어렵다. 둘째, 오염물질의 해로운 영향은 오염행위 시점으로부터 오랜 기간 동안 나타나지 않는다.[193] 예컨대, 1986년 체르노빌 원자력발전소에서의 방사능오염수 유출사고로 인한 방사능물질은 아직까지도 직·간접적으로 인간의 건강과 환경에 영향을 미치고 있다.[194] 어떤 유형의 피해는 오염이 오랜 기간 계속적이고 누적적으로 진행되어야만 나타나게 된다. 특히 방사능오염수의 경우에는 피해의 지속성이 다른 어떤 유형의 해양오염보다 장기간에 걸쳐 이루어지며, 생물체 내의 축적과 이러한 생물을 인간이 섭취함으로써 세대에 걸쳐 유전적 변이를 야기할 수 있으므로 인과관계의 증명은 문제 해결을 어렵게 하는 본질적인 요소 중 하나이다.[195]

국내법에서는 당해 오염행위가 없었더라면 결과가 발생하지 않았으리라는 상당한 정도의 개연성만 있으며 족하다는 개연성설에 의한 판례가 축적되고 있으나[196] 국제재판에서는 아직 이와 관련한 사례는 없다. 즉,

---

International Responsibility for Environmental Harm, Graham & Trotman, 1991, p. 5.

192) *Ibid.*, p. 352.
193) *op. cit.*
194) 권오성·김나현, "후쿠시마 원전 방사능 오염수의 해양배출에 대한 국가책임에 관한 소고", 「홍익법학」 제14권 제2호, 2013, p. 661.
195) *Ibid.*
196) 손윤하, "환경침해에 의한 불법행위를 원인으로 한 손해배상청구", 「환경침해와 민사소송」, 청림출판, 2005, p. 72.

대부분의 경우에 있어서 국제법정은 문제의 위법행위와 직접적으로 인과관계를 가지는 손해인 '직접손해'에 대해서만 배상책임을 인정하고 있기 때문에 실제로 입증책임의 완화는 현행 국제법체계에서 통용되기가 어렵다. 해양환경오염과 그에 따른 손해의 발생이 피해국의 행위에 기인하는 경우에는 입증책임의 완화 내지 전환에 관한 문제가 국제문서에 적시되어야 할 것이다. 예컨대, 우주공간에 발사한 물체에 대하여 발사국이 절대책임을 지도록 하고 있는 우주 관련 조약을 해양오염 분야에 적용할 수 있다고 생각한다.

3. 지속가능한 발전의 원칙

1) 런던의정서 서문

런던의정서는 서문(Preamble)에서 해양환경을 보호하고 해양자원의 '지속가능한 이용과 보존'을 촉진하여야 할 필요성에 관하여 밝히고 있다. 지속가능한 발전의 원칙은 해양환경과 조화를 이루는 생활의 중요성을 촉진하는 국제환경법의 일반원칙으로[197] 국제환경법의 주요한 원칙에 해당되며,[198] 국제관습법의 지위를 갖고 있다.[199] 지속가능한 개발에 관한 다양한 정의(definition) 중 가장 자주 사용되는 것이 브룬트란드(Brundtland) 위원회의 보고서[200]에 의해 제안된 것이다. 즉, 생태계의 환경용량 내에서 인간의 삶의 질을 향상시키는 것을 의미한다.[201] 그러나 구체적 의미

---

197) Robert F. Housman, *Sustainable Living: Seeking Instructions for the Future: Indigenous Peoples' Traditions and Environmental Protection,* 3 TOURO J. TRANSNAT'L L., 1992, p. 141.
198) *Gabcikove−Nagymaros Project case,* ICJ Reports, 1997, para. 140.
199) P. Sands, *International Coruts and the Application of the Concept of Sustainable Development,* 3 Yearbiik of UN Law, 1999, p. 392.
200) United Nations World Commission on Environment and Development, *Our Common Future,* 2000, pp. 7−8.
201) Ved P. Nanda and Gerge Pring, *International Environmental Law & Policy for the 21ˢᵗ Century 24,* Transnational Publishers, 2003, p. 25.

에 대해서는 견해가 나뉘어진다.[202] 단, 세대 간 형평성의 중요성이 그 주요 기능 중 하나라는 것에는 이론의 여지가 없다.[203]

지속가능개발은 지속 가능한 방식 또는 신중하고(prudent), 합리적이며(rational), 현명하게(wise), 적정한(appropriat) 방식으로 자연자원을 개발하여야 할 목적을 상기시킨다.[204] 이러한 방식은 보통 정의되지 않은 채, 호환적으로 사용되며 각 용어의 의미는 개별 협약의 적용에 달려 있다.[205] 지속가능한 개발의 개념적 범주에 해당하는 지속가능한 이용(Sustainable Use)이란 장기적으로 생물다양성의 감소를 유발하지 않도록 하면서 또한 현세대 및 미래세대의 필요와 열망을 충족시키기 위한 잠재력을 유지시키면서 생물다양성의 구성요소를 인정하여 생물자원이 무한하게 지속될 수 있게 자원감소를 일으키지 않고 다른 생물다양성의 요소에 해가 되지 않는 범주에서 생물다양성을 이용하는 개념으로, 해양 생물자원의 이용에 있어서 UNCLOS 및 국제포경규제협약(1946 International Convention for the regulation of whaling)을 비롯한 해양환경 관련 조약에서 명시하고 있다.[206] 이로 인한 국가실행에 따르면 특히 어업 분야에서 어업 자원의 보전이 모든 관련자에게 더 나은 미래를 제공할 수 있기를 희망하면서 과거의 공해 어업의 자유가 크게 축소된 바 있다.[207] 캐나다

---

202) Philippe Sands and Jacqueline Peel with Adriana Fabra and Ruth MacKenzie, *Principles of International Environmental Law 3rd ed.*, Cambridge University Press, 2012, p. 207.

203) Rachel Emas, *The Concept of Sustainable Development: Definition and Defining Principles,* Brief for GSDR 2015, 2015, p. 1.

204) 박태현, *supra note 155.,* p. 27.

205) Franz Xaver Perrez, T*he Relationship between "Permanent Sovereighty" and Obligation Not to Cause Transboundary Environmental Damage,* 26 Environmental Law 1187, 1996, p. 1204.

206) David Hoyos, *Sustainable Development in the Brundtland Report and Its Distortion: Implications for Development Economics and International Cooperation,* Center for Basque Studies, University of Nevada, 2010, pp. 13−14.

207) Vaughn Lowe et al., *International law and sustainable development: Past Achievement and Future Challenges,* Oxford University Press, 1999, p. 12.

퀘백(Quebec)주 의회는 지속가능한 발전에 관한 법을 제정하면서 모든 사람이 생물 다양성이 보존되는 건강한 환경에서 살아야 함을 재확인함으로써 인권 헌장 및 사회적 권리에 동 원칙을 추가하였다.208)

모든 국가의 환경 정책은 개발도상국의 및 현재와 미래의 개발 잠재력을 향상시키고 부정적인 영향을 미치지 않아야 하며, 모든 사람들을 위한 보다 나은 삶의 조건 달성을 방해해서는 안 되며, 국가와 국제기구는 적절한 조치를 취해야 한다. 지속가능한 발전의 원칙은 각국의 국내정책 입안의 기준을 제시하고 있다.209)

2) 유엔해양법협약상 지속가능한 발전의 원칙

(1) 생물자원에 대한 권리

생물다양성협약(Convention on Biological Diversity; 이하 'CBD'로 약칭) 제22조 제2항은 당사국에게 해양환경에 대한 생물다양성협약의 규정을 UNCLOS에 규정된 국가의 권리·의무와 합치되게 이행할 것을 요구하고 있다.210) 해양에서의 넓은 관할권을 주장하는 연안국과 이를 저지하고자 하는 해양강대국 사이의 타협의 산물로서 나타난 법체제의 산물인 "배타적 경제수역"(Exclusive Economic Zone; 이하 'EEZ'로 약칭)에 대하여 UNCLOS는 제56조 제1항(a)에 따라 EEZ연안국은 상부수역 및 해저와 지하에 있는 천연자원의 탐사, 개발, 보존 관리를 위한 주권적 권리를 가진다.211) 또한 해수, 해류 및 해풍으로부터의 에너지 생산 등과 같은 경제

208) The National Assembly of Québec, *First Session, Thirty−Seventh Legislature, Draft Bill: Sustainable Development Act*, Québec Official Publisher, 2004, p. 2.
209) K. Hakapaa, *Marine Pollution in International Law*, Suimalainen Tiedekatemia, 1981, pp. 60−62.
210) George V. Galdorisi and Alan Kaufman, *Military Activities in the Exclusive Economic Zone: Preventing Uncertainty and Defusing Conflict*, California Western International Law Journal 32, 2002, p. 272.
211) Robert Beckman and Tara Davenport, *The EEZ Regime: Reflections after 30 years*, Proceedings from the 2012 LOSI−KIOST Conference on Securing the Ocean for the Next Generation, 2012, p. 3.

적인 탐사와 개발을 위한 기타활동에 관한 주권적 권리 및 인공섬과 시설·구조물의 설치와 이용, 해양과학조사, 해양환경의 보호 및 보존에 대한 관할권 등 광범위한 권리가 동 조항으로부터 도출된다.

그러나 어족자원을 비롯한 생물자원에 대해 연안국이 가지는 권리는 '지속가능한 발전'에 있어 중요한데, EEZ 연안국은 해양 이용에 있어 주권적 권리를 갖는 한편, 생물자원의 보존 및 최적이용에 관해 일정한 의무를 지기 때문이다.212) 연안국은 생물자원의 보존과 관련하여, 자국 경제수역에서의 생물자원의 허용어획량 또는 어획가능량(allowable catch)을 결정해야 한다. 또한 이용가능한 최선의 과학적 증거를 고려하여 남획으로 인해 생물자원의 유지가 위태롭게 되지 않도록 적절한 보존·관리 조치를 취해야 한다. 그러한 조치는 여러 가지 요소 및 제반사항을 고려하여 최대지속생산량(Maximum Sustainable Yield; MSY)을 실현할 수 있는 수준으로 어획되는 어종의 자원량을 유지·회복할 수 있도록 계획해야 한다. 또한, 연안국은 EEZ에서 생물자원의 최적이용(optimum utilization) 목표를 촉진시킬 의무가 있다. 또한, 자국의 어획능력과 허용어획량을 결정하되, 그러한 허용어획량을 어획할 능력이 없을 경우에는 내륙국 및 지리적불리국과의 관계, 특히 개발도상국과의 특별한 관계를 고려하여 허용어획량의 잉여량(surplus)에 대한 타국의 입어를 인정해야 한다. 일본의 경우, EEZ 어업 문제와 관련하여 "배타적 경제수역에서의 어업 등에 관한 주권적 권리의 행사 등에 관한 법률"을 제정하면서 동 수역의 의무에 부합한 "해양생물자원의 보존 및 관리에 관한 법률"을 정비함으로써 그에 대한 규제가 이루어지도록 하였다.213) 위 법률들은 UNCLOS상 권리의 정확한 행사와 해양생물자원의 적절한 보존·관리와 관련하여, 일본의 EEZ에서 외국인의 어업 규제에 관하여 필요한 조치를 명시하였으며, 어종별 어획가능량

---

212) 연안국의 권리 행사에 일정한 의무 또는 제한이 부과되므로, 엄밀한 의미에서 배타적(Exclusive)이라는 문언의 의미가 정합하지 않는다. EEZ에서의 연안국의 자원에 대한 보존 및 최적이용의무는 영해 내지 접속수역제도에서는 나타나지 않는 의무이다.

213) 水上千之, 排他的經濟水域, 2006, p. 134.

을 정함으로서 UNCLOS상 해양 생물자원214)의 보존·관리조치의 이행을 도모했다.215)

지속가능한 발전의 개념은 EEZ뿐만 아니라, 공해(high seas)216)에서의 생물자원에도 적용된다.217) 한정된 자원을 가지고 있는 공해수역을 지속적으로 보존하면서 모든 국가가 공해를 공평하게 이용하기 위해서는 일정한 규제가 불가피하다.218) 따라서 공해생물자원의 관리 및 보존조치가 필요하며 공해상 어업의 자유가 무제한적이라고 할 수 없다. UNCLOS에서는 여러 조항에 연안국의 권리 및 이익보호를 조건으로 공해어업을 허용하는 조치를 명시 하고 있다(제63조 제2항, 제64조~제67조). 또한 모든 국가는 공해생물자원보존에 필요한 조치를 취하거나 그러한 조치를 취하기 위하여 다른 국가와 협력해야 한다고 제117조에서 규정하고 있다. 특히 한정된 공해자원의 합리적 보전을 위해 제119조에서 명시한 바와 같이 국가는 공해생물자원의 허용어획량을 결정하고 그 밖의 여러 보존조치를 취하여야 하며, 이를 위하여 소지역적·지역적 또는 글로벌 국제기준을 통하여 이용가능한 과학적 정보, 어획량 등 어업활동 통계 및 수산자원 보존에 관련된 내용을 정기적으로 제공하고 이들 정보를 상호 교환해야 한다.

---

214) UNCLOS는 생물자원의 보존·관리에 있어서 일정한 종류의 어종에 대해서는, 이른바 어종별 규제방식을 채택하고 있다. 즉, 고도회유성 어종(highly migratory species), 해양포유동물(marine mammals), 소하성 어족(anadromous stocks), 강하성 어종(catadromous species), 정착성 어종(sedentary species)에 대한 개별 조항에서 다루고 있다.

215) 이창위, "배타적경제수역의 법적 지위와 국내적 수용-한중일의 관련 국내법에 대한 비교를 중심으로-", 「해사법연구」 제21권 제2호, 2009, p. 270.

216) 공해는 영해 또는 국가의 내수에 포함되지 않은 바다의 모든 부분을 이르며, 접한 어느 나라도 배타적 관할권을 주장할 수 없다; United Nations Convention on the High Seas, Apr. 29, 1958, 13 U.S.T. 2312, T.I.A.S. No. 5200, 450 U.N.T.S. 82.

217) Michael W.Reed., *Shore and sea boundaries 293 vol.3 — The Development of International Maritime Boundary Principles through United States Practice*, U.S. Govenment Printing Office, 2000, p. 377.

218) 국제해양법학회, 「유엔해양법해설서 II」, 사단법인 해양법포럼, 지인북스, 2007, p. 20.

어족자원뿐만 아니라 공해상 해양포유동물의 보존 및 관리의 경우도 지속 가능한 발전의 원칙이 적용된다.

(2) 무생물자원에 대한 권리

UNCLOS는 EEZ 하층부의 해저 및 그 하층토의 개발에 있어서 생물 자원의 경우와 동일한 규정을 두고 있다. 즉, 제56조 제1항(a)에서 연안국 에게 광물자원과 같은 무생물자원의 탐사, 개발, 보존 및 관리를 위한 주 권적 권리를 부여하면서 동조 제2항에서 EEZ에서의 의무 이행을 적절히 고려할 것을 규정한다. 무생물자원의 채굴을 위한 심해저활동과 관련한 보증국의 의무와 책임에 대한 국제해양법재판소(International Tribunal for the Law of the Sea; 이하 'ITLOS'라고 약칭)의 권고적 의견[219]에서는 심해저 활동(activities in the Area)의 범위에 관하여 심해저로부터 광물을 채취하 기 위한 시추, 준설, 표본채취 및 굴착을 포함시키고 있다.[220]

광구에서 채취된 광물을 광구에서 곧바로 선상 제련하는 것도 심해저 활동에 포함되며,[221] 그리고 광물에서 물을 제거하고 상업성 없는 물질을 사전선별하고 그것을 바다에 버리는 것도 심해저활동에 포함된다. 물을 제거하는 작업과 상업성 없는 물질을 바다에 버리는 행위를 심해저 활동 에서 제외한다면 제련과정 중 발생한 지속성이 있는 유독·유해물질이 포 함된 무생물자원을 해양에 투기하는 결과가 될 것이며, 이것은 UNCLOS 의 해양환경보호 의무에 반한다. EEZ의 어업제도에 있어서 지속가능한 최대수확을 할 수 있는 수준의 회복 또는 유지를 위한 생태계접근 (ecosystem approach) 방법은 UNCLOS에 의하여 특정되거나 포획된 종 (species)에 초점을 맞출 뿐만 아니라 무생물자원과 생물자원의 상호의존 도를 포함하고 있다.[222]

---

219) Responsibility and obligations of States with respect to activities in the Area, Adivisory Opinion, 1 February 2011, *ITLOS Reports 2011*.
220) UNCLOS 제145조, UNCLOS 부속서3 제17조 제2항 (f).
221) UNCLOS 부속서3 제17조 제2항 (f).
222) S. Iudicello, M.Lutle, *Marine biodiversity and international law: instruments and institutions that can be used to conserve marine biological diversity*

3) 사전예방원칙과의 관계

남방참다랑어 사건(Southern Bluefin Tuna)[223] 오스트레일리아와 뉴질랜드가 일본이 남방참다랑어(southern bluefin tuna)를 보호하고 보존하는 어획의 최적 수준을 위반하여 사전예방원칙을 충족시키지 못했다는 주장을 한 사건이다. 이와 관련하여 ITLOS는 지속가능한 발전의 원칙과 사전예방원칙이 함께 고려되어야 한다는 입장이다.

"1995년 경계 왕래 어족과 고도 회유성 어족의 보전과 관리에 관한 UN 해양법협약의 규정을 이행하기 위한 협정"(Agreement for the Implementation of the Provisions of the United Nations Convention on the Law of the Sea of 10 December 1982, Relating to the Conservation and Management of Straddling Fish Stocks and Highly Migratory Fish Stocks; 이하 '공해어족자원보호협약'으로 약칭)은 공해에서의 어종 보존과 지속가능한 이용을 목적으로 한다. 동 조약의 어종합의에서는 어장의 보존과 관리를 위해 어장관리의 생태계적 접근 방법에 따라 어획에 책임이 주어지는 사전예방원칙을 채택하였다.[224] 위 사건에서 ITOLOS는 지속가능한 이용을 위하여 남방참다랑어 어장의 심각한 피해에 대한 사전예방 조치를 인정하였다. 사전예방원칙은 지속가능한 발전의 실현에 있어서 유의미한 기능을 담당하면서 국제법상 유효한 행위규범으로 인정된다. 또한, 사전예방원칙이 해양의 지속가능한 이용을 보증할 수 있는 중요한 수단이 되기 때문에 지속가능한 발전을 구체화하는 데 효과적으로 작용하게 된다.[225]

---

internationally, TELJ 8, 1994, p. 124.

223) ITLOS, Southern Bluefin Tuna Cases, Southern Bluefin Tuna cases(provision Measures)(Australia and New Zealand v. Japan), ITLOS/Press 28 27 August 1999.

224) 백소현, "국제환경법상 지속가능한 발전의 개념과 법적 지위에 관한 연구", 중앙대학교 법학연구원 「법학논문집」 제25집 제2호, 2011, pp. 204-205.

225) *Ibid.*, pp. 210-214.

Ⅲ. 해양투기에 대한 국가관할권

1. 런던협약 및 런던의정서상 연안국 관할권

런던협약은 연안국이 해양투기에 개입되어 있다고 믿어지는 자국 관할권하에 있는 외국선박과 항공기, 고정되어 있거나 부유하는 플랫폼에 대해 협약 규정을 이행하고 관할권을 행사하도록 규정하고 있다(제7조 제1항 (c)). 여기에서 런던협약은 연안국 관할권이 행사되는 수역의 범위를 명시하지 않고 "연안국 관할"이라고만 표현하고 있으나, 영해와 배타적 경제수역, 대륙붕을 언급하는 것으로 해석된다. 이에 대해 런던협약 제11차 협의당사국회의에서는 연안국관할권이 영해뿐만 아니라 배타적 경제수역에도 적용된다는 데 합의한 바 있으며,[226] UNCLOS 제210조 제5항과 제216조 제1항 (a)의 규정에 의해서도 보완된다고 보아야 할 것이다. 또한 연안국은 국제법의 원칙에 따라 해양투기를 방지하기 위한 추가 조치를 취할 권리를 갖는다(제7조 제5항).

UNCLOS는 해양투기에 대한 연안국의 사전승인 및 통제권을 규정하고 있다. 영해와 배타적 경제수역, 대륙붕에서의 투기는 연안국의 명시적인 사전승인 없이는 행할 수 없도록 되어 있다. 이때 연안국은 지리적 여건으로 인하여 불리한 영향을 받을 다른 국가와 함께 그 문제를 적절히 검토한 후 이러한 투기를 허용, 규제 및 통제할 권리를 가진다(제210조 제5항). 이에 따라 연안국은 자국 연안의 해양투기 행위에 대해 사전 승인권뿐만 아니라 강력한 통제권까지 행사할 수 있게 되었다. 특히 이 조항은 해양투기에 대한 연안국의 관할해역을 배타적 경제수역과 대륙붕까지 확대하였다는 데 중요한 의미가 있다.

반면 런던협약은 해양투기에 관한 연안국의 사전승인 및 통제권을 명시적으로 규정하지 않고 있다. 따라서 런던협약 제13조 규정에 따라 UNCLOS에 규정된 연안국 관할권의 성격과 범위를 고려하여 판단하여야

---

226) Anna Mihneva-Natova, *Historical Development of Maritime Law*, United Nations, 2015, p. 18.

할 것이다.[227] 해양투기에 대한 사전허가증 발급은 런던협약에서만 규정하고 있다. 런던협약 제6조 제2항은 해양투기의 사전허가증 발급 주체를 "항만선적국"과 "기국"으로만 명시하고 있으나, 연안국도 그 관할 수역 내에서 사전허가증을 발급할 권한을 갖는 것으로 보고 있다.

런던의정서 부속서1에 열거된 물질의 투기는 연안국 국내기관의 허가를 받아야 하며, 연안국은 이를 위한 행정적, 법적 조치를 수립하도록 되어 있다. 연안국 국내기관은 허가를 발급하기 전에 부속서2에 규정된 폐기물평가체계 절차에 따라 투기 예정 물질을 평가하고, 대안이 있는 경우 해양투기를 금지하고 있다. 연안국은 런던의정서의 규정보다 엄격한 규제를 하는 것이 가능하다. 따라서 해양오염을 방지, 감소 제거하기 위해 국제법보다 더 엄격한 조치를 취할 수 있고, 부속서1에서 투기를 허용하고 있는 폐기물 기타 물질의 투기를 금지할 수 있도록 되어 있다(제3조 제4항, 제4조 제2항).

그러나 런던의정서는 내수로의 확대를 비롯한 해양투기의 지리적 적용 범위와 규제대상은 확대하였으나 관할권의 범위는 명시하지 않고 있다. 따라서 런던의정서상 국가관할권 문제는 런던협약과 UNCLOS 및 MARPOL 73/78 체제를 수용하고 있는 국제관습법과 연계하여 해석해야 한다.[228]

2. 연안국 관할권 확대를 위한 역외 관할권의 적용 문제

1) 1993년 엠프레스호 사건

UNCLOS을 비롯한 국제관습법은 항만국의 관할 해역 밖의 해양오염에 대해서 관할권 집행을 명시적으로 제한하고 있다. 1993년 미국의 연안경비대 소속 정찰기가 적외선 레이더를 통해서 Royal Caribbean Cruises 소속 엠프레스호(Nordic Empress, 이하 "엠프레스호"로 약칭)가 미국으로 항

---

227) 김기순, *supra note 18.*, pp. 391－392.
228) Patricia Birnie & Alan Boyle, *supra note 119.*, p. 420.

해 중 바하마 관할 해역에서 유류를 배출하는 행위를 목격했는데, 마이애미항에 입항 후 연안경비대가 해당 선박에 비치되어 있는 유류기록부에 관한 항만국 통제를 실시하였으나 기름 배출에 관한 기록을 확인할 수 없었다.[229] 기국인 라이베리아 정부는 합리적인 의심(resonable doubt)을 인정하나, 위조된 유류기록부(oil record book)와 바하마 관할 해역에서 발생한 행위는 관련이 없다고 없다고 밝혔다.[230] 1998년에 미국 검찰은 이와 관련하여 엠프레스호가 MARPOL 73/78에 따라 유수분리기(oil waster separator)를 통해서 선외로 배출하여야 함에도 불구하고 이 장치를 사용하지 않고 유류배출을 하였으며, 이 사실을 의도적으로 유류기록부에 작성하지 않았기 때문에 위증법(False Statement Act)의 위반혐의로 선사를 기소하였다.

미국은 당해 선박을 국내법 위반혐의로 소송을 진행하였으며 MARPOL 73/78과 관련이 없음을 주장하였다. 또한 MARPOL 73/78은 미국 국내법에 따라 내수와 항만에서 발생한 범죄에 대한 관할권을 제한할 수 없다고 주장하였다.[231] 법원은 동 사건이 미국 관할 해역 밖에서 이루어졌음을 인정하였으나, 항만국 통제의 일상적인 활동 중에 유류기록부의 기재사항 확인이 외국적 선박을 대상으로 반복적으로 또는 공통적으로 이루어지고 있기 때문에 위증법 적용이 적절하다고 판단하였다.[232] Royal Caribbean Cruises는 미국이 역외관할권 행사를 주장하였는데, 법원은 엠프레스호의 배출기준 위반이 미국 관할권 밖의 해역에서 발생하였다 하더라도 의도적인 위조 서류의 사용은 항만국 통제를 실시하는 연안경비대의 기능을 악화시킨다고 밝히면서, 자국 영역에 영향을 미치고 관련 법률의 집행을 악화

---

229) United States of America v. Royal Caribbean Cruises LTD. 11 F. Supp. 2d 1358, 1998 A.M.C, 1817, http://law.justia.com/cases/federal/district-courts), 2019. 5. 19.
230) Ibid.
231) 두현욱, "외국적 선박의 해양오염사건에 대한 국가관할권 집행과 선원 인권보호에 관한 연구", 「해사법연구」 제29권 제1호, 2017, pp. 239-242.
232) United States of America v. Royal Caribbean Cruises, op cit., p. 10.

시키는 이러한 행위는 미국 관할권 적용이 가능하다고 주장하였다.233)

국제법률위원회(International Legal Commission)는 역외관할권을 국제
법상 존재하지 않는 규정으로 국가의 이익에 영향을 미치는 개인, 재산
또는 초국경 행위를 국내법, 판결 또는 집행 수단으로 규제하려는 시도로
규정하고 있다.234) 항만국의 일방적인 역외관할권 행위는 항해 중인 선박
보다 항만에 정박하고 있는 선박을 대상으로 시행되는 조치를 강구하는
것이 현실적으로 시간과 자원의 소비를 줄일 수 있으며, 보다 많은 선박
의 통제를 가능하게 하므로 긍정적으로 평가할 수 있지만235) 공통의 관심
사가 아닌 특정 국가의 이익을 위한 목적으로 행사된다면 정당성을 인정
받을 수 없다.236) 그러나 이러한 항만국의 역외관할권은 UNCLOS 제94
조에서 정하는 기국의 의무가 소극적일 때 항만국이 외국적 선박에 대하
여 적절한 조치를 취할 수 있는 관할권을 보장하는 방향으로 발전되어야
할 것이다.237)

2) 국내법의 역외 적용의 허용 여부

일국의 해양환경오염 정책은 과학적·기술적 및 경제적 능력에 따라
개별적·집단적으로 효과적인 조치를 취하며, 그와 관련한 국가 간 정책
을 조화시킨다(런던협약 제2조). 이는 UNCLOS 제194조 1항에서도 답습하
고 있다.238) 즉, 각국은 개별적으로 또는 적절한 경우 공동으로, 자국이
가지고 있는 실제적인 최선의 수단을 사용하여 또한 자국의 능력에 따
라239) 모든 오염원으로부터 해양환경오염을 방지, 경감 및 통제하는 데

---

233) *Ibid.*, p. 14.
234) UN Report of the International Law Commission, *58th General Assembly
Official Records*, Supplement No. 10(A.61/10), p. 516.
235) H. Ringbom, T*he EU Maritime Safety Policy and International Law*,
Martinus Nijhoff, 2008, p. 203.
236) 두현욱, *op. cit.*, p. 247.
237) *Ibid.*
238) K. Hakapaa, *Marine Pollution in International Law*, Suimalainen
Tiedekatemia, 1981, pp. 60－62.

필요한 UNCLOS와 부합하는 모든 조치를 취하고, 또한 이와 관련한 자국의 정책을 조화시키도록 노력할 것을 규정하고 있다.

국내법의 역외 적용의 허용여부는 국제법이 대답하여야 할 과제로 남아 있다.[240) 연안국이 해양투기 관할권을 확대하여 선박을 임검·조사하는 엄격한 해양투기 금지 규정을 제정하면 기국은 연안국의 영토주권을 존중할 의무를 저버리고 자국법의 준수를 요구하여서는 안 된다. 그러나 연안국의 관할권 주장을 정당화하려는 이러한 시도는 일반적으로 받아들여지지 않고 있다. 해양투기 관할권에 관한 런던의정서상 콘센서스의 부재에도 불구하고, 연안국에 의한 해양투기 규제 조치의 채택과 그 역외 적용을 허용할 수 있는 조건을 결정하는 일은 국제공동체의 도전과제이다.

3. 예방적 관할권으로의 확대 필요성

예방적 관할권이란 '국가가 자국, 타국 또는 공해나 대기권의 환경, 자원, 인간건강 및 안보 등에 대하여 심각한 피해를 야기할 수 있는 행위를 예방하기 위해 규제할 수 있는 국제법상의 권한'이라고 할 수 있다.[241) 예방적 관할권은 일반적으로 국제법에 의해 허용된 범위에서 각국의 국내입법을 통해 집행될 수 있다.[242)

---

239) 공동의 그러나 차별화된 책임의 원칙을 반영한 것으로, 이 원칙은 모든 국가가 지구 환경 위협으로부터 보호할 책임이 있지만, 선진국들은 환경 문제에 대한 기여도가 높기 때문에 더 큰 책임을 지므로 더 높은 수준의 엄격한 조치를 취하여야 한다는 것을 의미한다; Philippe Sands. International Law in the Field of Sustainable Development: Emerging Legal Principle, In Lang, W.(ed.) Sustainable Development and International Law. Graham & Trotman, 1995, pp. 63–64.

240) 박태현, supra note 155., p. 15.

241) J.F. McEldowney, S. McEldowney, Environmental Law and Regulation, Blackstone Press, 2001, p. 10; D. Wilkinson, Environment and Law, Routledge, 2002, p. 111.

242) 이윤철, 김지홍, "연안국의 예방적 관할권에 관한 연구", 「해사법연구」 제22권 제2호, 2010, p. 75.

해양에서의 선박에 대한 국가관할권의 주체는 기국, 연안국, 항만국으로 대별할 수 있다.[243] 기국은 자국 선박으로부터 해양환경오염을 방지·경감·통제하기 위한 국내입법을 해야 한다. 그러나 대다수의 기국은 자국에 등록된 선박을 기소하기를 꺼리게 되는 결과가 발생한다.[244] 네덜란드 환경기구가 실시한 조사에서 북해 지역의 MARPOL 73/78 위반 사실을 보고한 위반 사항 중 17% 만이 IMO와 "해양환경보호위원회"(Marine Environment Protection Committee; MEPC)가 정한 절차를 통해 문제가 조사되었으며, 6% 만이 유죄 판결과 벌금형을 선고받았다.[245]

연안국은 자국의 해양수역에서 해양오염을 방지·경감·통제하기 위한 관할권을 가지고 있다. UNCLOS 제220조에 의하여 MARPOL 73/78 위반 사실이 자국의 영해나 배타적경제수역(EEZ)에서 발생한 때 기소할 수 있으며, 제5항에 따라 물리적 조사를 행할 수 있다.[246] 그러나 이 규정은

---

243) 선박은 국제적, 국가적 및 관습적인 해양 시스템이 동시에 적용될 수 있으므로 하나 이상의 법체계에 종속될 수 있는 능력 때문에 특별한 주체로 간주된다; Bernhard Oxman, *Jurisdiction of States, EPIL, Volume Ⅲ*, 1992, pp. 55－60; Mario Valenzuela, *Enforcing Rules against Vessel－Source Degradation of the Marine Environment: Coastal, Flag and Port State Jurisdiction, in Davor Vidas and Willy Østreng (eds.), Order for the Oceans at the Turn of the Century*, Kluwer Law International, 1999, pp. 485－505; Østein Jensen, *Coastal State Jurisdiction and Vessel Source Pollution－The International Law of the Sea Framework for Norwegian Legislation*, The Fridtjof Nansen Institute, 2006, pp. 14－18.

244) 기국주의가 출현함에 따라 전 세계 선적량의 대부분을 차지하는 선박들이 항구와 직접적으로 연결되지 않을 가능성이 있는 국가에 등록될 수 있다. 예를 들어 내륙에 있는 몽골 같은 경우이다. 선박 소유자는 등록을 완료하기 위해 기국을 방문할 필요조차 없다. 만일 해운회사가 미국에 선박 등록을 하는 것이 관심이 있다면 해당 선박을 미국에서 건설해야 한다. 이때 건설비용이 두 배로 상승하며, 노동 비용도 약 25% 상승하게 된다. 또한, 세금 및 근무시간에 대한 규정도 미국법에 따라 엄격히 집행된다; Budislav Vukas and Davor Vidas, *Flags of Convenience and High Seas Fishing: The Emergence of a Legal Framework, in Olav Schram Stokke (ed.), Governing High Seas Fisheries*, Oxford University Press, 2001, pp. 53－90.

245) Ton Ijlstra, *Enforcement of MARPOL: Deficient or Impossible?*, Vol. 20 Marine Pollution Bulletin, 1989, p. 596.

동조 제1항에서 규정하는 '항구나 연안정박시설에 자발적으로 들어온 경우'에 한해서만 적용되는 집행관할권에 해당한다. 결국 기국의 기소에 의존해야 하는데, 그 가능성은 매우 적다.[247]

항만국 관할권은 MARPOL 73/78 도입 이후 개선되었고, UNCLOS 채택으로 더욱 향상되었다. UNCLOS 제218조는 항만국의 관할권을 강화하는 규정으로 외국 항해 선박을 기소할 수 있도록 하고 있다. 이 규정은 제228조에 따라 기국에 의해 조정될 수 있는데, 항만국에게 집행관할권이 부여된 점은 MARPOL 73/78의 준수 수준을 높이는 데 중요한 개선점이 된다. 그러나 항만국은 MARPOL 73/78 위반자에 대한 법적 조치와 관련된 막대한 재정적 비용으로 인해 항만국의 권한하에 절차를 시작하기 보다는 기국에 신고하는 옵션을 선택하는 것이 일반적이다.[248] 항만국이 소극적인 이유는 위반자에 대한 엄격한 조치를 취하면 당해 조치로 인해 일국의 항구에서 이루어지는 상거래에 영향을 미칠 수 있을 뿐만 아니라 위반자에 대한 비용을 발생시키는 데 기반을 두고 있는 것으로 생각된다.[249]

전통적으로 해양오염 행위를 포함한 선박의 여러 해상활동에 대한 통제의 주도권은 기국에게 주어져 있다.[250] 그러나 해양오염의 피해국은 연안국과 항만국이며, 이들은 해양투기로 인해 직접적으로 영향을 받는 국가이다. 따라서 해양투기에 대한 연안국 및 항만국의 관할권 행사가 가장 효과적이라고 할 수 있다. 또한 일국은 타국의 권리를 침해하지 않도록 해야 할 의무가 있고, 해양투기로 인한 해양환경오염으로 타국에 피해를

---

246) B. Kwiatkowska, *The 200Mile Exclusive Economic Zone in the New Law of the Sea*, Martinus Nijhoff, 1989, pp. 181–182.

247) A. Kiss, *Droit international de l'environmental, Revue Juridique de l'Environment*, 1989, p. 105.

248) Rebecca Becker, *MARPOL 73/78: An Overview in International Environmental Enforcement*, 10 Georgetown International Environmental Law Review, 1997, p. 626.

249) Andrew Griffin, *MARPOL 73/78 and Vessel Pollution: A Glass Half Full or Half Empty?*, 2 Indiana Journal of Global Legal Studies, 1994, p. 501.

250) *Ibid.*, pp. 74–75.

입힌 경우에는 국가책임을 지게 된다.251) 이에 따라 연안국과 항만국의
해양투기 관할권 강화가 이루어져야 한다. 예컨대, 위에서 언급합 기국의
기소 의무가 소극적일 때, 연안국 및 항만국의 보충적 관할권을 보장하는
방향으로 발전되어야 할 것이다.252)

4. 해운회사를 규제하는 관할권 체제의 도입 필요성

해양투기로 인한 해양환경오염 피해는 지속적으로 제기되어 오던 문제
로 유럽 및 선진국에 소재한 선박소유주들로부터 비롯되고 있다는 여러 보
고들이 최근 유럽의 비정부기구와 사회단체들로부터 발표되고 있다.253) 국
제사회는 해양투기로 인한 해양환경오염을 막기 위해 다양한 글로벌·지역
적 규제를 개발해 오고 있지만 기국 내지 선주의 의도적인 법률 우회로 실
효성에 의문점이 많다. 게다가 대부분 선진국에 본사를 두고 있는 선도적
인 해운회사들은 경쟁적으로 수명이 다한 선박(end-of-life vessels) 판매
하고 있으며, 이러한 선박은 국제협약에서 정한 해양투기의 최소기준 적용
이 불가능한 선박에 해당한다.254)

미국국립과학원(National Academy of Sciences)에 의해 확인된 MARPOL

---

251) J.G. Lammers, *Pollution of International Watercources: A Search for
 Substantives Rules and Principles of Law,* American Journal of
 International Law Vol. 79, No. 4, 1985, pp. 1123−1124; Karl Zemanek,
 *State Responsibility and Liability, in W. Lang & H. Neuhold & K.
 Zenmanek(eds.),* Environment Protection and International Law, Graham
 & Trotman, 1991, p. 188; Michel M, *The concept of liability in the
 absence of an internationally wrongful act. In: James C, Alain P, Simon
 O (eds) The law of international responsibility.* Oxford University Press,
 2010, pp. 503−513.
252) 두현욱, "외국적 선박의 해양오염사건에 대한 국가관할권 집행과 선원 인권보호
 에 관한 연구", 「海事法研究」第29卷 第1號, 2017, p. 247.
253) Young−Hun Min, *Principles of International Environmental Law with respect
 to Shipowners' Environmental Costs in the Ship−Recycling Industry,* 海事法研
 究第31卷第1號, 2019, p. 161.
254) *Ibid.,* p. 164.

73/78에 대한 도전과제는 구형 선박에서의 유류배출을 모니터링 하는 것이
다.[255] 구형 선박에서의 정확한 배출량을 입증하는 것은 거의 불가능하며
이를 충분한 증거로 사용할 가능성도 낮다. 항공 감시를 통한 증거수집은 방
전 위험 및 고비용을 불편하게 생각하는 여러 나라들에 의해 이행할 수 없
다.[256] 장비 체제의 일환으로 겪게 되는 운영상의 어려움이 MARPOL
73/78의 문제로 들 수 있다. 한편 MARPOL 73/78은 해상에 배출할 수 없
는 폐기물을 항만에 수용할 수 있는 시설을 갖출 것을 부속서1 규칙12에서
규정하고 있다. 이 규정은 MARPOL 73/78 부속서1이 발효된 후 1년 이내
설비를 설치하고 운영될 수 있도록 요구하고 있다. 그러나 현재까지 불이행
에 대한 벌칙규정이 없다는 사실로 많은 국가들이 비용 관련 문제로 수용 시
설을 건설하지 못하고 있다.[257]

재정 자원이 부족하다는 것은 MARPOL 73/78 위반에 근본적인 주제
가 되는 경향이 있다. 이는 항만국, 연안국, 기국에게 공통적인 문제이며,
잠재적인 해결책은 재정적으로 어려운 국가에 보조금을 제공하여 개선된
준수를 유도하는 방법이 있다. 그러나 이 잠재적인 해결책도 자금 조달이
어디에서 왔는지, 누가 그것을 제공할 것인지, 제공받는 국가의 자격은 어
떻게 되는지, 자금지출이 MARPOL 73/78 체제의 준수를 보장할 수 있는
지에 대한 질문이 다시 제기된다. Breitmeier는 사회 및 자연 세계 모두
에서 발생하는 긴급한 초국적 문제를 다루는 방법으로 국제 체제가 수립
되어 있음을 시사한다.[258] 이와 관련하여 잠재적 오염자의 지위에 해당하

255) John M Weber, Robert E Crew, *Deterrence Theory and Marine Oil Spills:*
    Do Coast Guard civil Penalties Deter Pollution?, 58 Journal of
    Environmental Management, 2000, p. 165.
256) Kishore Gawande, Alok K Bohara, *Agency Problems in Law Enforcement*
    Theory and Application to the US Coast Guard, 51 Management Science,
    2005, p. 1595.
257) Philip Olson, *Handling of Waste in Ports*, Vol. 29 Marine Pollution
    Bulletin, 1994, p. 289.
258) Helmut Breitmeier, *The Legitimacy of International Regimes*, Ashgate
    Publishing Limited, 2008, p. 19.

는 해운회사와의 협력이 필요하다.

따라서 이러한 해운회사를 현재의 해양투기에 대한 국제규제 체제에 끌어들여 해양투기로 인한 해양환경오염의 예방 및 오염비용을 내부화시키고, 해운회사의 제한적 주체성을 인정하여야 한다. 선박재활용 분야에서는 국제적으로 활동하는 비정부기구(NGOs)가 선주의 해양기반 활동에 오염자부담원칙을 적용할 것을 요구해 왔다.259) 오염자부담원칙의 적용을 반대하는 입장에서는 국제무역과 투자의 왜곡을 피하기 위하여 오염자부담원칙을 국가 내에서만 적용해야 한다고 주장한다.260) 그러나 해양투기로 인한 피해는 국제적이므로 IMO 및 런던의정서에서 오염자부담원칙을 국제적인 의무 체제로 받아들이는 것이 필요하다. 해운회사가 화물운송에 이점을 제공받기 위해서는 해양투기 관련 국제협약을 준수하는 범위 내에서 해양투기에 대한 연안국 내지 국제기구 관할권 체제에 복종하는 것을 명문화하여야 한다.

---

259) Valentina Rossi, *The Dismantling of End−of−life ships: The Hong Kong Convention for the Safe and Environmentally Sound Recycling of Ships*, The Italian Yearbook of International Law, Vol. 20, No. 1, 2011, p. 279.

260) Daniel B. Magraw Jr. and Barbara Ruis, *Chapter 3 Principles and concepts of international environmental law in Lal Kurukulasuriya and Nicholas A. Robinson (eds)*, UNEP Training Manual on International Environmental Law, 2006, p. 33.

제3장

폐기물 해양투기에 대한 런던협약 및 런던의정서 체제

제1절 런던협약 및 런던의정서의 주요내용

Ⅰ. 런던협약

1. 주요내용

1) 협약 목적

런던협약은 해양의 폐기물 수용·정화 및 재생산 능력이 무제한하지 않다는 인식에서 출발하고 있으며, 바다의 합법적 이용에 대한 불합리한 간섭을 막아야 할 의무와 국가관할권 내의 활동이 다른 국가의 해양환경이나 국제공역에 대해 피해를 입히거나 해양오염을 일으키지 않을 의무 등 국제관습법상 의무에 기초하고 있다(협약 전문 및 제1조). 런던협약은 특정한 폐기물에 대해서만 투기를 금지하고 나머지 폐기물에 대해서는 사전 특별허가나 일반허가를 통해 투기를 허용하는 방식을 취하는 등 해양투기에 대해 최소한의 국제기준(minimum international standards)을 규정하고 있다.

다만 런던협약은 당사국이 국내법상 보다 더 엄격한 국내기준을 채택하여 부속서1 이외의 물질에 대해서도 해양투기를 금지하고(제4조), 허가 발급시 추가 요인을 고려하거나 그 밖의 해양투기 방지조치를 취할 수 있도록(제6조 제3항) 규정하고 있다. 또한 공동의 지역적 이해를 갖는 국가들끼리 지역협정을 통해 해양투기 규제를 강화할 수 있는 방안을 제시하고 있다(제8조).

2) 최소한의 국제기준

런던협약이 규제대상으로 하는 투기물질은 ① 준설물질(Dredged Material),[1] ② 하수오니(Sewage Sludge),[2] ③ 산업폐기물(Industrial Waste)[3] 및 핵폐기물이 해당된다. 런던협약은 이러한 투기물질의 위험성에 따라 3개의 카테고리(categories)로 구분하여 각각 다른 종류의 규제를 하고 있다. 즉, 가장 독성이 강한 폐기물은 해양투기를 전면금지(Black list)하고, 그 다음으로 독성이 강한 폐기물은 특별허가(Special permit)를 받은 후 투기하도록 하며, 나머지 물질에 대해서는 일반허가(General permit)를 받고 투기하도

---

1) 하천이나 해안 바닥에 쌓인 침전물질을 파낸 것으로 암석이나 모래, 진흙 등을 포함하고 있다. 각국은 선박을 통한 국제무역의 활성화를 위해 선박이 항해할 수 있도록 항구와 항로, 기타 수로 밑바닥을 준설하는 작업에 주력하고 있는데, 이러한 준설작업을 통해 걸러낸 준설물질의 20% 이상이 해양에 투기되고 있으며, 준설물질은 해양에 투기되는 폐기물 중 80% 이상을 차지한다. 런던협약 당사국회의에서는 오염이 심한 준설물질의 경우 육지처분 방법을 이용하거나 다른 적절한 방안을 선택하도록 요구하고 있다; *Guidelines for the Application of the Annexes to the Disposal of Dredged Material*: Resolution LDC.23(10), 1987.
2) 주로 도시에서 생활하수나 분뇨 등을 처리하고 남은 찌꺼기를 말하며, 수용성 폐기물과 고형물로 이루어져 있다. 하수오니는 생화학적 지수(Bio-chemical oxygen demand)가 높고, 세균이 포함되어 있어 인체에 해로운 영향을 미칠 수 있고, 자양분과 유기성이 풍부하기 때문에 부영양화를 일으킬 수 있다는 점이 문제이다. 런던협약에서는 하수오니 통제에 주안점을 두고 이에 대한 관리 지침을 마련하였다; *Ibid.*
3) 역사적으로 선진국과 관련 산업계가 폐기물을 손쉽게 처분하기 위한 방법으로 이용하여 온 것으로 최근까지도 대서양과 지중해, 태평양 등에 수백만 톤에 이르는 강한 산성 및 알카리성 폐기물, 화학 폐기물, 수산물 처리과정에서 나오는 폐기물, 석탄재 등이 투기되었다; 김기순 외, *supra note 18.*, pp. 13-15.

록 규제하고 있다(제4조). 블랙리스트에 해당하는 물질은 ① 유기 할로겐화합물, ② 수은과 수은화합물, ③ 카드뮴과 카드뮴 화합물, ④ 지속성 플라스틱 및 그 밖의 지속성 합성물, ⑤ 원유와 그 폐기물, 정제된 석유제품, 증류찌꺼기, ⑥ 고준위 핵폐기물, 기타 IAEA가 해양투기를 제한하는 고준위 핵물질, ⑦ 생물학전 및 화학전을 위하여 생산된 물질이다(부속서1).

런던협약 부속서2는 사전 특별허가(prior special permit)를 요하는 폐기물 기타 물질을 열거하고 있으며(Grey list), 이에 속하는 물질은 ① 비소, 납, 구리, 아연과 그 화합물, 유기 실리콘 화합물, 시안화칼륨, 불화물, 부속서1에 포함되지 않은 살충제 및 그 부산물, ② 베릴리움, 크로뮴, 니켈, 바나듐과 그 화합물, ③ 컨테이너, 금속 폐기물 기타 부피가 큰 폐기물로서 해저에 가라앉아 어업이나 항해에 심각한 장애를 일으킬 수 있는 것, ④ 부속서1에 포함되지 않은 핵폐기물 기타 방사성 물질. ④에 명기된 핵폐기물 기타 방사성물질은 중준위 및 저준위 핵폐기물을 말하며, 이들 방사성물질은 1993년 제16차 협의당사국회의(The 16th Consultative Parties)에서 삭제될 때까지 Grey list의 카테고리에 속하여 특별허가 대상이 되었다.[4]

런던협약 부속서1 및 부속서2에 포함되지 않는 모든 물질은 세 번째 카테고리에 속하며, 이들 물질에 대해서는 사전 일반허가(prior general permit)를 받아 해양투기를 하도록 허용하고 있다(White list). 그러나 부속서3은 실제로 투기 가능한 물질의 리스트를 열거하지는 않고 있으며, 허가 발급 시에 고려해야 할 여러 가지 요소를 기술하고 있다. 이 요소는 크게 세 가지로 구분되어 있으며, 투기물질의 특성과 구성, 투기지역의 특성과 처분방법, 일반적으로 고려해야 할 사항과 조건 등을 포함한다.[5]

---

4) IMO(2006), *Guidelines on the Convention on the Prevention of Marine Pollution by Dumping of Wastes and Other Matter, 1972*. IMO Publication No. 1531E.
5) 각 당사국은 런던협약보다 더 엄격한 국내기준을 채택할 수 있다. 즉, 부속서1에 언급되지 않은 폐기물 기타 물질의 해양투기를 금지할 수 있으며, 부속서3의 허가 발급 시 고려해야 할 요건을 추가할 수도 있다(제4조, 제6조 제3항, 제7조 제5항).

2. 규제범위의 확대를 위한 결의안 채택과 개정작업

1980년대 이후 국제사회에서 해양오염 통제의 필요성을 더 절실하게 인식함에 따라 런던협약은 해양투기에 대한 규제를 강화해 나가기 시작하였으며, 1991년 협약당사국회의는 런던협약 체제 내에 "사전 주의적 접근방법"(precautionary approach)을 적용하는 데 합의하였다.6) 이는 유해성이 입증되지 않는 한 해양투기가 허용될 수 있다는 종전의 묵시적인 입장에서 다른 대안이 없고 환경에 대한 무해성이 입증되지 않는 한 해양투기를 할 수 없다는 입장으로 선회하는 중요한 계기가 되었다. 1992년 11월 제15차 협의당사국회의에서는 협약 범위를 해양투기뿐만 아니라 해상소각7) 및 기타 해양오염을 일으키는 모든 오염원의 규제까지 확대8)한다는 취지에서 런던덤핑협약이라는 기존의 명칭을 런던협약으로 바꾸었다. 또한 1992년 리우회의에서 채택된 의제 21(Agenda 21)에서 런던협약 당사국들이 해양투기와 유해물질 소각을 중지하게 하는 적절한 조치를 취할 것을 요구함(Chapter 17)에 따라, 1993년 개정작업을 통해 핵폐기물의 투기 금지, 산업폐기물의 투기 중단, 산업폐기물과 하수오니의 해상소각 중단을 결정하였다.9) 그러나 이러한 개정작업에도 불구하고 해양투기 문제를 근본적으로 해결하고 적절한 '폐기물관리조치'를 취해야 할 필요성이 여전히 남아 있게 되었고, 이것이 1996년 런던의정서의 채택으로 이어지게 되었다.

---

6) London Convention Resolution 44(14).
7) 선박에서의 해상소각은 대기로의 오염물질 배출뿐만 아니라, 해상소각의 잔여물을 그대로 바다에 투기하게 되어 유해물질의 해양투기의 사례로 지적된다.
8) Addendum to Annex I : Regulation for the Control of Incineration of Wastes and Other Matter at Sea.
9) Remi Parmentier, *Greenpeace and The Dumping of Waste at Sea: A Case of Non−State Actors' Intervention in International Affairs*, International Negotiation, Vol. 4, No. 3, 1999, pp. 2−5.

Ⅱ. 런던의정서

1. 폐기물 평가 지침의 도입

런던협약이 부속서에 규정된 폐기물의 해양투기를 금지하는 규제방식을 취하는데 반하여 런던의정서는 부속서에 규정된 폐기물에 대해서만 예외적으로 해양투기를 허용하는 방식을 취하고 있다(Reverse list). 즉, 런던의정서는 부속서에 규정된 폐기물이 아니면 해양투기할 수 없다. 단, 부속서에 규정된 폐기물이라 하더라도 '폐기물 평가 지침'(Waste Assessment Framework)을 따르도록 하고 있다. 따라서 당사국의 국내기관에서 허가를 발급할 때에는 런던의정서의 부속서2에 규정된 폐기물 평가 지침에 따르도록 되어 있다. 폐기물 평가지침은 투기 예정 물질이 투기 가능한가의 여부를 평가할 수 있도록 제시하는 기준이 된다. 이 지침은 궁극적으로 폐기물의 해양투기를 감소시키려는 데에 역점을 두고 있는 것으로, 이를 위해 오염된 폐기물의 투기를 엄격하게 규제하고 과학적 기초에 근거하여 적절한 해양처분 방안을 선택하도록 규정하고 있다.

부속서1에 따라 해양투기를 고려할 수 있는 폐기물은 다음과 같다. ① 준설물질, ② 하수오니, ③ 어류 폐기물 기타 수산물 가공과정에서 발생하는 물질, ④ 해상운반체(vessels), 플랫폼, 기타 인공해양구조물, ⑤ 불활성, 무기질 지질 물질(inert, inorganic geological material), ⑥ 자연성 유기물질(organic material of natural origin), ⑦ 철, 강철, 기타 고체성 무해물질로 된 대형 구조물(bulky items primarily comprising iron, steel, concrete and similarly unharmful materials), ⑧ 이산화탄소 포집 및 저장 기술(CO_2 streams from CO_2 capture processes for sequestration).

위 ④에서 해상운반체는 해상수송과 공중수송을 담당하는 모든 운반체를 말하며, 잠수함, 항공기 및 선박을 모두 포괄하는 의미를 가지고 있다. ④와 ⑤의 경우, 파편으로 부유하는 물질이나 해양환경에 오염을 일으킬 수 있는 물질은 최대한도로 제거되어야 하고, 해양에 투기된 물질이 어업이나 항해에 중대한 장애를 일으키지 않아야 한다. ⑦의 대형 구조물은 물리적 영향이 우려되는 무해한 물질로서, 폐기물이 고립된 공동체를 가진 작은 섬과 같은 장소에서 발생하여 투기 이외의 다른 처분방안이 실질적으로 가능하지 않은 상황에 한정된다(부속서1).

⑧은 화석연료 연소과정에서 발생한 기체 중 이산화탄소를 해저 지층에 영구적으로 격리시키는 방안에 의해 채택된 것으로, 2006년 개최된 런던의정서 제1회 당사국회의에서 개정되었다.[10] 따라서 기존의 런던의정서상 규제범위가 해양뿐만 아니라 대기 중 이산화탄소에까지 확대되었는데, 궁극적으로 해양투기 문제로 다루어져야 하므로 이와 관련하여서는 제2절에서 후술하도록 한다.

위에서 열거된 폐기물 기타 물질을 제외한 나머지 폐기물의 해양투기는 금지된다. 이러한 점에서 볼 때 의정서는 런던협약보다 훨씬 더 엄격하고 강화된 형태의 해양투기 규제방식을 택하고 있는 것이다. 런던의정서에서 투기가 허용된 물질의 경우에도 당사국 국내기관의 허가를 받도록 되어 있으며, 환경적으로 보다 바람직한 대안이 있으면 그 방법에 따르도록 한다. 또한 각 당사국이 의정서에서 허용한 폐기물 기타 물질의 투기를 개별적으로 금지하는 것을 막지 않는다(제4조). 부속서1 규정에 따라 해양투기가 허용된 물질이라도 최저기준 이상의 방사능 물질이 포함되어 있는 경우에는 해양투기를 할 수 없다. 즉, 준설물질이나 하수오니 등에 최저기준 이상의 방사능 물질이 포함되어 있으면 해양투기가 허용되지 않는다.

2. 런던협약과의 관계

1) 유예기간

런던의정서는 폐기물의 해양투기를 원칙적으로 금지하고 해양에서의

---

10) David Freestone, Rosemary Rayfuse, Ocean iron fertilization and international law, Marine Ecology Progress Series Vol. 364, 2008, p. 230.

폐기물 소각을 금지하는 내용을 제5조에서 명문으로 규정하고 있으므로 기존의 런던 협약에 비해 보다 더 강력한 규제라 할 수 있다. 런던의정서는 Protocol이라는 명칭으로 되어 있으나 실제에 있어서는 런던협약의 내용을 완전히 수정하여 새로운 협약이라고 할 수 있다.[11] 런던의정서 제23조에 따라 의정서를 비준한 런던협약 당사국 간에는 동 의정서가 런던협약을 대체하게 되며, 런던의정서에 새로이 가입한 당 당사국은 제26조에 따라 5년간의 유예기간(transitional period)을 갖게 된다.

2) 전략계획

제38차 당사국회의에서는 런던협약 및 런던의정서의 이행을 촉진시키기 위한 "전략계획"(Strategic Plan)이 채택되었다.[12] 동 계획은 해양환경오염 방지에 기여하고, 2030년까지 지속가능한 개발을 위한 안건을 진전시키기 위해 런던협약 및 런던의정서 당사국들이 달성하고자 노력하고 있는 전략적 방향과 목표를 제시하고 있다. 당사자들의 공동목표를 설정하고, 우선순위를 정하는 등 도구로서의 역할을 하기 위한 것이다. 제1전략계획은 런던의정서의 비준 또는 가입의 촉진에 관한 것으로 런던의정서의 비준·가입을 희망하는 국가에 대한 특정 기술 및 법적 지원을 제공할 것과 정기적인 정보의 전달과 지역적인 활동을 실시하고, 런던협약에서 런던의정서로의 전환을 권상하는 것을 내용으로 한다. 이는 런던의정서에 대한 새로운 비준 또는 가입 당사국 수의 연평균 증가율을 지속적으로 향상시키는 것을 목표로 하고 있다.[13] 제2전략계획은 당사국들에 대한 것으로 런던협약 및 런던의정서의 이행을 효과적으로 강화시킬 것을 내용으로 하고 있다. 특히 개발도상국에게 기술지원을 제공하며 규제 및 기술, 과학적 불확실성에 대한 문제를 해결하기 위한 조치를 개발하는 것을 포함하고

---

11) 김기순, *supra note 18.*, p. 21.
12) IMO, Strategic Plan for the London Protocol and London Convention, 2017.
13) *Ibid.*

있으며, 당사국의 보고를 포함한 개선된 준수절차를 장려하도록 한다. 또한, 당사국이 관련 업무에 참여하고 격려할 것을 촉진시킬 것을 목표로 하고 있다. 제3전략계획은 국제기구를 비롯한 국제사회와의 협력강화를 언급하고 있으며, 제4전략계획에서는 해양환경의 새로운 이슈를 확인하고 해결할 것을 내용으로 하고 있다. 특히 해양환경의 상태를 개선하고 해양 생물다양성에 기여도를 높이기 위해 과학기술지식을 향상시키고 연구 역량을 개발을 고려할 것으로 런던의정서의 교육 및 전문성을 개발하는 사업을 포함하고 있다.

Ⅲ. 해양투기 개념에서의 예외적 허용

1. 해양투기의 예외규정으로서 '배치'

런던의정서상 '배치'는 런던의정서의 목표에 위배되지 않은 범위 내에서, 해양에 배치하는 것을 이르며, '배치'는 투기에 포함하지 않는다.[14] 그러나 '배치'의 개념에 대한 구체적인 규정을 두고 있지는 않다. 런던협약 및 런던의정서 당사국회의(Consultative meetings of the Parties; 이하 '당사국 회의'로 약칭)[15]에서는 의정서의 목표에 위배되는 '배치'행위에 관하여 논의가 지속되어 왔으며, 2001년에 당사국 회의에서 '배치'는 폐기물의 해양처분을 면제하는 방편으로 사용될 수 없음을 밝히면서, 협약의 목적에 위

---

14) London Protocol Article1(4.2.2.)
   placement of matter for a purpose other than the mere disposal thereof, provided that such placement is not contrary to the aims of this Protocol; and; 이 규정과 관련하여 UNCLOS 제1조 제5항(b)(ii) 및 런던협약 제3조 제2항(2)도 유사하게 규정하고 있다.
15) 실제로는 런던협약과 런던의정서는 서로 다른 독립적 조약이나 런던협약 가입국이 런던의 의정서에 가입한 경우에는 그 나라에 대하여서는 런던의정서를 적용하도록 되어 있고, 사무국도 국제해사기구(International Maritime Organization; IMO)로 동일하기 때문에 합동으로 두 조약이 당사국총회와 과학그룹회의를 개최한다.

배되지 않을 것과 배치 행위에 관한 정보는 사무국에 보고할 것의 결의하였다.[16] 또한, 배치에 사용되는 물질은 해당 폐기물 평가 지침에 의거하여 평가되어야 한다고 결의하였다.[17] 2006년 런던협약 및 런던의정서 과학그룹(Scientific Group)회의[18]에서 인공어초 배치에 관한 지침서를 작성하기로 결의하였다.[19]

2. 폐기물을 인공어초로 제작하여 투기하는 경우

폐기물을 투입하여 제작한 인공어초(artificial reef)는 일국의 폐기물관리 차원의 문제인데, 영국의 경우, 폐기물을 투입하여 인공어초를 축조한 경우에는 허가를 얻을 가능성이 거의 없다.[20] 해안지역 인공어초의 사용은 급증하고 있으며, 이러한 인공암초들이 발견되었을 때 폐기물의 재활용이나 부적합한 재료들을 사용했을 경우에는 해양환경에 부정적인 결과[21]가 초래되므로 이러한 잠재적 요소에 대하여 인공어초의 개발을 적절하게 통제하거나 규제할 필요가 있다. 일부 국가에서는 이미 인공어초에 대한 규제를 시행하고 있지만, 대다수의 경우는 그렇지 않으며 이에 대한 런던의정서를 통한 규제가 필요하다.

런던의정서에서 폐기물을 인공어초[22]를 제작하는 원료로 사용할 수

---

16) 홍기훈, 런던의정서의 기후지구공학적 사업 관리 규범 개발 동향 분석, 「기후지구 공학적 사업의 관리 규범 제정에 관한 국제 동향」– 런던의정서를 중심으로, 2011, pp. 45–46.

17) *Ibid.*, p. 47.

18) 런던협약 및 런던의정서 과학그룹은 과학 지식을 바탕으로 다양한 주제에 관한 연례 회의 개최를 통하여 양 협약을 평가하고 당사국회의에 권고하는 역할을 한다.

19) 홍기훈, *op. cit.*, p. 47.

20) H. Pickering, Artificial reefs of bulk waste materials: a scientific and legal reviwe of the suitability of using the cement stabilized by–products of coal–fired power stations, *Marine Policy 20*, pp. 483–497.

21) UNEP, Guidelines for the Placement of Artificial Reefs, *UNEP Regional Seas Reports and Studies NO. 187*, 2009, p. 1.

22) 인공어초의 사용으로 어업자원의 생존, 성장 및 생식을 향상시킴으로써 특정 상업 어종의 생물량을 증가시킬 수 있다; A. Edwards & E. Gomez, Reef

있는지의 여부는 해양환경으로 유해물질이 용출될 가능성을 검토하는 과학기술적 측면일 뿐만 아니라, 폐기물을 투입하여 축조한 인공어초가 서식지 제고 행위인지 또는 폐기물 처분 행위로 간주해야 하는지의 판단의 문제이다.[23] 이에 대하여 런던의정서는 인공어초의 평가에 적용할 수 있는 특정 폐기물 지침서에 해당하는 내용은 비활성무기지질물질 평가지침서[24]를 마련하여 규제하고 있다.

인공어초에 대한 이러한 규제방식은 바젤협약[25]과 오스파협약 및 바르셀로나협약[26]에서도 시행되고 있으며, 동 지역협약의 당사국은 국내법을 제정하여 인공어초를 규제하기 위한 필요성을 인식하고 있다. 런던의정서상 배치(placement)가 투기(dumping)에 포함되지 않으므로, 부정적인 인공어초의 배치나 건설이 런던의정서 조항을 우회하는 데 사용될 수 있다는 우려를 당해 배치가 "본 협약의 목적에 반하지 아니하는 경우"라는 제4조 제2항(2) 규정으로 이를 해결하고 있다. 즉, 인공어초를 해저에 조성하는 것은 런던의정서 체제의 목적에 반하지 않으면 '투기'가 아니 '배치'에 해당한다. 이와 관련한 런던의정서상 논의로는 해양시비(Ocean Fertilization)를 들 수 있다. 해양시비에 대해서는 다음에서 다루고자 한다.

Restoration Concepts and Guidelines: making sensible management choices in the face of uncertainty. *CRTR Programme,* St. Lucia, Australia. 2007, p. 38.

23) 홍기훈, "해양환경보호", 「해양의 국제법과 정치」, 해로연구총서1, 2011, pp. 45-47.

24) LC 22/14, annex 8(Specific guidelines of Inert, Inorganic Geological Materials).

25) The Basel Convention on the Control of Transboundary Movements of Hazardous Wastes and their Disposal, 1989.

26) Convention for the Protection of the Mediterranean Sea against Pollution (Barcelona); Protocol for the Preservation of Pollution of the Mediteranean Sea by Dumping from Ships and Aircraft, 1976.

제2절 해양지구공학 활동 관리를 위한 런던의정서 규제범위의 확대

I. 해양지구공학 활동의 개념

1. 해양지구공학 일반론

유엔기후변화협약(United Nations Framework Convention on Climate Change; 이하 '기후변화협약'으로 약칭)와 교토의정서(Kyoto Protocol to the United Nations Framework Convention on Climate Change; 이하 '교토의정서'로 약칭)의 경우 온실가스가 기후변화에 미치는 영향에 대한 과학적 불확실성을 법적의식[27]으로 복개하는 데 전도다난한 시기를 거쳤다. 왜냐하면 이산화탄소 배출로 인한 온실효과의 문제가 과학적으로 기후 변화에 악영향을 주므로 규제를 해야 한다는 확신을 가지는 데에는 상당히 오랜 시간이 걸렸기 때문이다.[28] 구체적으로 기후변화문제가 온실가스가 아니라 빙하기의 도래. 즉, 태양과 지구의 궤도의 변화에서 그 원인을 찾는 견해가 있었다.[29] 그러나 인간이 배출하는 이산화탄소가 지구의 기후를 바꿀 수 있다고 확신하게 된 데에는 과학적인 구상보다 사고방식의 변화가 주요했다.[30]

기후변화 문제를 해결하고자 하는 해양지구공학 사업은 해양시비(ocean fertilization) 및 이산화탄소 포집·저장 기술(Carbon Capture and Storage; 이하 'CCS'로 약칭)로 대별할 수 있다. 이외에도 지구에 도달하는 태양에너지를 반사하여 우주로 돌려보내는 기술(Solar Radiation management)

---

27) 관습법의 성립요건으로는 국가실행의 일치와 법적 의식을 들 수 있다; A. Cassese, *Ibid.,* p. 157.

28) Daniel Bodansky, *Negotiating Climate Change: The Inside Story of Rio Convention*, Cambridge University Press, 2011, pp. 47−48.

29) *Ibid.*

30) David Victor, *Global Warming Gridlock*, Cambridge University Press, 2011, pp. 30−31.

이 주목받았으나, 일시적으로 지구 기온을 낮출 수 있지만 해양산성화를 역전시키지 못하는 것으로 알려져 있다.[31] 해양시비는 해양 영양물 생산을 증가시키고, 대기의 이산화탄소를 제거하기 위하여 해양 상층부에 인위적으로 영양물질을 투입하는 것으로[32] 이와 관련하여 근본적으로 기후변화 문제 해결의 장점과 위험들을 논의하기에는 아직 과학적 증거가 부족한 상황이다.[33]

2. 해양과학조사의 자유와 제한

해양과학조사(Marine Scientific Research, 이하 'MSR'로 약칭)는 UNCLOS에 의해 보호되는 '자유'중 하나이다. 단 MSR의 행위는 해양투기에 관한 내용을 포함한 국제협약의 적용을 받는다. UNCLOS는 MSR에 대한 명확한 규정을 내리지 않고 있다. 단, UNCLOS는 어떠한 해역이나 그 자원에 대한 관할권 주장의 근거로서 사용될 수 없고(제241조), 다른 합법적인 해양이용을 방해하지 않아야 하며, 해양환경을 보호하는 규정을 준수해야하고, 평화적으로 수행되어야 한다(제240조).

MSR에 동원되는 선박의 운용, 관측이나 시료채취 등과 같은 해역에 대한 침투행위는 해양환경에 악영향을 미칠 수 있으며, 이외에도 MSR활동으로 인한 해양환경에의 악영향 사례로는 선박운항 내지 사고로 인한 유류오염, 배기가스 유출 및 선박평형수(ballast water) 배출의 문제가 있다.[34] 또한, MSR활동 중 물리적인 활동으로서 준설, 해저 퇴적물 채취·코

---

31) The UK government's view on geo-engineering, 2018, pp. 1-3.
32) 해양시비에는 '철 시비'(iron fertilization), '인 시비'(phosphorus fertilization), '질소 시비'(nitrogen fertilization), '심해수 용승'(upwelling of deep sea water) 등이 있다; 박수진·정지호, "해양환경 부문 기후변화정책의 개선방안 연구", 한국해양수산개발원, 2010, p. 107.
33) Ibid.
34) 홍기훈, 런던의정서의 기후지구공학적 사업 관리 규범 개발 동향 분석, 「기후지구공학적 사업의 관리 규범 제정에 관한 국제 동향」-런던의정서를 중심으로, 2011, pp. 42-43.

어 시추, 해저 관측장비의 배치(lander operation), 트롤작업, 계류, 원격 탐사선(remotely operated vehicle, ROV)을 이용한 시료채취, 케이블 매설 시 제트 시스템 작동, 카메라 운영 시 고강도 조명 등이 해양환경에 영향을 미치는 것이 가능하며, 지진파 탐사(seismic seuvey), 해저면 탐사 (sub-bottom profiling), 다중 빔 또는 단일 빔 조사(multibeam or single-beam surveying), 음향 도플러 해류계(accoustic Doppler current profiling, ADCP), 암반 드릴이나 파쇄(rock drilling and chipping) 작업 등은 해양에 대해 음향 영향을 미칠 수 있다.

그리고 MSR에 사용하는 해양장비로부터 유압액의 누출, 시료 채취 장비의 재사용으로 인한 생물군집의 상호 오염, 장비유실, 정박을 위한 선박 이동 시의 물리적 교란 등이 환경 위험군에 해당한다. 이러한 환경위험을 방지하기 위하여 MSR계획을 수립할 때 필요한 정보수집을 위한 최적의 조사 도구나 방법을 사용하고, 또 환경영향을 최소화할 수 있도록 조치해야 한다. MSR조사 선박은 선박의 규모, 항해 기간, 지리적 위치, 업무의 특성을 감안하여 자체적으로 해양환경관리계획(marine environmental management plan)을 수립해야 하며, 사전에 위험관리계획과 사고발생시 응급조치계획을 개발하여야 한다.

이와 관련하여, 여러 지역협력체와 국제기구에서는 MSR의 행동규정을 채택하였는데,[35] 캐나다와 포르투갈은 연구활동이 빈번한 자국의 관할 해역을 생태계를 보호구역(Marine Protection Area; MPA)으로 설정하고, MSR에 대한 행동규범을 수립하여 과학자들의 연구 활동이 환경이나 생태계에 위험을 가하지 않도록 요구하고 있다.[36] 해양시비를 포함하는 MSR 은 해역을 의도적으로 교란시켜 생태계 및 환경의 반응을 보는 활동이고, 당해 해역이 취약한 생태계(vulnerable ecosystem)인지 여부가 규명되지 않은 상태에서 광대한 해역을 대상으로 수행되기 때문에 기국, 연안국, 항

35) *Ibid.,* p. 43.
36) L. Glowka, Putting marine scientific research on a sustainable footing at hydrothermal vents, *Marine Policy 27*, pp. 303-312.

만국이 모두 이에 개입해야 할 것으로 판단되나, 관련 국가들의 역할이
명확히 정리된 상태는 아니다.[37]

Ⅱ. 해양시비

1. 해양시비의 개념

1) 해양시비의 개념과 영향

해양에 서식하는 식물은 육상식물과 마찬가지로 영양물질이 존재하면
대기 중의 이산화탄소를 흡수하여 고정한다.[38] 그러나 해양식물은 해수
순환의 결과 특정 해역에서는 영양물질이 결핍되어 제대로 성장하지 못한
다.[39] 이 해역에 결핍된 특정 영양물질을 투입하거나 인위적으로 심해수
를 용승시켜 식물 성장을 촉진하려는 행위가 해양시비(Ocean Fertilization)
이다.[40] 해양시비도 인공어초의 경우처럼 이를 관리하는 것이 런던의정서
목적에 위배되지 아니한다.[41] 단, 현재의 런던의정서상 허용되는 해양시
비의 유형은 해양환경을 오염시키지 않는 것으로 평가된 과학조사용 해양
시비로 제한하고 있다. 과학조사용 해양시비는 배치로서, 그러한 조사활
동이 런던의정서 목적에 반하지 아니하는지를 평가하고, 확인하는 절차를
거치게 된다.

해양시비에 사용되는 '비료'가 런던의정서 부속서1에 속할 수 있는지

---

37) R. Rayfuse, M.G. Lawrence, K.M. Gjerde, Ocean fertilization and climate
   change: The need to rehulate emerging high seas uses, *The International
   Journal of Marine and Coastal Law 23*, 2008, pp. 297‑326.
38) 홍기훈, *op. cit.*, p. 24.
39) *Ibid.*, p. 25.
40) 홍기훈·손효진, "해양철분시비사업의 국제관리체제예비분석", 「한국해양환경공학
   회지」 제11권, 2008, pp. 138‑149.
41) 김정은, "한국의 이산화탄소 해저 지중저장에 대한 런던의정서 제6조의 개정이 가
   지는 함의", 「기후지구공학적 사업의 관리 규범 제정에 관한 국제 동향‑런던의
   정서를 중심으로」, 도서출판 오름, 2011, p. 83.

에 관하여는 대체로 부정적인 판단이 우세하다.[42] 또한, 부속서1에 해당한다 하더라도, 부속서2의 요건을 충족해야 한다. 해양시비는 식물성 플랑크톤을 자극하는 것으로 해양의 식물성 플랑크톤은 육상식물과는 달리 심해로 가라앉게 된다. 이는 과학적 연구를 위한 것일 수도 있고, 대기의 이산화탄소를 해양으로 끌어내려 해양으로의 이동을 위한 것일 수 있다. 해양시비의 주된 목적은 자연적으로 발생하는 것보다 더 많은 비율의 대기 중 이산화탄소를 해양에 이동시키는 것이다. 따라서 해양시비는 중장기적으로 이산화탄소를 폐기하기 위하여 해양에 이산화탄소를 간접적인 방법으로 배치하는 것으로 볼 수 있다.

해양시비 사업을 보장하기 위해 일부 국가에서는 실질적인 환경 편익을 실현하기 위한 노력으로 국제인증 프로그램이 개발되고 있지만, 주로 국내법의 적용을 받고 있다. 민간에서도 행동강령을 통한 자율규제의 개발을 추진하고 있다.[43] 그럼에도 불구하고, 국가책임에 관한 국제규범 하에서 만약 그들의 관할 또는 통제하에 있는 프로젝트가 타국의 이익에 손해를 가할 경우에는 당해 국적국은 여전히 국제적으로 책임질 수 있다.[44] 따라서 해양시비에 대한 영향이 알려지지 않거나 심각할 가능성이 있는 경우에는 가능한 부작용을 최소화하기 위한 노력이 필요하다.[45]

---

42) David Freestone, Rosemary Rayfuse, *supra note 277.,* p. 228.

43) *Ibid.,* p. 232.

44) 이 경우에도 중장기적으로 발생된 손해에 원인을 특정할 수 없는 경우에는 한계가 따른다. 따라서, 해양환경오염에 대한 국가책임의 경우 현재의 국가책임 체제에서는 입증이 곤란한 문제에 직면하게 되는데, 우주공간에 발사된 물체에 대하여 발사국이 절대책임을 지도록 하고 있는 우주 관련 조약을 해양환경오염 분야에 적용하는 것과 손해배상을 위한 기금조성이 필요하다.

45) P. Verlaan, *Experimental activities that intentionally perturb the marine environment: implications for the marine environmental protection and marine scientific provisions of the 1982 United Nations Convention on the Law of the Sea.* Mar Policy 31, 2007, pp. 210-216.

2) 해양시비에 대한 국제적 논의

해양시비 활동이 온실가스 배출 감소 목표를 달성하기 위해 사용할 수 있는 탄소크레딧을 생성하려면 UNFCCC와 교토의정서의 엄격한 요건을 충족해야 한다.[46) 탄소크레딧의 공식 거래 계획과 병행하여 다수의 비공식적이고 자발적인 계획이 있는데 주로 '선량한' 투자자들의 접근 방식에 의존하고 있다.[47) 이들은 주로 식목(植木)이나 에너지 효율적인 전구로의 전환을 비롯하여 개인 또는 기업이 배출된 탄소를 상쇄하는 것과 같은 기후 친화적인 활동에 자금을 지원하고 있다고 믿고 있다.[48) 이러한 자발적 계획은 다른 모든 상업 활동과 마찬가지로 국내법이 규율 대상으로 하고 있는데, 국제수준에서의 규제를 위하여 탄소크레딧의 진실성을 보장하려는 국가 검증 메커니즘을 개발하여야 한다는 인식이 증가하고 있다.[49)

한편, 교토의정서는 환경 사안에 시장원리를 적용하여 탄소 배출권 거래제도(Emission Trading System)를 도입하였고, 이에 따라 의무탄소시장(Compliance Carbon Market)과 자발적 탄소시장(Voluntary Carbon Market)이 구분되었다. 해양시비는 자발적 탄소시장에 해당되는데, 교토의정서가 탄소시장에서 온실가스의 거래를 통해 개별 국가가 자국의 감축 목표를 달성할 수 있도록 허용할 수 있는 경제적 동인을 제공한 것이다.[50)

교토의정서의 탄소상쇄(carbon offset)를 비롯한 시장기반 환경규제는

---

46) David Freestone, Rosemary Rayfuse, *supra note 277.*, p. 227.
47) 해양시비사업은 이로 인한 식물플랑크톤 성장을 촉진함으로써 발생한 탄소분량을 탄소상쇄나 교토의정서상 크레딧(credit)으로 판매하는 것으로 미국 플랑크토社(Planktos Co.), 클라이모스社(Climos Co.) 등 민간 기업은 해양시비를 통해 교토의정서 청정개발메커니즘(CDM)상 탄소배출권을 획득하여 판매하려고 노력하고 있다; 박수진, 해양시비사업에 대한 민간, NGO, IGO, 생물다양성협약의 동향, 「기후지구공학적 사업의 관리 규범 제정에 관한 국제 동향」-런던의정서를 중심으로, 2011, pp. 89-90.
48) David Freestone, Rosemary Rayfuse, *supra note 277.*
49) Fred Pearce, Look, no footprint. *New Scientist 10*, 2007, pp. 38-41.
50) Unite Nations collaborative initiative on Reducing Emissions from Deforestation and forest Degradation in developing countries, UN-REDD.

실제로 온실가스 배출을 감축하는데 효과적이 아니고, 특정 상황에서 특정 주체에 경제적 이익이 돌아간다는 측면에서 회의적으로 보는 시각이 존재한다.[51] 따라서 해양시비사업으로 확보한 탄소 흡수량은 교토의정서에 의한 규제시장이 아닌 임의탄소시장(voluntary carbon market)에서는 거래될 수 있다.[52] 교토의정서에서는 이산화탄소의 흡수원으로 해양을 언급하지 않고 있으나, 이를 합의에 포함시키려는 논의가 진행 중이다.[53]

생물다양성협약(Convention on Biological Diversity; 이하 'CBD'로 약칭)은 해양시비 행위가 해양 생물 다양성에 미치는 영향에 관한 과학적 지식에 관한 검토보고서를 발간하는데,[54] 해양생물종과 서식지의 민감성을 포함하여 해양 생태계 구조, 기능 및 역학에 대한 의도된 영향과 의도하지 않은 영향에 대한 우려를 밝히고 있다.[55]

구체적으로 해양시비사업의 탄소 격리 수단으로서의 효율이 매우 낮고, 해양 생물에 악영향을 끼칠 가능성이 매우 크며, 이를 평가하는 데는 아직 많은 과학적 불확실성이 존재한다고 보고하였다. CBD는 또한 런던의정서 당사국 회의의 결정을 존중하고, 사전예방 방식에 의거하여 해양시비사업의 위험평가를 포함해 이를 정당화할 충분한 과학적 근거가 마련되고, 또한 이에 대해 국제적으로 투명하고 효과적인 관리메커니즘이 제

51) Donald Mackenzie, *Making things the same: gases, emission rights and the politics of carbon markets*. Accounting, Organizations and Society 34, 2009, pp. 440−455.
52) Raphel Sagarin, Megan Dawson, David Karl, Anthony Michael, Brian Murray, Michael Orbach, Nicole St. Clair, *Iron fertilization in the ocean for climate mitigation: legal, economic, and environmental challenges*, The Nicholas Institute for Environmental Policy Solutions at Duke University, 2007, pp. 9−11.
53) 홍기훈, *supra note 301.*, pp. 32−33.
54) Secretatiat of the Convention on Biological Diversity Scientific synthesis of the impacts of ocean fertilization on marine biodiversity, *CBD Technical Series No. 45*, 2009, p. 53.
55) Pollard, R. T., Salter, I., Sanders, R. J., et al., Southern Ocean deep−water carbon export enhanced by natural iron fertilization. Nature, Vol 457, 2009, pp. 577−581.

시되기 전에는 해양시비사업을 허용하지 않기로 결정하였다.[56] 해양시비
는 현재 소규모 과학조사 목적으로만 주로 공해상에서 실시하고 있다.[57]

3) 민간회사에서의 해양시비 사업

해양시비는 환경적 위험뿐만 아니라, 그것의 결과에 대한 과학적 불확
실성에도 불구하고,[58] 많은 상업적 사업자들은 탄소배출권이나 상계 판매
를 통한 재정적 이익을 얻으려는 의도로 해양시비 활동을 선호한다.[59] 미
국에 본사를 둔 Planktos社는 해양시비 상업화에 첫 번째 지지자로 2007
년부터 2009년까지 약 10,000㎢ 면적의 해양에서 최대 100톤의 철분을
용해시킬 수 있는 6개의 해양시비 항해 계획을 세웠으나 포기하였다.[60]
이후에 Green Sea Ventures와 Australiaabased Ocean Nourage
Corporation을 포함한 회사들은 각각 해양시비활동에 참여하기 위한 자
체 계획을 진행하고 있으며, 이들 회사는 해양의 산성을 완충하고 해양의
먹이사슬을 보충하며, 이산화탄소를 격리하는 도구로 해양시비를 촉진하
기 위해 투자자에게 탄소배출권을 제공하는 대가로 해양시비의 내용을 구
체화시키고 있다.[61] 해양시비의 과학적 연구는 상업적 이익이 뒤따르고
있으며, 이는 주의(caution)와 실험의 필요성을 촉진시킨다.[62] 해양시비의

56) 홍기훈, *op. cit.*, pp. 38－40.
57) Christine Bertram, "Ocean Iron Fertilization in the Context of the Kyoto
    Protocol and the Post-Kyoto process", Energy Policy, Vol. 38, 2010, pp.
    1130－1139.
58) IPCC, *Mitigation of climate change. Working Group Ⅲ contribution to the
    Fourth Assessment Report of the Intergovernmental Panel on Climate
    Change.* Cambridge Unversity Press, 2007, p. 20.
59) Martin JH, Coale KH, Johnson KS, Fitzwater SE and others, *Testing the
    iron hypothesis in ecosystems of the equatorial Pacific Ocean. Nature
    371*, 1994, pp. 123－129.
60) Gunther M., *Dumping iron: Climos wants to add iron dust to oceans to
    capture greenhouse gases from the air.* CNN, 2008. Salleh A., Urea
    'climate solution' may backfire. ABC Science Online, 2007.
61) *Ibid.*
62) Aaron L. Strong, John J. Cullen, Sallie W. Chisholm, *Ocean Fertilization:*

과학적 연구는 기후 변화의 맥락에서 해양 생태계의 반응을 이해하는 연구 도구에 해당한다.[63] 해양시비에 대한 과학적으로 건전한 검증이라면 기준이 개발될 수 있고, 소규모 해양시비에 해당한다하더라도 수익성이 증대되는 것을 기대할 수 있다.

2. 해양시비 부정론

해양시비에 수반될 가능성이 높은 광범위한 부작용이 보고된 바,[64] 식물성 플랑크톤에 의존하는 종의 변화를 유발시킴으로써 해수영양소의 불균형에 따른 부정적인 변화가 그것이다. 또한 장기적으로 예상치 못한 부정적 결과를 초래할 위험성이 크고, 해저생태계를 잠재적으로 교란하거나 해양 먹이사슬에 중대한 영향을 미칠 수 있다.[65] 해양시비를 포함하는 합법적 과학연구는 해양과학조사에 속하며, 내수·영해·배타적경제수역·대륙붕에서의 해양과학조사는 연안국의 동의를 얻어서 수행될 수 있다. 공해에서는 원칙적으로 자유로이 MSR을 수행할 수 있으나, UNCLOS는 이러한 MSR 시행으로 인해 오염이 발생할 경우에는 가해국이 국가책임을 지도록 규정하고 있으며, 이는 해양시비를 포함한 MSR활동에 대한 관리 사안이 된다. 정부 간 기후변화 위원회(Intergovernmental Panel on Climate Change; 이하 'IPCC'로 약칭)를 포함한 많은 과학자들이 그 효능과 환경안정성에 대한 우려를 고려할 때,[66] 현재의 해양시비, 그리고 간접적인 수단

Science, Policy, and Commerce, Oceanography, 2015, p. 236.

63) *Ibid.,* pp. 238 – 240.

64) Chisholm SW, Falkowski PG, Cullen JJ, *Dis – crediting ocean fertilization.* Science 294, 2001, pp. 309 – 311; Buesseler KO, Boyd PW, *Will ocean fertilization work?,* Science 300, 2003, pp. 67 – 68.

65) Dalton R, *Ocean tests raise doubts over use of algae as carbon sink.* Nature 420, 2002, p. 722; Buesseler KO, Andrews JE, Pike SM, Charette MA, *The effects of iron fertilization on carbon sequestration in the Southern Ocean.* Science 304, 2004, pp. 414 – 441.

66) Lawrence MG, *Side effects of oceanic iron fertilization,* Science 297, 2002, p. 1993; Jin X, Gruber N, *Offsetting the radiative benefit of ocean iron*

으로 이산화탄소를 해양에 배치하는 것이 해양자원 및 해양생물과 인간에 대한 잠재적 위해로 인한 피해가 없을 것이라고 단정할 수 없다.[67] 해양 시비를 긍정적으로 검토하는 법률가는 여전히 부족하고, 그 반대로 엄격하고, 투명하고, 세심한 규제가 국제적으로 검토된 과학조사를 거쳐서 효과적이라는 것을 증명하는 관행은 아직까지 성립되지 않았다.[68]

3. 런던의정서상 해양시비

1) 해양시비를 규제하는 결의안 채택

런던협약 및 런던의정서 당사국총회는 2008년 결의[69]를 통해 해양시비를 런던의정서 범주에 속하게 하였다. 해양오염 관련 국제규범이 정하는 범위 내에서 과학적 연구만 허용하면서 이 사업계획 및 감시에 관한 심사용 평가체제(Assessment Framework for Scientific Research Involving Ocean Fertilization: 이하 'AOF'로 약칭)를 2010년 개발하였다. 런던의정서 체제의 AFOF는 이와 관련하여 ① 과학조사는 현 과학지식에 추가적으로 기여할 것과 현장 조사 이외의 방법으로는 달성할 수 없음이 입증되어야 하고 ② 경제적인 이익이 제안된 활동의 설계, 시행, 또는 결과에 영향을 미치지 않아야 하며, 당해 MSR로 직접적인 경제적 이익이 생기면 안 되

---

fertilization by enhancing N20 emissions. American Geophysical Union, 2002, p. 2249; Lutz MJ, Caldeira K, Dunbar RB, Behrenfeld MJ, Seasonal rhythms of net primary production and particulate organic carbon flux describe biological pump efficiency in the global ocean. J Geophys Res 112, 2007, p. 11; Meskhidze N, Nenes A, Phytoplankton and cloudiness in the Southern Ocean. Science 314, 2006, pp. 1419−1423.

67) Gnanadesikan A, Sarmiento JL, Slater RD, Effects of patchy ocean fertilization on atmospheric carbon dioxide and biological production, Global Biogeochem Cycles 17(2), 2003, p. 1050.

68) Buesseler KO, Doney SC, Karl DM, Boyd PW, Ocean iron fertilization − moving forward in a sea of uncertainty. Science 319, 2008, p. 162.

69) Resolution LC LP.1(2008) on the Regulation of Ocean Fertilization, 2008. 10. 31. 채택.

고 ③ 제안된 사업계획서는 과학전문가 심의를 거쳐야 하고, 그 심의 기준과 심의결과는 공개되어야 하고 ④ 연구사업 제안자는 그 성과를 전문가 심의 학술지에 공개하고 지정한 기간에 자료와 성과가 불특정 다수에게 이용될 수 있도록 공개해야 하도록 규정하고 있다.[70]

그러나 양호한 시비(benign fertilization)와 파괴적인 시비(damaging fertilization)를 구분할 일련의 규제들을 정립하기 위해 필요한 과학적 지식이 여전히 부족하다. 해양시비의 규제에 관한 2008년 결의안에 따르면, 해양시비는 ① 합법적 과학조사인 해양시비, ② 합법적 과학조사 이외의 해양시비로 나뉜다.[71] 합법적 과학조사인 해양시비는 오염가능성이 없는 것이어서 해양투기가 아닌 배치로 분류하여 현재 런던의정서의 규제 대상에서 제외된다. 과학조사용 해양시비가 합법적 과학조사인지를 결정하는 기준은 AFOF에 따른다.[72] 반면에 합법적 과학조사 활동 이외의 해양시비는 상업적 해양시비 또는 오염가능성이 있는 과학조사용 해양시비로서 의정서의 목적에 반할 수 있으므로 해양투기로 분류되어 런던의정서의 규제 대상이 된다.

상업적 해양시비 등이 해양투기로 분류될 수 있음은 2008년 해양시비 규제 결의안에도 명시되어 있지만, 이 결의안은 법적 구속력이 없으며, 이 활동이 런던의정서 관할이 될 수 있다는 해석에 대하여 당사국들이 동의하는 것은 아니다.[73] 해양시비를 시행하면 유해조류 대번식, 어업자원량 감소 등의 피해가 예상되고 그러한 피해의 범위는 매우 넓을 것으로 예측되는데, 이 활동의 지구온난화 경감 효과는 크지 않을 수 있어서 이 활동의 국제적 관리 규범으로서 런던의정서의 역할이 중요하다.[74]

---

70) LC 32/15(2010), Annex 6. Assessment Framework for Scientific Research Involving Ocean Fertilization. para 2.
71) Resolution LC LP.1(2008) on the Regulation of Ocean Fertilization, 2008. 10. 31. 채택.
72) Report of the Thirty—Second Consultative Meeting and the Fifth Meeting of Contracting Parties., 11—15 October 2010, LC 32/15.
73) Annex 1, 'Option 1: Marine Geo—Engineering Activities', IMO, LC 34/WP.4, 1 November 2012.

2) 해양투기의 예외규정 적용 문제

해양시비의 핵심 쟁점은 UNCLOS 및 런던의정서 체제에서 발견되는 투기의 정의에 대한 예외의 운영으로 인해 투기금지로부터 면제되는지 여부이다. 런던의정서 상'배치'의 개념에 관하여는 더 이상 정의되지 않고 있지만 이 단어의 명백한 의미는 인간이 해양에 물질을 도입하는 것이 '배치'를 구성한다는 것을 나타낸다. 게다가 해양시비에서 고려되는 '물질'은 런던의정서에서 금지하고 있는 '물질'에 해당한다. 따라서 해양시비 활동을 위한 '물질'의 '배치'가 런던의정서 체제에 의해 규제되는지 여부를 판단할 필요가 있으며, 이를 위해서는 UNCLOS와 런던협약 및 의정서의 목적을 모두 고려할 필요가 있다. 해양시비의 '물질'이 런던의정서 부속서1 상 '불활성, 무기질 지질 물질'(inert, inorganic geological material)이거나 '자연성 유기물질'(organic material of natural origin)에 해당하지 않는 한 해양시비는 금지되며, 이 두 물질도 모두 허용 요건에 따라 투기할 수 있는 것으로 간주된다.[75] 이는 사실상 해양시비를 고려하는 것은 각 당사국의 정책적·입법적 의지에 의존하게 된다는 것을 의미한다. 즉, 당사국이 국내에서 발행한 허가서에 따라 해양시비 활동을 결정할 수 있게 된다. 그러나 공해상에서 해양시비 활동이 이루어지는 경우, 런던의정서 당사국이 아닌 국가는 이에 대한 효과적인 규제가 보장되지 않으며, 이때에는 UNCLOS에 대한 해양오염의 유형으로 해양환경에 중요하고 해로운 변화를 일으키는 기술의 사용을 다루는 일반적 의무의 내용에 적용을 받게 된다.[76] 이러한 경우에도 해양환경보호에 대한 책임은 연안국·항만국·기국에 따라 관할권이 결정되는데, 이를 규제하고 집행하는 일차적 관할권

---

74) 김정은, *supra note 308.*, pp. 87-88.

75) *Ibid.*, p. 289.

76) De La Fayette L, *The London Convention 1972: preparing for the future.* Int J Mar Coast Law 13, 1998, pp. 515-536; Glibert PM, Azanza R, Burford M, *Furuya Kand others Ocean urea fertilization for carbon credits poses high ecological risks.* Mar Pollut Bull 56, 2008, pp. 1049-1056.

에 대한 규정은 미비하며 강제할 수도 없다.

따라서, 실질적인 문제로서 관할권에 대한 의존은 '편의치적'의 문제로 현실적인 위협을 야기하며, 런던의정서 체제 당사국들이 아무리 엄격한 접근법을 취한다고 하더라도, 해양시비를 지지하는 측면에서는 단순히 회사를 통합하고, 선박을 구매하여서 해양시비에 사용되는 비료를 런던의정서 비당사국에 선적함으로서 런던의정서 체제의 노력을 약화시킬 수 있는 잠재력이 존재한다. 해양시비에 따른 공해 자원 및 편의치적에 대한 피해와 관련하여 해양오염 방지 의무를 주장하기 위한 런던의정서 체제 당사국들의 입지는 이 분야에서 여전히 불확실하다고 할 수 있다.

Ⅲ. 이산화탄소 포집 및 해저 저장 기술

1. 런던의정서상 CCS의 도입

1) CCS의 개념 및 필요성

CCS란 에너지 발전소·천연가스 생산 시설 및 기타 산업체가 이산화탄소를 비롯한 온실가스를 발생시키는 화석연료를 사용하여 행하는 생산활동 중에 발생하는 온실가스 중 이산화탄소만을 분리·압축한 후 저장지에 영구적으로 저장하는 것을 의미한다.[77] 2050년까지는 화석연료에 의존하지 않을 수 없으며 온실가스도 그에 상응하는 기간 동안 발생될 것으로 예상된다.[78]

유럽연합(EU)은 CCS 프로젝트의 효과로 2020년까지 20%의 온실가스가 저감되며, 2030년까지 CCS 프로젝트의 진보가 이루어진다는 가정 아

---

77) Charles R. Nelson·James M. Evans·James A. Sorensen·Edward N. Steadman· John A. Harju, *Factors affecting the potential for CO2 leakage from geologic sinks, Report of Plains* CO2 Reduction Partnership, 2005, pp. 33-36.
78) 홍기훈·박찬호·김한준, "이산화탄소 해저지질구조 격리: 기술현황과 제도 예비 검토", 「한국해양환경공학회지」 제8권 제4호, 2005, pp. 203-212.

래, 2020년에 7백만 톤의 이산화탄소가 포집될 수 있을 것이고, 2030년에는 약 1억 6천 톤까지도 가능할 것이라고 예상하고 있다.[79] 또한 국제에너지기구(International Energy Agency; IEA)가 추산한 바에 따르면, 저탄소 에너지 기술의 전 세계적 보급으로 2050년까지 2005년 이산화탄소 배출량의 절반으로 줄이겠다는 프로젝트에서 CCS는 그 기술들 중 가장 적은 비용으로 20%의 저감효과를 가져올 것으로 예상되었다.[80]

런던의정서에서 CCS의 가장 중요한 관심사는 주입된 이산화탄소의 누출이다.[81] 이산화탄소가 누출되면 저장 효율을 낮출 뿐 아니라 연안 생태계 및 인간에 악영향을 줄 수 있기 때문이다. 따라서 주입된 이산화탄소의 거동을 파악하고 누출을 예방하는 것이 필수적으로 요구된다. 이를 위해서는 부지 선정에서부터 주입 중 및 주입 후 폐쇄에 이르는 전 단계에 걸쳐 모니터링 및 평가를 체계적으로 수행해야 하며 지중저장이 안전하고 친환경적으로 이루어질 수 있도록 각국의 인·허가 및 환경 관리 규정이 마련되어 적용되어야 한다.[82] CCS 사업에 적합한 해저 지질층은 지하 800m보다 깊어서 이산화탄소를 초임계 상태로 주입할 수 있고, 다공성(多孔性)으로 염수가 충진되어 있고 덮개암으로 보호된 염대수층이다.[83] 북해 유전에서 노르웨이 가스채굴업체가 1996년부터 해상가스전에서 포집한 폐이산화탄소를 해저 지질구조에 현재까지 계속 주입하여 처분해 오고 있다.[84] CCS는 해양시비[85]와 함께 기후변화 경감을 목적으로 산업체

79) 강헌·윤성택·박기학, "환경분야 CCS(이산화탄소 포집 및 저장)에 대한 법적 근거 마련 연구 I", 국립환경과학원, 2012, p. 27.
80) IEA, Carbon capture and storage: meeting the challenge of climate change, 2008, p. 45.
81) Charles R. Nelson·James M. Evans·James A. Sorensen·Edward N. Steadman·John A. Harju, op. cit., p. 36.
82) 장은선·윤성택·최병영·정다위·강헌, "이산화탄소의 지중저장의 환경 관리를 위한 미국과 유럽연합의 법·제도 현황과 시사점", 「지하수토양환경」제17권 제6호, p. 18.
83) 홍기훈·김한준·박찬호, "이산화탄소 해저지질구조 격리: 기술현황과 제도 예비 검토", 「한국해양환경공학회지」8, 2005, pp. 203-212.
84) 홍기훈, 런던의정서의 기후지구공학적 사업 관리 규범 개발 동향 분석, 「기후지구

가 배출하는 최종 이산화탄소량 또는 대기 중에 이산화탄소량을 감소시키기 위해 시행되는 해저지구공학 활동의 일종으로 다루어지고 있다.[86]

CCS는 재생에너지와 함께 상호보완적이며, 재생에너지의 전반적인 시스템 및 성능, 비용과 신뢰성을 향상시키게 된다.[87] 또한, CCS는 기후상의 이점 외에도 각국이 천연 자원을 활용하고 전력 시스템을 최적화하여 경제 개발 및 에너지 보안 목표를 할 수 있도록 지원한다. G8은 2020년까지 광범위하나 CCS 구축을 약속하였는데, 이 비전은 연구개발 분야, 법률 및 규제 프레임워크(framework), 공공 참여 및 대규모 상업 시연이 포함되었다.[88] CCS는 신재생이나 수소에 기반을 둔 새로운 청정에너지 수급체계가 구현되기 전까지 한시적으로 석탄 등 화석연료에 근거한 산업 및 에너지 체계를 유지하면서 동시에 기후변화 완화를 위해서 요구되는 온실가스 배출을 대규모로 줄일 수 있는 기회를 제공하기 때문이다.[89] 그러나 전체적으로 CCS 기술은 아직 미완의 고비용 감축수단에 해당하며, 이에 대한 주의가 필요하다.[90]

공학적 사업의 관리 규범 제정에 관한 국제 동향-런던의정서를 중심으로」, 2011, pp. 22－23.

85) IMO, *Marine Climate Engineering, Ocean Fertilization: A Scientific Summary for Policy Makers*, LC/SG 34/INF.3, 10 February 2011; Jason J. Blackstock and Jane C.S. Long, *The Politics of Geoengineering,* Science, Vol. 327, No. 5965, 2010, p. 527.

86) 김정은, "해양지구공학 활동 관리를 위한 런던의정서 관할권 확장의 국제기구법적 타당성에 관한 소고", 「국제법학회논총」 제58권 제1호, 2013, p. 73.

87) Van den Broek M, Berghout N, Rubin E., T*he potential of renewables versus natural gas with CO2 capture and storage for power generation under CO2 constraints.* Renewable and Sustainable Energy Reviews, Vol. 49, 2015, pp. 1296－1322.

88) G8 Hokkaido Toyako Summit Leaders Declaration, Hokkaido Toyako, 8 July 2008.

89) 허철·강성길·주현희, "이산화탄소 포집 및 지중저장(CCS) 기술의 청정개발체제 (CDM)로의 수용여부에 대한 정책적 고찰: 지중저장과 관련된 이슈 및 대응방안", 「한국해양환경공학회지」 제14권 제1호, 2011, p. 52.

90) Arie Trouwborst, *Evolution and Status of the Precautionary Principle in International Law*, Kluwer Law International, 2002, p. 347.

2) 부속서1의 개정

바다에서 흡수된 이산화탄소의 약 50%는 해양 생태계에 식물성 플랑크톤을 석회화시키는 것과 같은 심각한 영향을 미치는 것으로 알려져 있다.[91] 런던의정서 초기에는 CCS 프로젝트 시나리오가 금지되었으나, 2004년에 이 문제를 명확히 하기 위해 CCS에 대한 법적 실무 그룹이 설립되었다. 이 실무 그룹의 결론은 이슈의 다양한 측면에 대한 다양한 법적 해석과 불확실성이 있었기 때문에 CCS에 문제가 있다는 것이었다.[92] 2006년의 실무 그룹 논의에서 CCS는 해양환경 전문가와 과학 그룹이 CCS에 대한 위험과 이익을 평가할 수 있도록 정보를 제공하였다.[93]

CCS와 관련한 해양투기 규제의 예외는 예상보다 빠른 시기인 2006년 11월에 런던의정서 부속서1 개정으로 완성되었다.[94] 이 과정에서 이산화탄소 저장 시설의 위해성 평가 및 관리를 위한 지침이 작성되었으며, CCS 규정 및 프로젝트에 대한 일반적인 지침과 의미를 설명하고 있다. 런던의정서상 CCS 개발의 몇 가지 핵심 원칙은 해양에 있어서 새로운 관행이 환경, 기후 및 에너지 전문가를 비롯한 다양한 규제자를 끌어들이고 있다. CCS의 광범위한 배치에 도달하기 위해 확인한 주요 요구 사항은 크게 세 가지 영역으로 나눌 수 있다. 비용 절감을 위한 기술 개발, CCS 운영비용에 대한 경제적 인센티브, 해양환경의 보호 및 제도적 보장이 그것이다.

---

91) Blackford, J. et al. *An initial assessment of the potential environmental impact of CO2 escape from marine carbon ca pture and storage systems.* Journal of Power and Energy. Proc. Inst Mech.Eng.Part A. 2008, pp. 44−47.
92) *Ibid.*, p. 4504.
93) Caldeira, K., Chen, B., et al., *Ocean staorage, in IPCC Special Report on Carbon Dioxide Capture and Storage, eds. B. Metz, O. Davison, H. De Coninck, M. Loos and L. Meyer.* Cambridge University, 2005, p. 22.
94) Tim Dixon et al., *International Marine Regulation of CO2 Geological Storage.* Developments and Implications of London and OSPAR, Ecergy Procedia 1, 2009, p. 4503.

지난 몇 년간 런던의정서는 CCS에 대한 상당한 양의 법적 및 기술적 작업을 수행하여 세 번째 영역에 상당한 기여를 했다.[95]

3) 이산화탄소 누출로 인한 국가책임 문제

CCS의 국제법적 문제는 국가책임에 대한 규정의 문제로 주입과정 또는 저장 후 누출로 인한 초국경(Transboundary)[96] 해양오염의 문제이다. 이에 대해서는 해양오염 관련 국제규범상 의무 위반이 중점적으로 다루어지게 된다. 한편, CCS 프로젝트 수행 시 환경안전 및 관리를 위해 저장지의 선정, 이산화탄소 포집의 법적 성격, 환경영향평가, 허가, 모니터링, 검사 및 복구 등에 절차들에 대한 규제 등 개발의 문제가 남아 있는데, 이러한 맥락에서 런던의정서는 프레임워크를 대체적으로 수용하고 있으며, 국내법에서도 이를 반영하여야 할 것이다.[97]

CCS 기술은 새로운 기술로 인식되고 있기 때문에, 이를 시행하기 위해 법적 근거 및 책임 등에 대한 법과 제도의 확립이 필요하다. 이에 따라 미국 환경청, 유럽 연합, 호주 등에서는 CCS 사업의 안정성과 효율성을 평가하고 주변환경에 미치는 영향을 최소화하기 위해 CCS 전 과정을 다루는 환경관리제도 및 법률을 제안하고 있다.[98] CCS에서 환경관리란, 이

---

95) *Ibid.*
96) trans라고 하는 접두사는 across, through, over 등의 '넘는' 또는 '횡단하는' 의미를 담고 있어 transboundary라는 단어는 사전적으로는 국경을 넘는다는 의미를 제공하는데, 본 용어가 우리나라에서 '월경'이라는 용어로 초기부터 사용된 것은 1979년 제네바에서 체결된 Convention on Long-range Transboundary Air Pollution을 일본이 번역한 "장거리월경대기오염조약"으로 차용한 것에서 유래한다. 그러나 '월경'이나 '국가 간'이라는 용어는 해양오염의 본질적 특성이 고려되지 않은 것으로 보인다. 국가관할권이 존재하지 않는 해양에서의 환경손해는 직접적으로 손해를 입은 국가가 없기 때문에 해당 책임을 원용하는 국가가 많지 않은 것이 사실이나 해양의 중요성이 점차 증대해 나가는 현재, 관할권이 없는 지역(high seas)에서의 쓰레기 섬 문제를 비롯한 환경손해는 향후 어떠한 국가에 의해서도 책임이 추궁 될 수 없다는 관점에서 transboundary는 '국가 간' 또는 '월경'이라는 표현보다 광범위한 개념인 '초국경'이라는 단어가 적합하다; 최영진, *supra note 134.,* pp. 163-165.
97) 허철 외, *supra note 356.,* p. 61.

산화탄소를 포집(Capture)하고, 운송(Transport) 및 저장(Storage)과정에 이르기까지 이산화탄소가 누출되는 여부를 감시하는 것과 CCS 관련 시설의 허가 등을 위한 환경영향평가 기준, 가동시설 감시 기준, 저장완료 후 사후관리 등을 일컫는다.[99] 특히 이산화탄소 지중저장의 경우, 이산화탄소 주입 중 혹은 주입 후 이산화탄소가 누출된다면 환경에 심각한 피해를 미칠 수 있을 것으로 우려되고 있다.[100] 따라서 국내적으로 이산화탄소의 누출이 주변 환경과 공공위생에 어떠한 영향을 미치는지 과학적으로 관리하고, 위험(Risk)을 최소화하기 위해서는 CCS 기술과 관련된 환경관리지침이 반드시 요구되고 있으며, 국내법상 CCS의 환경관리와 관련한 절차 (모니터링 및 인·허가)의 감독 및 명령을 담당할 CCS법 제정과 규정 마련이 필요하다.[101]

4) 폐기물 평가지침으로의 수용

해저 지층의 지층에 이산화탄소를 주입하고 저장하는 것은 특히 이산화탄소 누출 시 해양환경에 영향을 줄 수 있으나, 런던의정서 과학그룹의 노력으로 CCS가 기술적으로 실현 가능하다는 것과 대기 이산화탄소로 인한 영향과 관련하여 위험이 적고 적절한 관리가 가능하다는 것이 입증되었다.[102] 런던의정서 과학그룹은 해양환경에서의 'CCS 일반지침'을 작성하였다.[103] 즉, 이산화탄소 격리 과정에서의 해저지질 구조의 위험 평가

98) Bachu, S., *Legal and regulatory challenges in the implementation of CO2 geological storage: an Alberta and Canadian perspective.* International Journal of Greenhouse Gas Control 2, 2008, pp. 259－273.

99) 강헌·윤성택·박기학, 「환경분야 CCS(이산화탄소 포집 및 저장)에 대한 법적근거 마련 연구 I」, 환경부·국립환경과학원, 2012, pp. 27－28.

100) Aarnes, J. E., Selmer－Olsen, S., Carpenter, M. E., Flach, T. A., *Towards guidelines for selection, characterization and qualification of sites and projects for geological storage of CO2.* Energy Procedia 1, 2009, pp. 1735－1742.

101) 강헌·윤성택·박기학, *op. cit.,* p. 194.

102) Blackford, J. et al. *Regional Scale Impacts of Distinct CQ Additions in the North Sea.* Marine Pollution Bulletin 56, 2008, pp. 1461－1468.

및 관리틀 프레임워크(Risk Assessment and Management Framework for CO2 Sequestration in Sub-seabed Geological Structure; 이하 'RAMF'로 약칭)[104]에서 이산화탄소 격리를 위한 위험 평가 및 관리에 관한 광범위한 초안을 제작하였으며, 이는 프로세스 및 위험을 더 잘 이해하는 데 도움이 되었다. 이 지침은 모두 이산화탄소 저장 활동을 위해 특별히 고려해야 할 요소와 함께 환경 영향 평가 프로세스를 제공하고 있다. RAMF 지침의 기본 구조는 다음과 같다.

1. 문제 공식화 - 범위, 시나리오, 경계
2. 현장 특성 - 용량, 완전성, 누출 경로, 모니터링 옵션, 주변 지역, 이산화탄소 모델링 작업
3. 노출 평가 - 이산화탄소 스트림, 노출 과정 및 경로, 가능성, 규모
4. 효과 평가 - 결과에 따른 종, 지역 사회, 서식지, 기타 사용자의 민감성
5. 위해 특성 결정 - 노출 및 영향 기반 환경영향, 가능성
6. 리스크 관리 - 누출 방지 및 이산화탄소 스트림 감시와 이동탐지, 누출이 의심될 경우 해저, 수질 및 생물 모니터링 및 완화

RAMF 지침은 누수 완화 옵션에 대한 유용한 내용도 제공하고 있다. 전반적으로 RAMF의 주요 초점은 고갈된 탄화수소 저장고와 염수 대수층의 지층 저장에 있다. 런던의정서는 RAMF틀 '폐기물 평가 지침'의 표준 구조로 전환하고 개선함으로써 규제 당사국의 CCS허가 결정을 돕는다. 이들은 처분의 예상 결과에 대한 보고로서 '영향에 따른 가설'을 산출할 것을 요구한다.

---

103) International Maritime Organisation. *Report of the 30 Meeting of the Scientific Group of the London Convention.* LC/SG 30/14. 25 July 2007. Annex 3.
104) International Maritime Organisation, *Report of The Meeting of The SG Intersussional Technical Working Group on CO2 Sequestration.* LC/SG-CO2 1/7, 3 May 2006. Annex 3.

RAMF 지침에서는 온실가스 조성에 대한 정보와 온난화 계획(운영 및 장기) 및 보고 요구 사항을 포함하는 위험 관리 계획을 포함할 것을 밝히고 있으며, 누출 시 완화 계획 및 사후 모니터링을 포함한 부지 계획의 허가를 정기적인 간격으로 검토되어야 하며 모니터링 및 업데이트된 위험 평가에서 확인된 모든 사항의 변경이 고려되어야 한다. 이 지침은 모두 해양환경의 보호 측면에서 모범 사례를 장려하기 위한 지침을 위한 것이지만 모든 국가가 이를 사용해야한다는 법적인 요구 사항이 없으며 런던 의정서의 당사국과 NGO를 비롯한 이해관계자에게 행위 지침을 제공하고 있다.[105]

모니터링과 관련하여, RAMF 지침은 'IPCC(Intergovernmental Panel on Climate Change) 온실가스(GHG) 지침'[106]에 포함된 정보를 기반으로 활용하게 된다. 두 가지 범주로 모니터링 기법을 제시하고 있는데 지질학에서의 성능 측정을 위한 모니터링 기술과 누출이 의심될 때 모니터링을 위한 모니터링 기술로 분류하게 된다. 후자는 보다 자세하고 영향을 측정 할 수 있으며 해수 화학 및 생태학적 영향에 대한 감시를 포함하고 있다. 모니터링 결과에 비추어 모니터링 활동을 수정해야 한다는 점을 강조하고, IPCC의 온실가스 지침에 따라 저장에 따른 보안에 대한 신뢰도가 증가되면 모니터링 빈도가 감소될 수 있다. 또한 'IPCC 온실가스 지침'에 따라 RAMF는 각 저장 장소가 다르기 때문에 장소별 특성 및 위험 평가가 각 장소에 따라 이루어져야 함을 인식한다. 'IPCC의 온실가스 지침'의 기본 구조는 다음과 같다.[107]

1. 소개 - 목적과 범위

105) Tim Dixon et al., op. ci., p. 4505.
106) IPCC (2006) Guidelines for National Greenhouse Gas Inventories, Vol. 2 Energy, Chapter 5, Carbon Dioxide Transport, Injection and Geological Storage. Published: IGES, Japan IPCC.
107) IPCC (2005) Special Report on Carbon Dioxide Capture and Storage. Cambridge University Press.

2. 폐기물 예방 감사 - CCS와 직접적인 관련이 없음

3. 폐기물관리 옵션 고려 - CCS와 직접적인 관련이 없음

4. 화학적 및 물리적 특성 - 이산화탄소 특성 분석

5. 처리 목록 - 폐기할 물질의 수용가능성 심사, 이 경우 불순물을 포함한 이산화탄소 스트림 수용가능성에 대한 심사

6. 부지 선정 및 특성화 - 저장공간과 해양 구역 모두에 이산화탄소 및 이산화탄소에 의해 동원 된 다른 물질에 대한 잠재적 노출 평가, 누출 경로 및 확률의 식별, 모델링 및 분석을 포함하여 저장 장소 및 해양 지역 모두 이산화탄소의 거동

7. 잠재적 영향의 평가 - 위의 모든 것을 함께 모아 위험 평가를 내리고 뚜렷한 가설의 정립

8. 모니터링 및 리스크 관리 - 사이트 관리 및 허가 조건이 충족되는지 확인하기 위해 누설 시 완화 계획을 포함하여 가설의 결과에서 정의 된 상세한 모니터링 프로그램

9. 허가 및 허가 조건 - 허가를 위해 요구되는 정보

'IPCC의 온실가스 지침'에 추가된 항목에는 CCS를 지원하기 위해 물질을 추가할 수 있다는 것을 명확히 하는 CCS에 대한 추가 정의가 포함되었다. 즉, ① 2개의 부수적 관련 물질로 구성된 CCS, ② 사용된 원료 물질 및 포집 및 격리 공정에서 유래된 부수적인 관련 물질, ③ 첨가된 물질, 즉 첨가된 물질 및 격리 프로세스를 활성화시키거나 개선하기 위하여 CCS에 첨가된 물질이 그것이다.[108]

2. CDM으로 인정 여부

CCS 기술은 현재의 휘발유나 경유에 비해 저렴하고 좋은 품질의 태양광, 풍력, 바이오매스 등 그린에너지(green energy) 시대로 가기 위한 중간단계에서 결정적인 역할과 기여를 할 기술로 평가받고 있다.[109] CCS는 이산화

---

108) IPCC (2006) Guidelines for National Greenhouse Gas Inventories., *Ibid.*
109) 조인성, "독일 CO2 저장법(KSpG)상 CO2 지중 저장의 책임 리스크와 그 시사

탄소를 근본적으로 줄이는 기술이 아니라 이미 배출된 이산화탄소를 해저 지중에 묻어서 처리하기 때문에 이를 청정개발체제(Clean Development Mechanism; 이하 'CDM'으로 약칭)110)로 인정할 것인지 여부는 수년간 논란이 되었다.111) 그러나 이산화탄소에 압력을 가하면 액체가 되고 이를 해저 지중에 압력을 또 가해 묻으면 암반 사이에 저장되어 물, 칼슘 등과 섞여 광물화되는 것으로 검증됨에 따라 제17차 UN기후변화협약(UNFCCC) 당사국 총회에서 CCS 기술에 의한 온실가스 감축을 CDM으로 인정하기로 결정하게 되었다.112)

교토의정서에는 3가지 유연성 메커니즘(flexibility mechanisms)이 제공된다. 그중에서도 공동이행(Joint Implementation)에 관한 내용으로, 2개의 선진국은 한 국가에서 배출량을 줄이기 위한 프로젝트에 협력하고, 다른 국가의 투자는 탄소 배출 감축을 위해 탄소 배출권을 청구할 수 있다(제6조). 그러나 가장 급진적인 것은 개발도상국의 온실가스 감축 프로젝트에 선진국들이 투자하는 CDM이다(제12조). CDM 참여는 민간 기업뿐만 아니라 공공기관도 참여할 수 있다. 단, CDM 집행위원회의 지침에 따라 행동할 것을 조건으로 한다. 교토의정서는 오직 삼림 벌채와 조림 사업만이 CDM에 의해 고려될 수 있도록 결정되었으나113) 제17차 당사국회의114)

점", 「서울대학교 법학」 제56권 제2호, 2015, pp. 338-339.

110) 교토의정서 제12조에 규정된 것으로 선진국이 개발도상국에 투자하는 온실가스 감축협력사업을 이른다. 선진국이 개발도상국의 온실가스배출 감축하업에 투자해 배출 감축분인 CER(certified emission resuction) 배출권을 서로 투자실적에 따라 나눠 갖게 되며, 감축분만큼 감축 의무 이행을 늦출 수 있고 개발도상국은 자신 몫의 감축분을 타국에 판매할 수 있도록 하였다.

111) 조인성, op. cit., p. 339.

112) 강헌·윤성택·박기학, supra note 366., p. 31.

113) Marrakesh Accords (2001) Decisions 2-24/CP. 7 adopted at the Seventh Meeting of the Conference of the Parties to the United Nations Framework Convention on Climate Change. Report of the Conference of the Parties at its Seventh Session, held at Marrakesh from 29 October to 10 November 2001, UNFCCC Doc FCCC/CP/2001/13, 21 January 2002.

114) The seventeenth Conferences of the Parties to the UNFCCC/the seventh Meeting of the Parties to the Kyoto Protocol (COP17/CMP7) in Durban,

에서는 CCS기술의 CDM체제로의 수용에 합의하였다.[115] 이와 같은 CDM은 선진국의 기후변화 완화 비용을 절감할 수 있는 수단을 제공하는 동시에 개발도상국의 배출감소기술을 재정적으로 조달할 수 있는 직접적인 수단을 제공한다. CDM에 대한 민간 부문 관심의 증가는 선진국에서 민간 부문 참여에 대한 인센티브를 창출하는 것과 더불어 세계 여러 지역에서 기업의 투자 결정에 기후변화 완화를 전면에 내세우면서 부터이다.[116] CDM의 주요 성과는 민간 자본을 활용하여 배출량 감소 투자에 성공한 것이라고 할 수 있다. IPCC는 대부분의 기후 모델에서 기후 완화 기술목록에 CCS를 포함시키는 것은 탄소감소 목표를 달성하기 위한 필수적이고, 비용 효과적인 접근법이라고 밝히고 있다.[117]

South Africa, in December 2011.

115) 노현정·허철·강성길·장은경, "CCS 사업의 CDM 체제 수용을 위한 법적 구성 요소", 「2013년도 한국해양과학기술협의회 공동학술대회」, 2013, p. 1.

116) Intergovernmental Panel on Climate Change (IPCC), *Climate Change 2014 Synthesis Report Annex III: Technology—specific cost and performance parameters, in Climate Change 2014: Mitigation of Climate Change. Contribution of Working Group III to the Fifth Assessment Report of the Intergovernmental Panel on Climate Change,* Cambridge University Press, 2014.

117) *Ibid.*

제4장

폐기물 해양투기에 대한 국가책임

제1절 국가책임 일반론

Ⅰ. 해양투기에 대한 국가책임의 적용

1. 해양투기에 대한 국가책임 일반

해양투기로 인한 해양오염의 문제는 불법행위와 피해 사이에 인과관계의 규명이 어렵기 때문에 피해액 산정을 비롯한 구제방법에도 한계가 상존한다. 결국 예방적 규제책을 마련하는 것이 최선이라 할 수 있지만 이때에도 주권국 간 주권침해의 소지나 분쟁이 수반되기 때문에 이를 통섭할 수 있는 효과적인 방법이 요구된다. 국경을 초월한 해양투기 물질은 주변국 및 그를 포함한 국가 간 공유지 영역에 심각한 피해를 수반한다. 캐나다와 미국 간 초국경 대기오염 문제를 다룬 1942년 트레일 제련소 사건(Trail Smelter case)[1]에서는 "어느 국가도 당해 사건이 중대한 결과를 초래하고 손해가 명백하고 확실한 증거에 의하여 입증되었을 때 타국의 영토 또는

---

[1] Trail Smelter Arbitral Tribunal, Decision, American *Journal of International Law*, Vol. 35, 1941, pp. 684-687.

그 영토상의 재산이나 인명에 대하여 연기(smoke)에 의한 손해를 발생시키는 방법으로 자신의 영토를 사용하거나 이를 허가할 권리를 갖지 아니한다."고 하면서, 국경을 넘은 환경피해에 대하여 오염원인국에게 책임을 귀속시키고 있다. 해양오염에 대한 일반적 의무 위반의 경우에도 국제위법행위로 간주되어 국제법 위반에 대한 법적 비난[2])을 받게 되는데, 이와 관련한 UNCLOS 규정은 제235조이며, 그 내용은 다음과 같다.

1. 각국은 해양환경의 보호와 보전을 위한 국제적 의무를 이행할 의무를 진다. 각국은 국제법에 따라 책임을 진다.
2. 각국은 자국 관할권하에 있는 자연인이나 법인에 의한 해양환경오염으로 인한 손해에 관하여 자국의 법제도에 따라 신속하고 적절한 보상이나 그 밖의 구제를 위한 수단이 이용될 수 있노록 보상한다.
3. 각국은 해양환경의 오염으로 인한 모든 손해에 대한 신속하고 적절한 보상을 보장할 목적으로 손해평가와 손해보상 및 분쟁해결을 위한 책임에 관한 현행 국제법의 이행과 국제법의 점진적 발전을 위하여 협력하고, 또한 적절한 경우, 강제보험이나 보상기금 등 적절한 보상지급에 관한 기준과 절차의 발전을 위하여 협력한다.

제235조는 주권국 정부가 해양오염 피해와 관련된 의무를 이행하지 않을 경우 책임을 지게 된다는 것을 의미한다.[3]) 제2항에 따르면 주권국 정부가 관할하에 있는 사람들, 즉 해양오염으로 야기된 피해에 대해 자국의 국내법에 의거한 법적 구제 조치를 제공할 것을 요구하고 있다. 이는 각국의 국내법상 의무를 확인하는 규정일 뿐 국가책임 추궁에 있어서는 부족한 규정에 해당한다.[4]) 따라서 해양투기에 대한 국가책임과 관련하여

---

2) Ian Brownlie, *Principle of Public International Law 6th ed*, Oxford University Press, 2008, pp. 273-283.
3) Daud Hassan, *supra note 14.*, p. 60.
4) Brian D. Smith, State Responsibility and The Marine Environment: The Rules

서도 적절한 표준 확립에 도움이 되지는 않는다.[5]

1974년 스톡홀름선언 원칙21과 1992년 리우선언 원칙2는 환경오염행위로 인한 국제책임을 인정하고 이를 제도적으로 보장할 것을 규정하고 있다. 또한 2001년 국제법위원회(International Law Commission; ILC)에서 채택한 "국제위법행위에 대한 국가책임에 관한 규정 초안"(Draft articles on Responsibility of States for internationally wrongful acts; 이하 '국가책임법'으로 약칭)에 의하여 각국은 해양투기에 의해 발생한 피해에 대하여 가해국의 국가책임을 주장하는 것이 가능하다. 런던협약과 런던의정서는 해양투기에 의한 해양오염으로 인한 불법행위에 대한 국가책임을 인정하고 있다.

2. 런던협약 및 런던의정서상 국가책임

런던협약 제10조는 "폐기물과 그 밖의 모든 종류의 물질의 투기에 의하여 다른 국가의 환경 또는 다른 환경 분야에 미치는 피해의 국가책임에 관한 국제법의 원칙에 따라, 체약당사국은 투기에 관한 책임의 조사 및 분쟁해결을 위한 절차를 개발한다."고 규정하고 있다. 이 조항은 국제법원칙에 따라 다른 국가 또는 다른 지역 환경의 피해에 대한 국가의 책임이 성립한다는 것을 전제로 하고 있으며, 이는 각 국가가 자국 관할권이나 통제하의 행위로 인한 환경피해에 대해 책임을 져야 한다는 스톡홀름선언 원칙21과 동일한 이념에 기초하고 있는 것이다.

나아가 동 조항은 조약당사국들이 해양투기에 관한 책임평가 및 분쟁해결의 절차를 발전시킬 것을 요구하고 있다. 런던협약의 교섭과정에서는 국가책임에 관한 문제가 주요한 의제로서 다루어졌지만, 폐기물의 해양투기로 인한 국가책임을 뒷받침하는 구체적인 절차를 마련하지는 못하였다.[6] 대신 국가들이 앞으로 국가책임에 관한 절차와 국가 간의 분쟁을 평

---

of Décision, *Revue internationale de droit compare*, 1988, pp. 18−26.
5) John Warren Kindt, *Marine Pollution and the law of the sea*, William s Hein & Com, 2007, p. 1142.

제4장 폐기물 해양투기에 대한 국가책임　109

화적으로 해결하기 위한 제도를 마련하도록 과제로서 남겨 놓고 있다.[7]

런던협약은 그 당시로서는 상당히 획기적으로 국제책임을 규정하고 있지만 이에 대한 제도적 발전은 이루어지지 않았다. 제11차 협의당사국회의에서는 법률전문가로 구성된 책임에 관한 작업팀(Task Team on Liability)을 구성하여 폐기물의 해양투기에서 발생하는 피해에 적용할 수 있는 기존의 법제도를 조사, 연구하는 임무를 부여하였지만, 별다른 진전이 없었다.[8] 국가들은 일반적으로 국제책임을 부담하기를 꺼려하기 때문에 이 문제에 대해 소극적인 입장을 취한 것으로 보인다.

런던의정서 제15조는 "다른 국가의 환경 또는 환경의 다른 모든 부문에 미치는 손해에 대한 국가책임에 관한 국제법의 원칙에 따라, 당사국은 폐기물이나 그 밖의 물질의 투기 또는 해상소각으로 인한 위험 책임에 관한 절차를 개발한다."라고 규정한다. 런던의정서의 경우에도 국가책임에 대한 규정이 소극적으로 다루어지고 있는 바, 이를 개발하는 것을 밝히고 있으므로 이와 관련한 국제문서로 "국가책임법"을 해양투기 분야에 적용하는 것이 적절한 지에 대하여 아래에서 다루고자 한다.

3. 국가책임법상 국가책임

1) 해양투기의 행위의 국가귀속성

국가책임법상 해양투기에 대한 금지규정의 작위 내지 의무규정의 부작위는 국가책임을 구성한다. 국제의무위반의 결과로 국제위법행위가 인정되는 경우 국내사법상 불법행위의 법리를 원용하여 국가책임이 인정되는 것이다.[9] 국제위법행위는 국제의무위반의 결과이다. 국제위법행위 이

---

6) 김기순 외, *supra note 18.*, pp. 201 – 203.
7) *Ibid.*
8) *Ibid.*
9) 국가책임법 관련한 국제법위원회(International Law Commission)의 초기 논의에서는 국제위법행위를 국제불법행위(international delict)와 국제범죄(international crime)로 나누어 논의하였으나 국제범죄는 국가책임에서 제외시키는 것으로 합의했

외에도 국가책임의 성립요건으로 다루어지는 '행위의 국가귀속성'의 경우, 해양투기가 문제되는 것은 주로 사인의 오염행위이다.[10] 사인(私人)의 행위로 인한 국가책임과 관련하여 논의되는 경우 국제법 원칙은 개인이 국가를 대리하지 아니하고, 순수한 사인의 지위에서 행동한 경우 국가기능의 행사와는 아무런 관련성이 없기 때문에 당해 행위는 국가에 귀속되지 않는다. 사인의 행위는 국가에 귀속되지 않는 것이 원칙인 것이다.[11]

단, 일정한 경우에는 예외적으로 사인의 행위가 국가책임을 발생시킨다. 이를 사실상 국가행위라고 하는데, 국가책임 발생의 이론적 기초는 일차적으로 국제의무를 위반하는 사인의 행위를 방지하기 위하여 사전에 '상당한 주의'(due diligence)를 다하지 않았다는 것과 그 의무위반으로 인한 침해에 대해 사후에 '국내적 구제'(local remedies)를 취하지 않는 국가기관의 부작위에 있기 때문이다.[12] 예컨대, CCS를 위시한 런던의정서상 해양투기 규제에 의해 부과된 오염방지를 위한 적절한 국내 조치가 마련되지 않고, 그에 따라 사기업의 해양투기를 방지하지 못한 경우 당해 오염행위는 그 국가에 귀속될 수 있으며 그 국가는 국제의무를 위반하는 것이 된다.[13]

다; 박병도, *supra note 103.*, p. 36.

10) 국가기관의 행위 및 직무수행상의 행위의 경우, 당해 국가의 행위로 귀속되는 것이 일반적이다; Briand D.Smith, *State Responsibility and Marine Environment*, Clarendon Press, 1988, pp. 29 – 30.

11) 박병도, *op. cit.*, pp. 47 – 48.

12) 상당한 주의의무는 오염 야기국의 손해발생에 대하여 국가책임을 물을 때 행위의 국가귀속성 내지 국제의무위반을 판단하는 데 있어서 객관적 기준을 제시하고 있다. 단, 상당한 주의의 기준에 관하여는 국제표준주의나 국내표준주의가 병존하여, 구체적 사례마다 여러 가지 표현으로 이를 풀어 나가고 있다; 성재호·서원상, "환경보호를 위한 국제의무와 국가책임", 「성균관법학」 제18권 제1호, 2006, p. 481.

13) J.G. Lammers, *Pollution of International Watercources: A Search for Substantives Rules and Principles of Law*, American Journal of International Law, Vol. 79, No. 4, 1985, pp. 1123 – 1124.

2) 해양투기에 대한 국제의무 위반

(1) 초국경 환경피해 금지 원칙

국제법상 어떤 국가도 자국의 영토를 이용함에 있어서 사건이 심각한 결과를 가져오고 피해가 명백하고 확신할 수 있는 증거에 의해서 입증된 경우에 다른 국가의 영토 또는 그 영토 내의 재산에 환경피해를 야기하는 방법으로 자국의 영토를 이용하거나 이용을 허용할 권리를 갖고 있지 않다.[14] 이 원칙은 1946년 코르푸 해협(Corfu Channel) 사건[15]을 비롯하여 국제사법재판소(International Court of Justice; 이하 'ICJ'로 약칭)와 여러 국제중재법정에서 이 원칙을 재확인해주고 있다.[16] 로마법언인 *sic utere tuo ut alienum non laedas*(너의 것으로 말미암아 남의 것을 해하지 않도록 사용하라) 원칙을 초국경 환경오염에 대한 국가책임을 인정하는 국제법상의 원칙이다.[17] 이 원칙은 "자기의 재산을 다른 사람의 재산에 손해를 주지 않는 방법으로 사용하여야 한다."라는 사법상의 원칙을 국제법에 원용한 것이다. 이 원칙에 따르면, 국가는 다른 국가의 영토에 있는 사람이나 재산에 손해를 입히는 원인이 되는 행위를 하지 않아야 할 의무가 있게 된다.[18]

역사적으로 인접국가 간 지리적 교착관계에서의 긴장과 갈등관계에

---

14) Trail Smelter case(U,S. v. Canada), R. Int'l Arb. Awards(final decision), Vol. 3, 1941, p. 1965, *American Journal of International Law*, Vol. 35, 1941, p. 716.

15) 알바니아 영해에 설치된 기뢰가 폭발하여 무해통항중이던 영국 군함이 손해를 입은 사건; Corfu Channel, Merits, Judgement, *ICJ Reports 1949*, p. 10.

16) 예를 들면, ICJ는 Corfu Channel case(U.K. v. Albania)에서 "모든 국가는 자기의 영토가 다른 국가의 권리에 반하는 행위에 이용되는 것을 알면서도 허용하지 않을 의무가 있다"라는 점을 확인하였다; *Ibid.*, p. 22. 많은 학자들은 국경을 넘는 오염에 대한 국가책임원칙을 설정하는 것으로서 코르푸 해협 사건을 해석한다; J. Barros & D.M. Johnston, *The International Law of Pollution*, Collier Macmilan, 1974, p. 75.

17) Oppenheim－Lauterpacht, *International Law* 8th ed., Vol. 1, 1955, p. 346.

18) Lothar Gündling, *Protection of the Environment by International Law: Air Pollution, in W. Lang & H. Neuhold & K. Zemanek(eds.), Environmental Protection and International Law*, Martinus Nijhoff, 1991, p. 93.

따른 해결책을 구하는 데에서 발전하였으며, 국가 활동으로 인한 상호갈
등을 회피하고자 하는 국가실행의 근원을 형성하는 개념으로써 간주될 수
있다.[19] 해양영역을 접하는 복수의 국가 간 초국경 환경피해가 발생하지
않도록 국가주권을 규제하여 국가주권의 행사를 조정하는 동 원칙은 국가
간 상호 의존관계를 근거로 하여 대등한 주권행사로 조정하는 기능을 가
진다.[20] 특히, 해양오염문제와 관련하여, 해양환경은 육지영토의 경계획
정과 같이 편의적으로 구분될 수 있는 것이 아니며, 해양생태학상 분리될
수 없는 단일한 체계로 구성되어 있기 때문에 한 국가내에서 발생한 해양
오염은 타국의 해양환경에 중대한 피해를 발생시킬 수 있다. 이러한 해양
체계내에서는 일정한 지역에서의 오염행위가 다른 해역에 그 영향을 미치
게 된다.

인접국가들이 초국경 환경피해 금지 의무를 존중할 때, 타국의 영토보
전원칙을 준수하기 때문에 실현될 수 있다.[21] 통상 국가는 자국의 영토주
권이 제한되는 것은 원하지 않는다. 그래서 초국경 환경피해 금지 원칙은
영토주권과 영토보전(territorial integrity)이라는 대립하는 이익을 조화롭게
하여 균형을 유지해야 할 의무를 의미하기도 한다.[22] 결국 일국이 다른
국가의 영토보전을 위하여 자국의 영토주권에 대한 주장을 완화해야 할
경우도 있다. 영토주권과 영토보전이라는 대립되는 가치에 대한 이익형량
을 통하여 기준을 세우는 것이 국제법의 과제이다.[23] 결국 초국경 환경
피해 금지 원칙의 기본적인 기능은 영토보전원칙을 보호하는 것이고, 영
토주권원칙을 보장하는 것이라고 볼 수 있다. 그러나 일련의 해양투기 과
정이 공해(high seas)상에서 이루어지는 경우 다른 국가의 영토보전을 침

---

19) J.G. Lammers, *Pollution of International Watercourses: A Search for
    Substanives Rules and Principles of Law,* Martinus Nijhoff, 1984, p. 563.
20) Russell A. Miller et al., *Transboundary Harm in International Law: Lessons
    from the Trail Smelter Arbitration,* The American Journal of International
    Law 102(2), 2008, pp. 64 – 66.
21) Russell A. Miller et al., *Ibid.,* p. 69.
22) 박병도, *supra note 103.,* pp. 117.
23) *Ibid.,* p. 117.

해하는 것이라고 단정하기는 어렵다고 할 것이다. 초국경 환경피해 금지 원칙은 피해의 원인이나 피해금액의 산정 문제로부터 자유롭지 못하다.

미국의 대외관계법(the Foreign Relations Law) 리스테이트먼트(Restate-ment) 제601조 제1항은 "국가는 가능한 범위에서 그 관할권 또는 통제 내에서의 활동이 국가관할권의 한계를 넘어선 영역 또는 다른 국가의 환경에 대한 피해를 예방, 감소 및 통제하기 위한 국제법규와 국제기준을 수락하는 것을 보증하기 위해 필요한 모든 조치를 취해야 한다."고 명시하고 있다.[24] 또한 같은 법 제601조 제3항은 국가관할권의 한계를 넘어선 영역의 환경에 발생한 심각한 피해에 대한 국가책임을 규정하고 있다.[25] 그리고 많은 국가들이 국경을 넘는 심각한 피해를 방지할 의무를 규정하고 있는 다수의 조약들과 선언들에 관한 국내법을 제정하였다. 예컨대, 스톡홀름선언은 원칙21에서 각국에게 "그들 국가의 관할권 내에서 또는 통제 아래에서의 활동이 다른 나라의 환경, 또는 그들 관할권 넘어선 영역의 환경에 심각한 손해의 원인이 되지 않도록 보장할 책임"을 부과하고 있다.[26] 이와 같은 법원칙의 발전은 그 이후에 나타난 많은 환경 관련 조약, 예컨대, UNCLOS 제194조 제2항, 런던협약 제10조 및 런던의정서 제15조에 반영되었다.[27] 초국경 환경 피해 금지 원칙은 국제관습법상 기본

---

24) Restatement(Third) of Foreign Relations Law(1986), Section 601(1): A state is obligated to take such measures as may be necessary, to the extent practicable under the circumstances, to ensure that activities within its jurisdiction or control (a) conform to generally accepted international rules and standards for the prevention, reduction, and control of injury to the environment of another state or areas beyond the limits of national jurisdiction; and (b) are conducted so as not to cause significant injury to the environment of another state or of areas beyond the limits of national jurisdiction.

25) Restatement(Third) of Foreign Relations Law(1986), Section 601(3): A state is responsible for any significant injury, resulting from a violation of its obligation under Subsection(1), to the environmental of another state or to its property, or to persons of property within that state's territory or under its jurisdiction or control.

26) UNCLOS 제194조 2항에서도 이러한 의무를 규정하고 있다.

원칙이 되었다고 볼 수 있다.[28]

(2) 해양오염피해를 야기시킨 국가의 국제책임

국제책임은 국제위법행위에 대한 법적 비난으로, 그 주체는 국가와 국제기구 및 사인을 포함한다. 국가책임법은 제2조에서 국제위법행위를 규정하고 있는데, 즉 작위 또는 부작위로 구성되는 행위가 국제법상 당해 국가에게 귀속될 수 있고, 문제의 행위가 당해 국가의 국제의무의 위반을 구성하면서 성립하게 된다는 내용이다. 국제위법행위의 주관적 요소로서 '국가 귀속성'과 객관적 요소로서 '국제의무 위반'을 나타낸 것이다.[29] 제1조에서 국가책임에 관하여 "국가의 모든 국제위법행위는 그 국가의 국제책임을 수반한다."고 규정하면서, 제8조와 제9조에서는 국가로 귀속되는 행위를 규정하고 있다. 제8조는 "개인 또는 한 집단의 사람들이 그 행위를 수행함에 있어 사실상 국가의 지시에 따라 또는 그 지도 내지 통제하에서 행동하고 있는 경우, 그러한 자의 행위는 국제법상 그 국가의 행위로 간주된다."고 규정하였다. 제9조는 "개인 또는 한 집단의 사람들이 공공의 부재 또는 마비 속에서 그리고 정부권한의 요소의 행사를 요구하는 그러한 상황속에서 사실상의 정부권한의 요소를 행사하고 있는 경우, 그러한 자의 행위는 국제법상 국가행위로 간주된다."고 명시하고 있다. 즉, 국가의 행위(act of State)는 인간이나 인간의 집단에 의한 어떤 작위 또는 부작위가 국제위법행위를 구성하면 당해 국가가 국제책임을 진다는 것이다.[30]

---

27) Alan E. Boyle, *State Responsibility and International Liability for Injurious Consequences of Acts not Prohibited by International Law: A Necessary Distinction?,* International and Comparative Law Quaterly, Vol. 39, 1990, p. 21.

28) J.G. Lammers, *Ibid.,* p. 563.

29) *Ibid.*

30) Suzanne Lalonde, *Protection of the Marine Environment: The International Legal Context, A Symposium on Environment in the Courtroom: Protection of the Marine Environment,* Canadian Institute of Resources Law, 2016, pp. 4-5.

4. 위험한 결과책임

1) 국제법상 금지되지 않는 행위

국제법위원회(ILC)는 국가책임법과 함께 "위험한 활동에 의해 야기되는 국경을 넘는 피해의 방지에 관한 규정 초안"(Draft articles on Prevention of transboundary harm from hazardous activities; 이하 'ILC초안'으로 약칭)을 채택하였다. 위험한 결과책임이 발생하기 위해서는 동 초안 제1조에 규정한 바, 국제법상 금지되지 않는 행위(activities not prohibited by international law)이어야 한다. 즉, 국제법상 적법행위라 할지라도 그로 인하여 발생하는 손해의 결과에 대한 책임으로 위험한 결과에 대한 국가책임이 인정된다.31) 이른바 위험한 결과책임이 문제되는 대표적인 경우가 해양투기 분야이다. 여기에서 해양투기에 의해 영향을 받을 것 같은 국가(a State likely to be affected)32)가 위험한 결과책임을 원용한 후에 문제의 행위가 국제법상 금지된 행위라는 주장을 하는 것이 가능하다.33)

이는 관련 행위가 국가 스스로의 행위인가 혹은 사인에 의한 행위인가 그리고 그러한 행위에 국제법적 위반이 있는지 여부에 관계없이 그 행위로 발생한 손해에 대하여는 원천국의 배상책임을 인정한다는 것을 기본 개념으로 한다. 이러한 책임을 인정하는 근본적 배경에는 손해를 입은 "선의의 피해자"(innocent victim)가 있다는 것, 그리고 행위 발생지국이 과실 없는 피해자에게 야기된 결과를 책임지게 하는 것이 사회적 형평에 부합한다는 사실에 근거한다.34) 특히, 1960년대 이후 인명과 인간환경에

---

31) Ian Brownlie, *System of the Law of Nations, State Responsibility, Part I*, Clarendon Press, 1986, p. 49.

32) 국경을 넘는 심각한 피해의 위험이 존재하는 영토에 있는 국가 또는 위험이 존재하는 지역에서의 관할권 및 통제권을 갖는 국가; Draft articles on Prevention of transboundary harm from hazardous activities Art. 2(e).

33) Draft articles on Prevention of transboundary harm from hazardous activities commentary to Art. 1, para. 7, p. 383.

34) Yamamoto S · Park BK, *International law. The Korean Society of the Law of the Sea*, 1999, Seoul, p. 824.

미치는 손해와 위험의 중대성에 착안한 위험한 결과책임 개념 도입의 타당성이 검토되기 시작하였는 바, 실정 국제법으로 확립된 부분은 아직도 제한적이다. 설령 해양환경보호와 관련된 일반 조약에서의 관행을 살펴보는 것이 의의는 있을지 모르나, 이들 조약이 보여주는 관행에서 초국경 환경오염에 대한 국가책임 문제를 직접 도출하기에는 한계가 있다.[35] 예컨대, 1969년 유류에 의한 북해 오염 처리 협력을 위한 Bonn 협정(Bonn Agreement for Cooperation in Dealing with Pollution of the North Sea by Oil), 1969년 공해상 유류오염사고 조치에 관한 브루셀 국제협약(Brussels International Convention relating to Intervention on the High Sea in Cases of Oil Pollution Causalities) 등이 이러한 예에 해당된다. 이들 조약은 대부분 발생된 손해의 심각성과 그 범위에 초점을 맞추고 있을 뿐 강력한 실체적 의무규정을 두지 않은 한계를 보이고 있다.[36]

2) 손해의 장소적 범위

금지되지 않는 행위가 어떤 국가의 영토 또는 그 국가의 관할권 및 통제하에 있는 영토에서 계획되거나 수행되어야 한다. 그러나 외국선박이 갖는 무해통항권(innocent passage)과 같이 자국의 영토관할권이 제한되는 경우가 있다. 이때에는 기국이 책임을 진다.[37] 선박에 대한 기국 관할권 문제는 제2장에서 언급한 바, 2007년 허베이스피리트호 사건[38] 직후 우리나라는 IMO총회 및 법률위원회를 통해 선박의 충돌사고 시 기국 이외에도 사안에 따라 피해국의 관할권을 부여하자는 취지의 의견을 제시한 바 있다.[39]

---

35) *Ibid.*, p. 825.
36) 박병도, *supra note 103.,* p. 335.
37) Draft articles on Prevention of transboundary harm from hazardous activities commentary to Art. 1, para. 8, p. 384.
38) 충남 태안 앞바다에서 발생한 유류 유출사고; 전경운, "해양유류오염사고피해에 대한 손해배상의 법적 문제", 「환경법연구」, 제30권 제2호, 2008, p. 507.
39) Korea Coast Guard(2008), 2008 Korea Coast Guard White Paper, pp. 94-123.

그러나 이러한 제안은 일부 국가들의 지지를 받았을 뿐, 해운발전에 지장을 초래할 우려와 기국주의에 대한 수정을 거부하는 주요 해운국 및 선진국들의 반대로 반영되지는 못하였다. 그러나 국제사회를 통한 계속적인 의견제시와 공론화를 통하여 기국주의에 대한 개선의 노력은 계속되어야 한다. 특히 문제되는 것은 해양투기로 인한 피해국이 기국에 대하여 손해배상을 청구할 때, 국내법을 적용하는 것을 허용하지 않는 경우이다. 이와 관련하여 해양투기로 인한 위험한 결과책임에 근거하여 손해배상액의 표준을 마련하는 것이 필요하다. 예컨대, 1969년 "유류오염으로 인한 민사책임에 관한 국제협약"(International Convention on Civil Liability for Oil Pollution Damage; CLC) 및 1971년 "유류오염손해에 대한 보상을 위한 국제기금의 설치에 관한 국제협약"(Convention on the Establishment of an International Fund for Compensation for Oil Pollution Damage; FC)의 선례를 런던의정서에서 규정하고 있는 해양투기 분야에 적용하는 것이 선호된다.[40]

---

40) 1969년 CLC협약은 손해배상 책임의 주체를 선주로 단일화하고, 엄격책임주의(Strict Liability)를 도입하여 선주의 과실 여부와 상관없이 유류오염 피해에 대한 책임을 부담하도록 하였다. 그리고 선주의 보험가입강제와 피해자의 보험자에 대한 직접청구권도 인정되었다. 또한, 선주가 배상하지 않을 경우 보험자를 상대로 한 직접청구권도 인정한다. 더 나아가 유류오염에 의해 손해를 입었으나 1969년 CLC에 의해 충분한 보상을 받을 수 없는 경우 이를 보상해주기 위해 1971년 FC협약이 체결되었다. 현재 원유 유출로 인한 손해배상보장 체계는 양 협약의 개정을 거쳐서, 책임한도액의 인상과 선주의 무과실책임을 도입한 1992년 CLC 및 1992년 FC로 대체된다. 한편, 유조선 선주가 CLC에 의한 책임제한을 한 다음에 피해자의 청구액과 책임한도액의 차액 중 일정 액수까지를 정유사가 기금을 마련하여 지급하는 보상체제를 국제유류오염보상기금협약(International Oil Pollution Compensation Fund; FUND) 체제라고 한다. FUND협약은 CLC의 보충협약이라 할 수 있다. 그러나 FUND협약의 책임한도액도 대형사고의 경우에는 넘어설 수 있다는 우려감으로 이를 높이는 문제가 제기되었다. 이는 유럽국가 등을 제외하고는 발생할 수 없는 액수로 평가되면서 유럽국가를 비롯한 희망 국가만 가입하여 운영하게 되는 보충기금협약(Supplementary Fund)이 탄생하게 된다. 이 협약은 유럽과 일본 등 13개국이 가입하여 2005년 3월 발효되었다. 보충기금은 CLC와 FUND의 보상액을 포함하여 최고 7억 5,000만 SDR(약 1조 원)까지 보상이 가능하다. 선주와 하주 간의 책임불균형에 관한 문제는 소형유조선유류오염보상협정

Ⅱ. 조약상 해양투기에 대한 국가책임

1. 국가책임 성문화를 위한 연성법의 한계

환경오염에 대한 책임과 관련해 그동안 사례들을 들여다보면 국가들 사이에 한 가지 일관성을 찾을 수 있다. 즉, 각국은 국경을 넘는 환경오염에 대한 국가책임의 어떠한 기준에도 동의하기를 꺼린다는 것이다. 초국경 환경피해 금지 의무를 야기하지 아니할 국가책임을 인정하고 있는 1972년 스톡홀름선언 원칙21과 1992년 리우선언 원칙2의 채택에는 대다수 국가가 동의하였으나, 실제로 각국은 이와 같은 책임문제를 회피하고 있다. 그리고 스톡홀름선언 원칙22는 각국은 국경을 넘는 오염의 희생자에 대한 '책임과 보상에 관한 국제법의 발전을 위해 협력할 것'만을 규정하고 있다. 이와 관련하여 P. Sands는 이러한 선언에도 불구하고 "1972년 이후 책임과 배상에 관한 국제법의 발전이 거의 이루어지지 않았다."고 지적하고 있다.[41] 1972년 이후에 체결된 해양오염과 관련한 협약들도 영토를 넘어선 피해에 대한 국가책임문제를 명확하게 다루지 않았다.[42] 스톡홀름선언 10년 뒤에 체결된 1982년의 UNCLOS도 스톡홀름선언 원

(Small Tanker Oil Pollution Indemnification Agreement; STOPIA)의 체결을 통해 해결되었다; 이상돈, "유조선의 사고로 인한 유류오염피해를 구제하기 위한 국제협약에 관한 고찰", 「법조」, 1986, p. 67; 석인선·신옥주, 「주요국가의 해양오염사고 대응에 관한 비교법적 연구Ⅴ」, 한국법제연구원, 2008, p. 39; 김인현, "유류오염손해배상보장 체제의 변화", 「해양한국」 통권 제392호, 한국해사문제연구소, 2006, p. 77; 신옥주, "EU의 해양유류오염방제 법제에 관한 연구", 「환경법과 정책」 제1집, 2008, p. 3.

41) Philippe Sands, *Chernobyl: Law and Communication: Transboundary Nuclear Air Pollution: The Legal Materials,* Grotius Publication, 1998, p. 23.

42) 1981년 Convention for Co-operation in the Protection and Development of Marine and Coastal Environment of the West and Central African Region 제15조, 그리고 1983년 Convention for the Protection and Development of Marine Environment of the Wider Caribbean Region 제14조도 국가책임에 관한 내용을 두고 있으나 국가책임문제를 명확하게 규정하지 않고 추상적으로 표현하고 있다.

칙22에서 선언된 내용을 되풀이하고 있을 뿐, 어떠한 구체적 기준을 성문화하는 것을 피하였다.[43]

스톡홀름선언 채택 20년 후인 1992년의 리우선언은 전문(前文)에서 지구의 환경보호를 위해 '국제협정의 체결에 노력'할 것을 천명하고 원칙13에서 스톡홀름선언 원칙22의 내용을 그대로 반영하고 있다. 다만 이에 덧붙여 "각국은 환경오염이나 기타 환경손해의 희생자에 대한 책임과 배상에 관한 국내법을 발전시켜야 한다."라고 하여 각국의 국내법을 오염희생자에 대한 배상이 제대로 이루어질 수 있도록 제정할 것을 천명하고 있다. 스톡홀름선언 원칙22와 리우선언 원칙13의 내용이 구체적인 의무를 담고 있지 못하다는 비판에도 불구하고 국제법전문가들은 이들 내용을 국가책임원칙의 법전화를 위한 영감(inspiration)으로 여기고 있다.[44]

2. 우주법 분야의 규제를 위한 국가책임 규정

조약상 국가책임에 관한 논의는 국제판례를 중심으로 전개되었다. 그러나 일부 국제협약은 이를 성안하는 과정에서 중요한 골격을 형성하였다는 점에서 평가받을 필요가 있다. 국제의무 위반이 없어도 국가 관할권 하의 활동으로 인해 야기된 책임을 부담하여야 한다는 내용이 처음 등장한 것은 1967년 "달과 다른 천체를 포함한 외기권의 탐색과 이용에 있어서의 국가활동을 규율하는 원칙에 관한 조약"(Treaty on Principles Governing the Activities of States in the Exploration and Use of Outer Space, including the Moon and Other Celestial Body; 이하 '우주조약'으로 약칭) 제6조 및 제7조 규정이다. 즉, 제6조에서는 본 조약의 당사국은 달과

---

43) UNCLOS 제235조.
　각국은 해양환경의 보호 및 보존에 관한 국제적 의무를 이행할 책임을 부담한다.
　각국은 국제법에 따라 배상책임을 부담하여야 한다.
44) Sandford E. Gaines, *International Principles for Transnational Environmental Liability: Can Development in Municipal Law Help Break the Impass?*, Harvard International Law Journal, Vol. 30, 1989, pp. 311-315.

기타 천체를 포함한 외기권에 있어서 그 활동을 정부기관이 행한 경우나 비정부 주체가 행한 경우를 막론하고, 국가활동에 관하여 그리고 본 조약에서 규정한 조항에 따라서 국가활동을 수행할 것을 보증함에 관하여 국제적 책임을 져야 한다고 규정하고 있다. 달과 기타 천체를 포함한 외기권에 있어서의 비정부 주체의 활동은 본 조약의 관계 당사국에 의한 인증과 계속적인 감독을 요한다. 달과 기타 천체를 포함한 외기권에 있어서 국제기구가 활동을 행한 경우에는, 본 조약에 의한 책임은 동 국제기구와 이 기구에 가입하고 있는 본 조약의 당사국들이 공동으로 부담한다고 규정한다.

또한 제7조는 달과 기타 천체를 포함한 외기권에 물체를 발사하거나 또는 그 물체를 발사하여 궤도에 진입케 한 본 조약의 각 당사국과 그 영역 또는 시설로부터 물체를 발사한 각 당사국은 지상, 공간 또는 달과 기타 천체를 포함한 외기권에 있는 이러한 물체 또는 동 물체의 구성 부분에 의하여 본 조약의 다른 당사국 또는 그 자연인 또는 법인에게 가한 손해에 대하여 국제적 책임을 진다고 밝히고 있다. 동일한 내용은 1972년 우주물체에 의하여 발생한 손해에 대한 국제책임에 관한 협약(Convention on International Liability for Damage Caused by Space Objects; 이하 '책임협약'으로 약칭)에서도 재확인되었다. 이를 비롯하여 지금까지 다수의 국제환경협약이 체결되고 형성되었음에도 불구하고 초국경 환경오염에 대한 국가책임을 규정한 예는 찾아보기 어렵다. UN인간환경회의(United Nations Conference of the Human Environment; UNCHE)가 1972년 국가책임의 중요성을 인정하면서도 책임규정으로 명문화하지 못했던 사례가 대표적 예이다.

3. 해양오염에 대한 국가책임 규정

국가책임의 문제는 해양오염과 관련한 거의 모든 조약에서 제기되어 있지만 주로 책임에 관한 명확한 어떤 규정도 가지고 있지 않고, 당위성

만을 강조하고 있다. 해양환경보호와 관련한 조약들은 세 가지 유형으로 나누어 볼 수 있다.[45]

첫 번째 유형은 일반적 용어로 책임문제를 해결하려는 의도를 표명하고 있는 조약들이다. 대표적인 것으로 1974년 Baltic해 협약[46]상의 규정이다. 체약당사국은 가능한 한 빠른 시일 내에 협약의 위반 시 작위 또는 부작위로부터 초래된 손해에 대한 책임규칙, 즉 책임의 한계, 배상액 결정의 기준과 절차, 이용 가능한 구제절차 등을 공동으로 수락하고 발전시켜 나가야 한다고 규정하고 있다. 1996년 지중해환경보호협약[47] 제12조도 "체약당사국은 가능한 한 조속히 이 협약과 적용 가능한 의정서의 규정 위반으로 나타나는 해양환경오염으로 인한 책임과 배상을 결정할 적절한 절차를 정하고 채택하는 데 협력하여야 한다."고 규정하고 있다. 1991년 환경보호에 관한 남극조약 의정서[48] 제16조도 "남극의 환경 및 주변 생태계의 보호를 위한 이 의정서의 목적에 부합되게 체약당사국들은 남극조약지역에서 행해지는 각종 행위로부터 야기되는 손해에 대한 배상책임에 관한 법규와 절차를 제정하여야 한다."고 규정하고 있다.

두 번째 유형은 국제법에 근거를 둔 책임에 관한 규정을 발전시키고자 하는 조약으로 런던협약 제10조가 대표적이다. 이에 해당하는 조약은 1983년 카리브해지역을 규율하는 Cartagena협약[49]으로 제14조에서 "체

---

45) 박병도, *supra note 103.*, pp. 140−142.
46) Helsinki Convention for the Protection of the Marine Environment of Baltic Sea Area.
47) Barcelona Convention for the Protection of the Mediterranean Sea against Pollution.
48) Protocol on Environmental Protection to the Antarctic Treaty1; 이 의정서는 남극환경 및 이에 종속되고 연관된 생태계의 포괄적 보호를 약속하고, 이에 따라 남극을 평화와 과학을 위한 자연보존구역으로 지정하고 있다. 주요내용으로는 1) 과학적 연구를 제외한 일체의 광물자원 관련 활동의 금지, 2) 남극 관련 활동의 환경영향평가 실시, 3) 특정한 경우를 제외하고는 토착포유생물의 포획과 비토착생물의 반입 금지, 4) 남극지역의 활동으로 발생한 폐기물의 처리 등이다.
49) Catagena Convention for the Protection and Development of the Marine Environment of the Wider Caribbean Region.

약당사국은 협약의 위반으로부터 발생하는 손해에 대한 책임과 배상 분야에서 국제법과 일치하는 적절한 법규와 절차를 채택하는 데 협력하여야 한다."라고 규정하고 있다.

세 번째 유형은 국제법이 존중되어야 한다는 것을 요구하면서도 민사법상 책임규정의 발전을 선호하고 있는 조약들이다. 1978년 Kuwait협약50)이 대표적 조약이다. 이 협약 제13조는 "체약당사국은 다음을 확정하기 위한 적절한 법규와 절차를 형성하고 채택하는 데 협력하여야 한다. (a) 관련 문제에 적용 가능한 국제법규와 절차를 명심하면서, 해양환경의 오염으로부터 발생한 손해에 대한 민사책임과 배상 그리고 (b) 이 협약 및 의정서 아래에서 의무위반으로 발생하는 손해에 대한 책임과 배상."이라고 명시하고 있다.

상술한, 세 가지 유형의 조약은 책임문제가 통일된 방향으로 해결되어 있지 않다는 사실을 명확히 보여주고 있을 뿐만 아니라 체계적 관점에서도 환경오염에 대한 책임문제를 해결하기 위한 접근방법이 다양하게 다른 방식으로 채택되고 있음을 보여주고 있다.51)

이상에서 살펴본 바와 같이 점차로 증진하고 있는 대다수 환경 관련 조약을 보면 각국은 조약에 의하여 특정화하고 있는 환경오염에 대한 국가의 국제책임의 일반원칙을 명시적 규정을 통해서나 또는 간접적 규정에 의해 승인하고 있다는 사실을 알 수 있다. 그러나 이러한 조약들은 국제적 청구가 가능하도록 책임의 정도, 배상액결정의 기준과 절차, 배상청구 절차 등에 관하여는 구체적인 규정을 두지 않고 조약당사국이 서로 협의하여 이를 정하거나 국내법제도에 따라 배상을 청구할 수 있도록 보장하는 방법을 권유하고 있는 데 그치고 있다. 이러한 점은 오늘날 국제환경법상 책임체제의 결함으로 남아 있다.

---

50) Kuwait Convention for Co-operation on the Protection of the Marine Environment from Pollution.
51) 박병도, *supra note 103.*, pp. 140-142.

제4장 폐기물 해양투기에 대한 국가책임 123

4. 고도로 위험한 활동분야에서 국가책임

국가책임법에 의하면 국가책임이 성립하기 위해서는 국가의 고의 혹은 과실에 의한 국제위법행위가 존재하고, 이로 인해 손해가 발생하여야 한다. 이러한 일반적 국가책임이론 입장에서 손해 발생이 국가책임 성립의 절대 요소로 작용하지는 않는다. 그 이유로는 국제법 일부 분야에서 대세적 의무 개념이 도입되고 있는데, 이는 실제 손해를 입지 않은 국가에게도 국제청구 제기가 가능하다고 보기 때문이다. 고도로 위험한 활동(ultra-hazadous activities)에 대한 국가책임은 성립요건으로 국가귀속성을 요구하지도 않는다. 즉, 이러한 분야의 조약들은 대부분 무과실책임을 규정하고 있다. 특히 해양오염과 관련하여 원자력발전소 운영 내지 핵선박 운영자에 관한 피해가 예정된 경우 이를 적용할 수 있다. 이와 관련한 국제법은 우주법 분야에서 선구적인 역할을 하였다. 1972년 책임협약[52] 제2조는 "발사국은 자국 우주물체가 지구 표면에 또는 비행 중의 항공기에 끼친 손해에 대하여 보상을 지불할 절대적인 책임을 진다."고 규정하고 있다.[53] 이는 지상이나 비행 중의 항공기에 발생된 손해에 대하여 과실이 없더라도 책임을 부담시키는 절대책임(absolute liability)을 설정하고 있는 것이다. 단, 동 협약 제3조는 "지구 표면 이외의 영역에서 발사국의 우주물체 또는 우주 물체상의 인체 또는 재산이 타 발사국의 우주 물체에 의하여 손해를 입었을 경우, 후자는 손해가 후자의 과실 또는 후자가 책임

---

52) Convention on International Liability for Damage Caused by Space Objects(1972 Liability Convention).

53) 1972 Liability Convention에서 손해(damage)의 의미는 매우 중요한 것으로서 손해가 없으면 책임(liability)문제도 발생하지 않는다. 손해는 일반적으로 직접적인 손해와 간접적인 손해로 구분된다. 동 협약상 손해란 제1조에 명시된 바와 같이 "인명의 손실, 인체의 상해 또는 기타 건강의 손상 또는 국가나 개인의 재산, 자연인이나 법인의 재산 또는 정부 간 국제기구의 재산의 손실 또는 손해"를 의미한다. 이러한 정의는 발사국의 우주물체로 인하여 발생한 직접적인 또는 즉각적인 손해를 의미하며, 대부분은 '불법행위'(tort) 사건에 사용되는 원칙과 같다; 김한택, 「우주법」, 와이북스, 2016, p. 211.

져야 할 사람의 과실로 인한 경우에만 책임을 진다."고 규정하고 있으므로, 이 협약이 전반적으로 무과실책임을 취하고 있다고 볼 수는 없다. 이와 같이 과실과 관계없이 엄격한 또는 절대책임을 지우는 것은 오늘날 과학과 기술의 발전으로 가중되는 국가 활동의 위험성 때문이다. 여기에 필적할 만한 규정은 앞에서 언급한 1967년 우주조약 제6조에도 포함되어 있다. 그러나 이 조약은 제7조에 "달과 기타 천체를 포함한 우주공간에 물체를 발사하거나 또는 그 물체를 발사하여 궤도에 진입케 한 조약당사국 및 그 영역 또는 시설물로부터 물체를 발사한 조약당사국은, 지상 공간 또는 달과 기타 천체를 포함한 우주공간에 있는 이러한 물체 또는 동 물체의 구성분야에 의해서 타방당사국 또는 그자연인, 법인에게 끼친 손해에 대하여 국제적 책임을 진다."라고 막연하게 표현하고 있다.[54]

Ⅲ. 해양투기에 대한 국가책임 이행의 문제점

1. 재판관할권에 내재된 한계

ICJ를 비롯한 대부분의 사법적 권리구제기관은 인적 관할을 국가에게만 한정하고 있으며, 개인은 소송수행능력을 배제하고 있다. 해양오염으로 인한 일차적 피해자는 거의 개인임에도 불구하고 이들에게 국제법에 의한 구제절차를 인정하지 않음으로써 해양오염책임이 있는 국가에 대한 직접적인 책임부과가 이루어질 수 없고, 이로 인해 해양오염 피해자에 대한 권리구제를 어렵게 하며 결과적으로 해양오염을 방지하지 못하는 원인이 되기도 한다.[55]

또한 초국경 환경피해 금지 원칙을 구체적인 내용으로 법전화하는 데 실패하였고, 국가들은 자국의 '국가안보'(national security) 또는 '중대한 이익'(vital interests)이 문제가 되는 경우에, 그 문제가 독립된 국제사법기관

---

54) 박병도, *supra note 103.*, p. 147.
55) 이재곤, "국제법에 있어서 환경권", 「현대사회와 법의 발달」, 1994, p. 289.

에서 다루어지는 것을 반대할 것이다.[56] P. Sands에 의하면 국제법은 국가를 대신하여 국제적인 검찰총장으로 활동하고, 소송을 제기할 수 있는 다른 대안을 제공하지 못하고 있다.[57] 더욱이 국제법상 국가의 소송당사자 자격을 충족시키기 위해서는 법적으로 보호된 이익의 침해를 증명하여야 하는데,[58] 해양오염의 경우, 오염원인 국가를 고소할 지위에 있는 개별적인 국가는 없다는 결론에 이르게 된다.[59] 이 점에 대하여 A. Kiss는 "모든 국가의 영토관할권 밖의 영역인 공해, 심해저, 국제공역, 남극 등의 환경에 환경위해가 가해졌을 경우에, 그러한 환경피해의 실제 희생자인 인류를 대표하여 소송을 청구할 수 있는 국가는 없다."고 하였다. 결국 현재 국제재판관할권의 행사 범위는 매우 제한적이기 때문에 해양투기로 인한 초국경 해양오염피해에 대한 국가 책임을 효과적으로 이행하는 데 한계가 있다. 이에 대한 개선 방법으로 공유자원 환경오염에 대하여 비정부기구(NGO)에 제한적이나마 소송 당사자 능력을 인정하는 방법을 제시할 수 있다.

2. 해양투기에 대한 배상책임의 한계

해양환경을 비롯한 각종 환경 관련 조약 및 각종 선언, 결의, 권고 등에서 분명히 해양오염에 대한 배상의무를 강조하고 있으나, 국가실행은 국제법위반 후에도 책임과 배상이 제대로 적절하게 이행되지 않음을 볼 수 있다. 그러나 국제공동체가 법의 이념인 정의를 실현되는 공간이기를 원한다면, 각국은 자국의 행위로 인하여 발생한 해양오염에 대하여 실제

---

56) 예를 들면, 핵실험사건에서 프랑스는 군사적인 이유로 ICJ에 출석하는 것을 거부하였다; Nuclear Tests Case(Australia v. France), 1974 ICJ Reports 253.

57) Philippe sands, *The Environment, Community and International Law*, Harvard International Law Journal, Vol. 30, 1989, p. 397.

58) Allen L. Springer, *The International Law of Pollution*, Quorum Books, 1983, p. 158.

59) A. Kiss, *supra note 254.*, p. 105.

로 배상할 의무가 있음을 수락하여야 한다.[60]

일련의 배상책임의 한계에 대해서 살펴보면, 우선, 손해를 야기했다고 간주되는 행위와 발생한 손해 사이의 인과관계(causal link)를 증명해야 하는 문제가 있다.[61] 즉, 손해가 행위와 관계가 너무 없거나 추론적(speculative)이어서는 안 된다.[62] 그러나 일반적으로 해양환경오염피해는 오랜 시간에 걸쳐 생태계를 파괴할 수 있으며, 피해가 발생한 경우에도 인과관계를 입증하기가 어렵다. 이와 같이 문제의 활동과 환경에 야기된 해로운 영향 사이의 인과관계를 입증하기 어려운 경우가 자주 나타난다.[63] 손해의 증명은 배상에 있어서 결정적인 역할은 한다. 그러나 이러한 손해배상 소송은 원칙적으로 피해자가 그 구성요건을 입증해야 한다. 그러나 환경 피해는 양적으로는 먼 곳까지 많은 사람들에게 미칠 뿐만 아니라, 질적으로는 장기간에 걸쳐 피해자 자신도 모르는 사이에 누적되어 인간의 건강과 재산에 피해를 가져오는 경우가 많기 때문에 쉽게 환경오염에 노출되기도 한다. 따라서 이러한 부분을 입증하기 위해서는 전문적인 지식이 필요하고, 많은 시간과 비용이 든다. 특히 가해자는 국가나 대기업과 같이 경제력이 있는 경우가 많은 반면, 피해자는 국적국의 외교적 보호권 행사가 없이는 경제적 위험에 노출되기 때문에 이러한 현저한 경제적 불균형의 요인이 효과적인 배상을 어렵게 한다.

---

60) Bendetto Conforti, *Do States Really Accept Responsibility for Environmental Damage, in Francesco Francioni & Tullio Scovazzi(eds,), International Responsibility for Environmental Harm,* Graham & Trotman, 1991, pp. 179-180.
61) Alexandre Kiss, *Present Limits to the Enforcement of State Responsibility for Environmental Damage, in Fracesco Francioni & Tullio Scovazzi(eds), International Responsibility for Environmental Harm,* Graham & Trotman, 1991, p. 5.
62) A. Kiss & D. Shelton, *op. cit.,* p. 352.
63) *Ibid.*

3. 해양투기의 특수성으로 인한 입증책임의 한계

해양투기로 인한 초국경 해양오염에 대한 국가책임제도는 사후 구제적인 측면이 강하다. 해양이 내재한 특성을 고려한다면 사전조치가 반드시 포함되어야 한다.[64] 또한 환경문제의 고전적 특수성이라고 볼 수 있는 과학적 불확실성에도 불구하고 지구 환경을 보호·보존하기 위해 필요한 조취를 취해야 하는 문제가 대두된다. 해양투기에 대한 국가책임 분야에서의 난점이 입증책임(burden of proof)과 관련한 문제이다. 해양투기로 인한 해양오염의 피해는 장기적·누적적이므로 국가책임의 주체를 명확히 하는 것이 곤란하다. 이는 조약을 통해서 규정에 의해 지정된 국가에게 책임을 지게 함으로서 인과관계를 증명하는 문제를 극복할 수 있다.[65] 예컨대, 우주물체로 인하여 지구환경에 발생된 손해를 다루고 있는 국제조약들에서는 우주공간에 물체를 발사한 국가에게 그로 인하여 발생하는 손해에 대하여 절대책임을 지도록 하고 있는데, 이런 점에서 우주 관련 조약을 해양투기 분야에 도입하는 것도 방법이 될 수 있다. 특히 이런 조약들은 문제가 된 우주폐기물[66]이 개인 또는 사기업에 의해 발사되었더라도 그 발사국에 책임을 지도록 하고 있기 때문에 입증책임에 관한 문제를 해소시킬 수 있다. 그러나 발사국에 책임이 주어지는 우주 관련 조약을 해양투기 분야에 직접적으로 적용하는 것에는 무리가 있다. 폐기물 선적국은 우주 물체의 발사국처럼 명확히 보고되고 투기하지 않는다. 이 점은 런던의정서가 해양투기 분야의 보편적 조약으로 수용되었다는 인식이 필요하며, IMO에서도 '모든' 폐기물의 해양투기를 감시할 수 있는 체제의 마련이 선행되어야 한다. 따라서 선주의 과실여부와 상관 없이 유류오염 피해에 대한 엄격책임주의(Strict Liability)를 적용하여 정유사의 기금조성

---

64) 박기갑, "환경오염피해의 국제법적 구제방안", 「세계국제법협회(ILA) 한국본부와 한국 환경법학회 공동주최 학술세미나 발표문」, 2000. 10, pp. 7-8.
65) 박병도, *supra note 103.*, p. 216.
66) 우주폐기물에 대해서는, 김한택, "국제법상 우주폐기물감축 연성법의 역할에 관한 연구", 「항공우주정책·법학회지」 제20권 제2호, 2015, pp. 469-497.

으로 손해배상 지급체제를 유지하는 국제유류오염보상기금협약(Interna-
tional Oil Pollution Compensation Fund; FUND) 체제의 런던의정서 도입이
가장 적절하다고 할 수 있다.

4. 입증책임 완화에 관한 문제

원칙적으로 피해가 발생한 경우 자국이 입은 피해에 대한 오염원을 확
인하고 이들 사이의 인과관계를 입증할 법적인 책임은 국가책임을 원용하
는 피해국에게 있다. 그런데 환경피해에 대한 국가책임과 관련해서 인과
관계의 입증은 다음과 같은 이유로 쉬운 일이 아니다. 첫째, 오염원과 피
해 발생지 사이는 상당한 거리가 있어 오염행위를 규명할 수 있다고 하더
라도 피해와의 인과관계를 명쾌하게 확립하기 어렵다. 둘째, 오염물질의
해로운 영향은 오염행위 시점으로부터 오랜 기간 동안 나타나지 않는다.
예컨대, 1986년 체르노빌 원전 유출사고로 인한 방사능물질은 아직까지도
직·간접적으로 암 유발 등 인간의 건강과 환경에 영향을 미치고 있다. 어
떤 유형의 피해는 오염이 오랜 기간 계속적·누적적으로 진행되어야만 나
타난다. 특히 방사능 오염의 경우에는 위해의 지속성이 다른 어떤 유형의
오염보다 장기간에 걸쳐 이루어지며, 생물체 내의 축적과 이러한 생물을
인간이 섭취함으로써 세대에 걸쳐 유전적 변이를 야기할 수 있으므로 인
과관계의 증명은 문제 해결을 어렵게 하는 본질적인 요인 중에 하나이
다.[67]

입증책임 완화와 관련하여서 당해 행위가 없었더라면 결과가 발생하
지 않았으리라는 상당한 정도의 개연성만 있으며 족하다는 개연성설, 일
정한 전제조건하에서 가해자의 위험영역에서 발생한 손해에 관하여는 그
위험요소를 지배하는 가해자가 그 손해가 가해자의 행위로 인하여 발생하
지 아니하였음을 증명하여야 한다는 위험영역설이 있다.[68] 또한, 막연하

---

67) 권오성·김나현, *supra note 201.*, p. 662.
68) 손윤하, "환경침해에 의한 불법행위를 원인으로 한 손해배상청구", 「환경침해와

게 피해자의 입증의 부담을 경감하는 것이 아니라 일정한 경우에 가해자에게 간접반증의 책임을 과하는 견해로 신개연성설과 임상의학이나 병리학의 입장에서 그 원인 또는 발병의 메커니즘이 밝혀지지 않는 경우에 집단적으로 발병한 질병 내지 건강피해와 원인물질사이의 인과관계를 추정하는 것과 같은 방법으로 여러 가지 간접사실을 정리, 분석하여 그로부터 일정한 법칙에 따라 인과관계를 추정하는 역학적인과관계설이 있다.[69] 국내적으로는 개연성설에 의한 다수의 판례가 축적되고 있으나, 국제재판에서는 아직 이와 관련한 사례는 없다. 즉, 대부분의 경우에 있어서 국제법정은 문제의 위법행위와 직접적으로 인과관계를 가지는 손해인 '직접손해'에 대해서만 배상책임을 인정하고 있기 때문에 실제로 입증책임의 완화는 현행 국제법체계에서 통용되기가 어렵다. 해양오염과 그에 따른 손해의 발생이 피해국의 행위에 기인하는 경우에는 입증책임의 전환이 국제문서에 적시되어야 할 것이다.

제2절 해양투기 분야 국가책임 적용의 문제와 해결방안

Ⅰ. 방사능오염수 투기에 대한 국가책임

1. 육상기인 폐기물 규제의 필요성

국제연맹(League of Nations)이 설립되기 전까지 육상기인 폐기물에 의한 해양오염은 국제사회에서 큰 이슈가 되지 않았다. 1936년 국제연맹은 해양오염에 관한 국제회의를 본질적으로 1926년에 있었던 "항로의 유류오염에 의한 예비회의"[70]의 문서를 따르기로 하였으나, 동 회기에서의 실질

민사소송」, 청림출판, 2005, p. 72.
69) *Ibid.*
70) KariI Hakapaa, *Marine Pollution in International law — Material Obligations and Jurisdiction,* Akateeminen Kirjakauppa, 1981, pp. 75−76; R. Michael

적인 성과를 거둔 바가 없었으므로 이러한 노력은 현실화되지 못하였다.[71]
이러한 인식에도 불구하고 폐기물 규제에 필요성을 인식하게 된 사건은
1950년대 일본의 미나마타 병(Minamata disease)이 계기가 되었다.[72]

1958년에 해양법 분야의 4개 협약[73])이 성안되었으나, 폐기물에 대한
어떠한 법적 체계도 마련하지 못하였다. 주목할 점은 "공해에 관한 협
약"(Convention on the High Seas) 제24조에서 각국은 해저 및 그 하층토
의 개발과 탐사로 인해 선박 또는 관로(pipeline)에서 유출된 유류에 의한
해양의 오염을 방지하기 위한 규정을 제정해야 한다고 밝힌 점이다. 이
조항은 육상의 활동으로부터 기인한 폐기물과 관련이 있으며, 동 협약 제
25조에서도 이를 위한 국가 간 협력의무가 언급되었다.[74] 이와 관련하여
이른바 해양석유 굴착 장치에서의 오염을 1974년 파리협약(Convention
for the Prevention of Marine Pollution from Land − Based Sources; 이하 '파리
협약'으로 약칭)에서 규제 대상으로 하는 것으로 발전하였다.[75]

그러나 1970년 초반까지 유류오염 이외의 물질로 인한 폐기물의 해양
투기 규제가 국제적인 주목을 받지 못했다는 것이 분명하다.[76] 파리협약

M'gonigle & Mark W. Zacher, *Pollution, Politics and International law*,
University of California Press, 1979, pp. 81 − 84.

71) KariI Hakapaa, *Marine Pollution in International law − Material Obligations
and Jurisdiction*, Netherlands International Law Review, 1981, pp. 75 − 76;
R. Michael M'gonigle & Mark W. Zacher, *Pollution, Politics and
International law,* University of California Press, 1979, pp. 81 − 84; John
Karau, *The Control of Land − based Sources of Marine Pollution: Recent
International Initiatives and Prospects,* 25 Marine Pollution Bulletin, 1992
p. 80.

72) Timothy S. George, *Minamata: Pollution and the Struggle for Democracy
in Postwar Japan,* Havard University Press, 2001, pp. 44 − 48.

73) Convention on the Territorial Sea and the Contiguous Zone; Convention
on the Continental Shelf; Convention on the High Seas; and Convention
on Fishing and Conservation of Living Resources of the High Seas.

74) A.E. Boyle, *Marine Pollution under the Law of the Sea*, Journals of
International law, 1985, p. 793.

75) John Warren Kindt, *supra note 389.*, p. 143.

76) E. Gold, *The Control of Marine Pollution from Ships: Responsibilities and*

은 북해(North Sea) 지역의 해양환경을 보호하기 위한 지역협정인 오스파
협약(Convention for the Protection of the Marine Envrionment of the
North-East Atlantic; 이하 '오스파협약'으로 약칭)[77]으로 대체되었고,[78] 당사
국에게 최선의 이용 가능한 기술(best available technique)과 최선의 환경
관행(best environmental practice)을 사용할 의무를 부과하였으며, 적용범
위를 확대하였다.[79] 그러나, 육상기인 폐기물의 투기의 규제는 선박기인
해양투기와 관련한 협약 규정이 비약적인 발전을 이룬 것과 대비되어 큰
발전을 이루지 못하는 것으로 평가된다.[80]

　1945년부터 1985년까지 수십만 톤의 폐기물이 해양에 투기되었다.[81]
해양투기(Ocean Dumping)는 그 영향을 평가하는 것이 소홀히 다루어졌으
므로 논란이 지속되었는데,[82] 특히 원자력발전소 운영 국가들은 대서양과
태평양의 30개 지점에 약 112,000개의 핵폐기물을 고의적으로 투기되있으
며[83] 몇몇 유럽국가들과 함께 일본과 한국이 이에 관여하였다.[84] 해양은

　　Rights, in The law of the sea: what lies ahead?, Law of the Sea Inst. ed.,
　　1986, p. 279.
77) 오스파협약은 북동대서양의 해양환경을 보호하기 위한 지역협정으로 해양투기를
　　규제하는 1972년 오슬로협약(Convention for the Prevention of Marine
　　Pollution by Dumping from Ships and Aircraft)과 1974년 파리협약을 결합하
　　여 만들어졌다.
78) Phillipe Sands, *Principle of International Environmental Law 2nd edition*,
　　Cambridge University Press, 2003, p. 319.
79) 노명준, 「신국제환경법」, 법문사, 2003, pp. 131-132.
80) 김홍균, 「국제환경법」, 홍문사, 2010, p. 201.
81) J. M. Broadus, R. V. Vartanov, *The Oceans and Environmental Security:
　　Shared U.S. and Russian Perspectives,* Washington DC: Island Press, 1994,
　　p. 126.
82) M. R. Abbott et al, *Ocean Dumping of Chemical Munitions: Environmental
　　Effects in Arctic Seas.* McLean: MEDEA, 1997, pp. 10-13; C. Behney et al.
　　*Nuclear Wastes in the Arctic: An Analysis of Arctic and Other Regional
　　Impacts from Soviet Nuclear Contamination*, OTAENV-623. Washington,
　　DC: U.S. Government Printing Office, 1995, p. 108.
83) S. S. Yufit, I. V. Miskevich, O. N. Shtemberg. Sea-Dumped Chemical
　　Weapons: Aspects, Problems and Solutions. Dordrecht, *Chemical
　　Weapons Dumping and White Sea Contamination. A. V. Kaffka (ed.).*

지구환경의 순환과정 중 가장 낮은 위치에 있으므로 오염물질의 대부분이 궁극적으로는 해양에 도달하게 된다. 해양오염의 경우, 그 피해가 광범위 하므로 이를 위한 국제사회 공동의 노력이 요구되는 데 합리적인 규범준수 의 의지와 효과적인 관할권 이행에 관한 국제규범의 정립이 중요하다.

2. 2011년 일본 후쿠시마 원자력 발전소 사고

1) 사건의 개요

2011년 3월 11일 일본 동부지역에서 발생한 9.0 규모의 대지진으로부 터 유발한 해일로 인해 3월 12일 후쿠시마 제1원자력발전소 냉각장치 가 동중단으로 발생하였다. 후쿠시마 제1원전의 냉각장치는 지진과 해일의 충격에 훼손되어 고온의 작용하에 녹아내린 핵 연료봉 피복관 재료인 질 코늄(Zilconium)이 냉각수와 반응하여 대량의 수소(hydrogen)를 발생하였 으며 내외 압력의 차이로 제1호기와 제3호기의 수소가스가 폭발하여 노심 용해(core meltdown)가 진행 되었다(이하 '후쿠시마 원전사고'로 약칭).[85] 이 에 대응하기 위하여 일본 정부와 도쿄전력은 냉각수의 역할로 바닷물을 투입하였고 그 과정에서 핵 연료봉은 완전 노출된 상태에 이르러 방사능 유출을 시작했다. 또한 제1호기와 제3호기에 고인 냉각수는 방사능 오염 수로 전환되면서 갈라진 지층을 통해 해양으로 유출되었고 방사능 고농도 오염수의 저장 공간을 확보하기 위하여 일본 법정 기준의 100배가 넘는 원전 내의 저농도 오염수 1만여 톤을 그대로 바다에 배출하였다.[86] 일본

Kluwer Academic Publishers 1996, pp. 158 – 160.

84) James Waczewski, *Comment, Legal, Political, and Scientific Response to Ocean Dumping and Sub – Seabed Disposal of Nuclear Waste*, 7 J. TRANSNAT'L L. & POL'Y 97, 1997, pp. 22 – 23.

85) 이순자 · 이해실, "후쿠시마 원자력사고 후의 국제법적 쟁점 및 시사점", 「환경법 연구」 제36권 제3호, 2014, pp. 146 – 147.

86) Nuclear Emergency Response Headquarters Government of Japan, Report of Japanese Government to IAEA Ministerial Conference on Nuclear Safety

정부도 2011년 4월 4일부터 10일까지 총 1만여 톤의 방사능 물질 오염수를 바다에 배출하였다고 인정한바가 있다.[87]

2) 방사능오염수 배출에 대한 국가책임

2011년 4월 12일 일본 경제산업성 산하 원자력안전보안원은 후쿠시마 원전 사고의 등급을 국제원자력사고 등급의 최고 단계인 7등급으로 상향하여 동급인 체르노빌 원자력 발전소 사고와 비교되었다. 후쿠시마 원전사고로 인해 대기, 토양, 고인 물, 바다, 지하수에 방사능오염수가 배출되었다. 국제법상 특히 문제되는 것이 방사능오염수 배출로 인한 초국경 해양오염이다. 일본은 자연재해로 인해 불가피하게 저농도 방사능 오염수를 배출 할 수밖에 없었다고 주장하여 국가책임을 부정하고 있지만, 고의적으로 해양에 방사능 오염수를 배출한 행위는 국제위법행위를 구성한다고 볼 수 있다.[88] 전통적으로 임의규범의 체계를 유지하던 국제법에 강행규범의 개념이 도입되고[89] 양자적 또는 개별적 의무 외에 대세적 의무의 존재가 확인되었는바, 이러한 실체규범의 체계변화는 국제의무의 위반에 대한 국가책임에 대해서도 영향을 주게 되었다.

후쿠시마 원전사고에서 일본의 방사능오염수 배출행위로 인한 초국경 환경피해에 관한 국제책임을 규명하기 위해서는 국제법의 위반을 확인할 수 있어야 한다. 후쿠시마 원전사고해당지역의 해역은 일본의 영해와 배타적 경제수역이지만 해양오염은 국경을 넘어 다른 해역으로 확산되기 때문에 환경피해를 초래하는 해양오염은 초국경 해양오염의 실질을 가지며, 일본 국내법을 넘어 국제법적 규율영역에 속한다. 일본 정부의 오염책임 여부는 일본 정부가 방사능 오염수를 고의적으로 배출한 행위가 방사성물

　　－Accident at TEPCO's Fukushima Nuclear Power Stations, 2011, p. Ⅵ－5.
87) *Ibid.*
88) 김기순, "일본의 방사능 오염수 해양배출에 대한 국제책임 연구", 「국제법학회논총」 통권 제123호, 2011, p. 23.
89) Ian Brownlie, *Principle of Public International Law 6th ed,* Oxford University Press, 2003, pp. 273－283.

질이 포함된 오염수를 해양으로 유출한 것이 국제법상 의무위반인지, 유출로 인한 해양오염이 초국경 환경피해를 야기하는지의 여부가 주요 쟁점이라고 볼 수 있다.[90]

3) 국제의무 위반

(1) 초국경 환경피해 금지 의무 위반

독일의 국제법 학자 Lawrence Oppenheim은 "어느 국가도 그 영토의 자연조건을 변경하여 인접국가 영토의 자연조건을 해하는 결과를 야기해서는 안 된다는 것이 국제법상의 원칙이다."라고 하였다.[91] 이 원칙이 공유자연자원(shared natural resources)의 공평한 이용과 관련이 있는 경우에는, 특히 경제관류수역(border-crossing waters)의 이용과 관련하여 관련국가에게 부과하는 의무이며, 동시에 모든 유역국(riparian state)에게 일정한 권리를 부여하는 것이다.[92] 그리고 이 원칙은 상술한 트레일 제련소 사건의 중재재판에서도 언급되었다. 즉, 국제법상 어떤 국가도 자국의 영토를 이용함에 있어서 사건이 심각한 결과를 야기시키고, 피해가 명백하고 확신할 수 있는 증거에 의해서 입증된 경우에 다른 국가의 영토 또는 그 영토 내의 재산에 환경피해를 야기하는 방법으로 자국의 영토를 이용하거나 이용을 허용할 권리를 갖고 있지는 않다.[93]

모든 국가는 자국 내의 자연자원에 대하여 주권[94]을 가지고 있음에도

---

90) 최봉석·구지선, "방사성물질에 의한 해양오염에 대한 국가책임－후쿠시마 원자력발전소 사고에 대한 일본의 국가책임을 중심으로－", 「환경법연구」, 제33권 1호, 2011, p. 235.
91) Jennings, Robert and Arthur Watts, eds., Oppenheim's International Law, 9th ed, 1992, p. 408.
92) Ulrich Beyerlin and Thilo Marauhn, *International Environmental Law,* Oxford, 2011, p. 111.
93) Trail Smelter case(U,S. v. Canada), R. Int'l Arb. Awards(final decision), Vol. 3, 1941, p. 1965, reprinted in American Journal of International Law, Vol. 35, 1941, p. 716.
94) Franz Xaver Perrez, The Relationship between "Permanent Sovereighty" and Obligation Not to Cause Transboundary Environmental Damage, *26*

불구하고, 관할권 외의 환경에 피해를 주지 않아야 할 의무가 있다.95) 즉, 오늘날은 타국에 해가 되도록 자국의 영토를 사용해서는 안 된다는 제한적 영토주권의 원칙이 폭넓게 지지를 받고 있는 것이다.96) 초국경 환경피해(transboundary environmental harms or damages)는 이러한 제한적 영토주권의 원칙을 견지할 때 발생한다.97)

초국경 환경피해에 대한 국제책임의 접근방식을 통한 환경오염 규제와 관련한 법규들은 다음과 같은 세 가지 다른 차원으로 나타나고 있다. 첫째, 국제법상 위법한 행위에 대하여 국가책임을 적용하는 차원과 둘째, 국제법상 금지되지 않은 행위로 인한 해로운 결과에 대하여 국제책임을 적용하는 차원 및 셋째, 위험한 활동에 대하여 국내사법상의 민사책임에 관한 규칙을 적용하는 차원이 그것이다.98) 이들 세 가지 차원은 이론적 관점에서는 명백히 구별된다. 그러나 새로운 법규의 제정이 신기술을 이용한 활동과 새롭게 나타나는 위험한 산업활동에 대응하기 위해서 이루어짐을 고려한다면 이들 세 가지 차원이 일정 정도 상호작용하고 중복되는 점을 부인할 수 없다.99) 첫 번째 차원의 접근 방법은 후쿠시마 원전사고로 인한 방사능오염수 배출의 국가책임과 관련이 있다.

(2) 상당한 주의의무 위반

스톡홀름선언 원칙21과 리우선언 원칙2에 가장 밀접한 관련이 있는 것이 환경손상의 방지의무 또는 환경손상의 감소·제한·완화의 의무이

Environmental Law 1187, 1996, p. 1204; Robert F. Housman, Sustainable Living: Seeking Instructions for the Future: Indigenous Peoples' Traditions and Environmental Protection, 3 TOURO J. TRANSNAT'L L., 1992, p. 141.

95) 김홍균, *supra note 464.*, p. 61.

96) P. Sands, International Coruts and the Application of the Concept of Sustainable Development, 3 *Yearbiik of UN Law*, 1999, p. 392.

97) 환경피해(environmental harms or damages)는 환경에 대한 오염행위로 인한 피해, 즉 오염이라는 과정을 통해 인간의 환경에 피해를 미치는 것이라 정의할 수 있다; 소병천, "초국경환경피해에 대한 국제법적 고찰", 「환경법연구」 제29권 제1호, 2007, p. 197.

98) 박병도, *supra note 103.*, pp. 26－27.

99) *Ibid.*

다.100) 여기서 방지와 감소는 환경보호를 위해 사용되는 두 가지 수단으로서, 방지의 원칙은 해양환경의 변경, 인간이나 해양환경에 대한 침해, 적법하고 합법적인 해양환경사용의 방해, 해양환경의 자정작용에 대한 과부하 등에서 야기되는 특정의 손상방지를 목적으로 한다.101) 반대로 감소의 원칙은 이미 발생하였거나 불가피한 유해의 발생을 줄이는 내용이 될 것이다.102) 국가는 해양의 손상을 막지 못하거나, 관련 입법의 불비를 이유로 해양환경오염에 따른 국가책임을 회피할 수 없다. 즉, 모든 국가에게 해양환경보호에 대한 '상당한 주의의무'(due delegence)가 요구된다. 상당한 주의의무는 오염 야기국의 손해발생에 대하여 국가책임을 물을 때 행위의 국가귀속성 내지 국제의무위반을 판단하는 데 있어서 객관적 기준을 제시하고 있다. 단, 상당한 주의의 기준에 관하여는 국제표준주의나 국내표준주의가 병존하여, 구체적 사례마다 여러 가지 표현으로 이를 풀어나가고 있다.103)

OECD는 초국경 오염과 관련하여 상당한 주의란 타국이나 지구환경을 효과적으로 보호할 수 있는 공적 또는 사적 행동에 적용될 수 있는 입법의 도입이나 행정적 통제를 요구하는 것으로서, 우호적 정부의 행동으로 기대되는 것이라고 한다.104) 이러한 일반적 표현은 구체적 사례에 있어서 어떠한 입법통제를 기대할 수 없다. 국제조약에서는 이러한 국제적 기관의 결의 및 결정 또는 조약에 도출된 최소 기준(minimum standard)이라는 표현을 사용한다.105) 이는 상당한 주의를 평가함에 있어 국제표준

---

100) Philippe Sands, *Principles of International Environmental Law*, Cambridge University Press, 2003, p. 246.
101) 성재호 · 서원상, *supra note 396.*, p. 479.
102) See Allen L. Springer, The International Law of Pollution: Protecting the Global Environment in a World of Sovereign States, Quorum Books, 1983, pp. 65 – 78; *Ibid.*
103) 성재호 · 서원상, *supra note 396.,* p. 480.
104) OECD, Legal Aspect of Transboundary Pollution, 385; *Ibid.*
105) Patrica W. Birnie and Alan E. Boyle, *International Law and the Environment*, Clarendon Press, 1992, p. 9.

주의를 적용하고 있으나, 명확한 잣대로 보기에는 여전히 미흡하다.106) UNCLOS 제211조 2항도 '해양오염과 관련하여 권한 있는 국제기구나 일 반적 국제회의에서 확립된 기준'이라고 명시하면서 국제표준주의를 채택 하고 있다.

(3) 협력의무 위반

UNCLOS 제197조107)에 따르면 각국은 지구적 차원에서 혹은 지역적 차원에서 직접 또는 권한 있는 국제기구를 통하여 해양환경을 보호하고 보존하기 위하여 이 협약과 합치하는 국제규칙, 기준, 권고관행 및 절차의 수립 및 발전에 협력한다고 하였다. 후쿠시마 원전사고는 규모가 크고 피 해면적이 큰 심각한 원전사고로 해양환경을 보호하는 차원에서도 국제적 협력이 필요하다. 일본정부가 인정한 바와 같이 사고 발생 초기에 국제적 인 원조를 거절하지 않았다면 사고가 이렇게까지 심각하지 않을 수도 있 다는 것이다. 하지만 이러한 조항은 일반적인 의무 차원에서 둔 조항이며 비록 "shall"이라는 단어로 협력의 의무를 강력하게 규정하였으나 협력하 지 않을 때의 대응 처벌조치도 없어 구속력이 약하다. 이와 반대로 런던 협약 1996년 의정서 전문108)에서는 국제사회의 협력의무의 중요성과 국 제간의 협력을 반복하면서 런던협약의 목적을 각인시켰다. 또한, 런던의 정서 제12조와 제13조109)에서는 구체적인 협력방법과 내용을 상세하게 규정하였다. 하지만 후쿠시마 원전사고의 오염수 배출은 1차적으로 런던 협약에 적용될 가능성이 미미하여 해당 협력조항을 원용하여 책임을 묻는 것도 불가능하다.

---

106) 성재호·서원상, *op. cit.*, p. 481.
107) See supra note 5, Article 197 Cooperation on a global or regional basis.
108) See supra note 15, preamble.
109) See supra note 16, Article 12 Regional Co-operation, Article 13 Technical Co-operation and Assistance.

3. 후쿠시마 원전사고에 대한 국제의무

1) 유엔해양법협약상 통보의무

UNCLOS 제198조는 어느 국가가 해양환경이 오염에 의하여 피해를 입을 급박한 위험에 처하거나 피해를 입은 것을 알게 된 경우, 그 국가는 그러한 피해에 의하여 영향을 받을 것으로 생각되는 다른 국가와 권한 있는 국제기구에 신속히 통보한다고 규정하고 있다.[110] 또한 핵사고 조기통보에 관한 협약(Convention on Early Notification of a Nuclear Accident)[111] 제2조 통보[112]와 제3조 기타 사고[113]에 따르면 원자력 관련 시설에서 핵사고가 발생하였을 때 사고 영향을 최소하게 줄이는 목적으로 국제원자력기구(International Atomic Energy Agency: 이하 'IAEA'로 약칭)와 인근국가에게 조기 통보할 의무를 가진다. 한편 제1조 범위[114]에는 심각한 영향을 끼칠 수 있으며 국제적으로 국경을 넘어 방출을 초래하거나 초래할 수 있는 당사국 또는 그의 관할이나 통제 하에 있는 사람 또는 법인체의 시설이나 활동을 포함한 모든 사고의 경우에 적용된다고 명시한 바가 있다. 뿐만 아니라 제5조 제공될 정보[115]에서 통보해야 할 내용을 2가지로 나누었는데 하나는 사건발생 후 초기단계에 사건에 대한 기본 정보를 제공하여야 하고 다른 하나는 후속 처리과정에서 예상되는 진척 상황, 방출된 방사능의 성질, 국경을 넘어선 방출에 대한 환경감시 결과 등 내용에 대

---

110) United Nations Convention on the Law of the Sea Artie 198 Notification of imminent or actual damage.
111) 2013년 9월까지 핵사고의 조기통보에 관한 협약은 117개의 당사국이 참여하였으며 69개국이 사인을 한 상태며 일본은 1987년 6월 9일에 수락을 하였다.
112) Convention on Early Notification of a Nuclear Accident Article 2 Notification and Information.
113) Convention on Early Notification of a Nuclear Accident, Article 3 Other Nuclear Accidents.
114) Convention on Early Notification of a Nuclear Accident, Article 1 Scope of applications.
115) Convention on Early Notification of a Nuclear Accident, Article 5 Information to be provided.

해서도 통보할 의무가 있다. 그러나 이 협약에서는 구체적으로 언제 통보해야 조기 통보에 속하며 조기통보를 하지 않았을 경우에 어떻게 해야 할지에 대해 규정이 없다는 것이다.[116) 한국과 중국은 가장 인접한 국가들로서 후쿠시마 원전사고에 아주 밀접한 이해관계를 갖고 있는 인접 국가이지만 일본정부의 공식적인 통로로부터 원전사고에 대한 통보를 받지 못했다.

2) 런던협약상 사전협의의무

일본의 방사능 오염수 배출은 당시 고농도 오염수의 저장공간을 확보하기 위한 비상조치로서 저농도 오염수의 배출을 결정한 것으로 알려져 있다. 그러나 런던협약 제5조 제2항의 단서에서는 연안국이 허가를 발급하기 전에 해양투기의 영향을 받을 가능성이 있는 국가 및 IAEA와 사전협의하도록 요구하고 있다. 일본은 미국 및 IAEA와 사전협의를 한 것으로 알려져 있지만 인접한 중국과 한국에 대해서는 사전협의가 없었다. 일본의 방사능 오염수 배출행위 자체는 자연재해로 인한 불가항력의 법리에 따른 런던협약 제5조 제1항의 해양투기금지의무에 대한 위법성 조각사유에 해당할 수 있지만, 사전협의의무를 이행하지 않은 것에 대해서는 국제위법행위로 볼 수 있다. 동 협약의 런던의정서의 경우에도 이와 같은 규정을 명시하여 해양투기를 금지하고(제4조), 위반하여 환경피해를 입은 국가에 대한 국가책임을 부담하며(제15조), 비상사태의 경우 허가를 발급하여 해양투기를 하도록 허용하고 있다(제8조 제2항). 또한, 해양투기의 영향을 받을 가능성이 있는 국가 및 IAEA와 사전협의하도록 요구하고 있다.

3) 핵사고 관련 협약상 의무

1997년 사용후핵연료 및 방사성폐기물관리의 안전에 관한 공동협약 (The Convention on the Safety of Spent Fuel and Radioactive Waste

---

116) 이순자·이해실, *supra note 469.*, p. 152.

Management)은 사용후핵연료와 방사성폐기물의 안전성을 확보하고 유지하기 위해 채택된 협약으로 IAEA의 방사성폐기물관리원칙을 확대, 강화하여 구속력 있는 법제도로 만든 것이다.117) 협약 전문에서 사용후핵연료와 방사성폐기물관리의 안전성을 궁극적으로 확보할 책임이 국가에게 있음을 확인하고 있다. 체르노빌 원자력발전소 사고를 계기로 발효된 '핵사고의 조기통보에 관한 협약'(Convention on Early Notification of a Nuclear Accident)은 원자력 사고의 조기통보에 관하여 규정하고 있다. 또한 국경을 넘는 원자력 사고가 발생한 경우, 그 영향을 받거나, 받을 수 있는 국가가 사고에 관한 정보를 조기에 입수할 수 있는 제도이다. IAEA(International Atomic Energy Agency)가 중심적인 역할을 하며, 사고국의 정보를 주변국에 통보한다. 구체적으로 이 협약은 제2조에서 방사능사고 발생 시 당사국에 통보의무와 협의의무를 부과하고 있다. 먼저 당사국은 방사능 사고 발생 즉시 직접 또는 IAEA를 통하여 물리적 영향을 받거나 받을 수 있는 국가 및 IAEA에 핵사고 발생사실과 그 성질, 발생시간, 정확한 위치를 통보하여야 한다고 규정하고 있다. 또한 제6조에 따라 피해당사국의 방사능 영향을 최소화하기 위한 추가정보 또는 협의 요청에 신속히 응해야 할 의무가 있다.

핵사고의 조기통보에 관한 협약을 보완하는 협약으로 볼 수 있는 1986년 핵사고 또는 방사능 긴급사태 시 지원에 관한 협약(The Convention on Assistance in the Event of a Nuclear Accident or Radiological Emergency)은 제1조에서 당사국은 핵사고 또는 방사능 긴급사태 시 방사능 방출 결과로 인한 영향을 최소화하고 인명, 재산 및 환경을 보호하기 위하여 신속한 지원을 용이하게 할 수 있도록 당사국 및 IAEA와 협력하도록 되어 있다. 원자력시설 안전기준에 관한 협약으로 1995년의 원자력안전에 관한 협약(Convention on Nuclear Safety)은 원래 법적 구속력이 없는 연성법으로 존재하다가 이 협약의 채택으로 법적 구속력을 가지게 되었다.118) 이 협약의

---

117) 김기순, *supra note 18.*
118) Patricia Birnie & Alan Boyle, *International Law & Environment*, 3rd edition, Oxford University Press, 2009, p. 500.

목적은 방사선의 유해한 영향으로부터 개인, 사회, 주변 환경을 보호하기 위해 상업용 원전과 관련 시설의 높은 원자력 안전수준을 확보하고, 원전 사고를 방지하는 데 있다. 이러한 목적을 달성하기 위해 원자력 시설에 대한 높은 수준의 안전성을 달성하기 위한 현재의 수단에 대한 지침을 제공할 수 있음을 명시하고 있다. 협약 대상은 당사국의 관할권하에 있는 지상의 상업용 원자력발전소 및 동일 부지에 있는 원자력발전소의 운전과 직접 관련되어 있는 방사능 물질의 저장, 취급 및 처리시설이며, 고속증식로나 사용후핵연료, 핵폐기물은 포함하지 않는다. 각 당사국은 현존하는 원자력 시설에 대해 안전성이 가능한 한 조속히 검토되도록 국내적 차원의 적절한 조치를 취하도록 규정하고 있다(제6조 - 제7조).

4) 국제판례

(1) 1941년 트레일 제련소 사건

일반적으로 국가가 타국에게 피해를 주지 아니할 의무가 있음은 1928년 "팔마스섬 사건"(Palmas Island Case)[119]에서 Max Huber 중재재판관이 모든 국가는 자국의 관할권내에서 타국이나 타국민에게 권리침해가 가해지지 않게 할 국제법적 의무가 있다고 판시한 이래 인정되어 왔다.[120] 또한, 1941년 "트레일 제련소 사건"과 1949년 "코르푸해협 사건"(Corfu Chanel Case)도 초국경 피해와 그에 따른 손해배상 관련하여 대표적인 판례로 인식되어 있다. 이들 판례를 통하여 인정된 국경을 넘는 환경피해를 일으키지 않을 의무와 환경피해에 대한 국가책임은 국제법상 광범위하게 인정된 관습법 규칙으로서, 다수의 국제선언과 국제환경협약, 국제판례 등을 통해 지지를 받고 있다.[121]

"트레일 제련소 사건"은 캐나다에서 발원하여 미국 워싱턴주로 흘러들

---

119) 네덜란드와 미국 간 팔마스 섬(Palmas Island)의 실효적(effective control)에 관한 PCA(Permanent Court of Arbitration)분쟁; Island of Palmas, II UNRIAA(1928), 829, 838.
120) 소병천, *supra note 481.*, p. 203.
121) 김기순, *supra note 18.,* p. 54.

어가는 컬럼비아 강을 따라서 캐나다 브리티시 컬럼비아주 내 Trail에 위치하고 있는 제련소(Smelter)와 관련된 사건이다. 당시 이 제련소는 더 많은 납과 아연의 제련을 위해서 공장을 증설한 결과 다량의 납과 아연의 제련과정에서 아황산가스를 다량으로 배출하게 되었다. 1924년 4,700톤의 아황산가스가 배출되던 것이 1927년에 이르러서는 매달 9,000톤이 배출되기에 이르렀다.[122] 이로 인해서 인근 미국에는 심각한 피해가 발생하였다. 문제가 심각해지자 1932년 국제공동위원회(International Joint Commission)는 캐나다에게 미화 35만 달러를 지급할 것을 권고하기도 하였다.[123] 하지만 다음 해 미국은 캐나다의 조치가 불충분하여 피해가 여전히 발생하고 있음을 캐나다에 항의하자, 양국은 이 사건을 중재재판에 회부하였다. 이에 중재재판정은 국제법과 미국 국내법에 따라서 어떠한 국가도 그 영토의 사용 혹은 사용을 허락하여 다른 국가 혹은 국가 내 재산 및 개인에 대한 피해를 줄 권리는 없다는 것을 확인하였다.[124]

(2) 1949년 코르푸 해협 사건

"코르푸해협 사건"은 1946년 알바니아 영해 상에 있는 Corfu Chanel에서 수뢰(mines)에 충돌, 침몰된 선박에 타고 있던 영국 선원들이 입은 피해에 대한 국가책임 문제를 다루고 있다. ICJ는 폭발의 원인이 된 수뢰(독일製)의 설치는 알바니아 정부의 인식 없이는 이루어질 수 없다고 판단하고 이를 경고하지 않은 알바니아에게 책임을 부과하였다. 그 근거로 국제사법재판소는 "모든 국가는 타국의 권리에 반하는 행위를 위하여 자국 영토가 의도적으로(knowingly) 사용되도록 허용되어서는 안 된다."고 판시하였다.[125] 덧붙여 재판소는 알바니아는 재난을 방지하기 위한 어떠한 조치도 취하지 않았으며, 이러한 중대한 부작위는 국가책임을 구성한다고 지적하여 부작위에 의한 국가의 행위에 국가책임을 부여하였다.[126]

---

122) 김한택, 「국제환경조약법」, 강원대학교 · 환경부, 2011, pp. 193 – 194.
123) Ibid.
124) USA/Canada, 3 RIAA 1905(1941); 김한택, 「국제환경법과 정책」, 2010, p. 85.
125) Cortfu Channel Case(U.K. v. Albania), 1949 ICJ Reporst 4, pp. 41 – 42.
126) Ibid., p. 43.

(3) 1974년 핵실험 사건[127]

1963년에 부분적 핵실험금지조약(Treaty of Banning Nuclear Weapons Tests in the Atmosphere in Outer Space and Under Water; PTBT)[128]이 체결되면서 이 조약당사국은 공해상에서 핵실험을 하는 것이 금지되었다. 그러나 프랑스는 이 조약에 가입하지 않고, 1966년 이래 남태평양의 프랑스령 폴리네시아에서 1973년까지 대기권 내의 핵실험을 계속하였고, 특히 1972년과 1973년에 이 지역에서 프랑스가 행한 핵실험이 각국의 비난을 받았으며 이와 관련하여 오스트레일리아와 뉴질랜드는 프랑스를 상대로 이러한 핵실험을 중지할 것을 ICJ에 제소하게 된 사건에서 비롯된다. 이 사건에서 원고인 오스트레일리아는 프랑스의 핵실험이 대기 중 핵실험으로부터 자유로울 권리와 방사능 낙진으로 인한 주권침해, 공해의 자유 등의 침해를 근거로 프랑스의 행위가 국제위법행위라는 이유를 들어 ICJ가 이 사건에 대한 확정판결을 내릴 때까지 프랑스의 핵실험을 금지하는 '잠정조치'(interim measures of protection)를 취하여 줄 것을 요청하였다. ICJ는 오스트레일리아가 침해되었다고 주장하는 권리와 법익이 ICJ의 재판관할의 대상에 속하지 않는다고 볼 수 없다는 이유를 들어 오스트레일리아의 잠정조치 신청을 받아들여 프랑스에 대해 이 사건에 대한 ICJ의 확정판결이 있을 때까지 핵실험을 금지할 것을 명하였다. ICJ의 이러한 판결과 관련하여 프랑스 정부는 1973년 이후 대기권상에서의 핵실험을 중단한다는 선언을 했으며, 이에 따라 ICJ는 소송대상이 소멸했다는 이유로 프랑스의 핵실험의 위법성 여부에 관한 본안판결을 하지 않고 소송을 종료하였다.

1995년 프랑스의 지하핵실험 재개 선언으로 촉발된 2번째 핵실험 사건에서 뉴질랜드는 핵실험이 국제법상 뉴질랜드와 다른 국가들의 권리를 침

---

127) Nuclear Tests Case(Australia and New Zealand v. France), 1974 ICJ Reports, pp. 253－258.

128) 지하핵실험을 포함한 포괄적 핵실험금지조약(Comprehensive Nuclear Test Ban Treaty; CTBT)은 1996년에 UN총회에 의해서 채택되었으나, 2019년 6월 현재 발효되지 않고 있다.

해하며, 국제기준에 따르는 환경영향평가를 실시하기 전에 핵실험을 하는 것은 위법행위라고 주장하였다. 뉴질랜드는 세대간 형평(inter – generation equity) 문제도 제기하였다. 또한 국경을 넘는 피해를 일으키지 않을 의무는 그동안의 국제관습법상 원칙으로 확립되었고, 다수의 국제조약이 방사능물질의 해양환경 투입을 허용하지 않음을 주장하였다. 그러나 ICJ는 1974년 판결이 "대기 중 핵실험"에만 국한되는 것이라는 이유로 사건 심리의 재개를 거부하였다. 이에 대해 Weeramantry 판사는 1974년 판결이 대기 중 핵실험에 의한 방사능 낙진뿐만 아니라 핵실험에 의해 야기되는 피해로부터 뉴질랜드를 보호하기 위한 것이라는 이유를 들어 재판부의 결정을 비판하였고, 이로써 핵실험과 관련된 환경문제의 논의는 다음 기회로 미루어졌다.

(4) 2001년 MOX 제조공장 사건

후쿠시마 원전사고는 "MOX 제조공장 사건"[129] 이후 20여 년의 시간이 흘렀음에도 불구하고, 해양오염규제를 위한 국제규범 확립에 어려움을 단적으로 보여주는 예라고 할 것이다.

원자력발전소를 가동하면서 발생한 폐핵연료를 재처리(reprocessing)하는 공장의 건설을 둘러싼 영국과 아일랜드 간의 분쟁을 다룬 MOX[130] 제조공장 사건[131]에서 아일랜드는 UNCLOS 제123조에 명시된 "폐쇄해 또는 반폐쇄해 연안국은 이 협약에 따른 권리행사와 의무이행에 있어서 서

---

129) Memorial of Ireland in the Dispute Concerning the MOX Plant, International Movements of Radioactive Materials, and the Protection of the Marine Environment of the Irish Sea (Ireland v. United Kingdom), para. 10. 15.

130) MOX(mixed oxide fuel: 혼합이산화연료)는 이산화플루토늄과 이산화우라늄을 함유한 폐핵연료를 재처리하여 생산되는 것으로, 고도의 농축기술과 군사적 기술을 보유한 일부 선진국이 생산을 독점하고 있다; 이석용, "국제해양법재판소의 MOX 제조공장 사건",「과학기술법연구」제11집 제2호, pp. 213 – 241; 김기순, "MOX Plant Case에 적용된 국제환경법 원칙의 분석",「안암법학」제26권, 2008, pp. 515 – 574.

131) 이 사건에서는 국제환경법의 일반원칙 중 협력의 의무를 특히 강조하면서 협력의 의무는 법적인 것이라고 하였다; 김기순, *Ibid.*, p. 517.

로 협력한다. 이러한 목적을 위하여 이들 국가는 직접적으로 또는 적절한
지역기구를 통하여 (a) 해양생물자원의 관리·보존·탐사 및 이용 조정,
(b) 해양환경보호 및 보전에 관한 권리의무 이행의 조정, (c) 과학조사정
책의 조정 및 적절한 경우 해역에서의 공동과학조사계획의 실시, (d) 이
조의 규정을 시행함에 있어서 적절한 경우 서로 협력하기 위한 다른 이해
관계국이나 국제기구의 초청과 같은 것을 위하여 노력한다."는 조항을 원
용하였다.132) 또한, 아일랜드는 UNCLOS 제206조의 "각국은 자국의 관
할권이나 통제하에 계획된 활동이 해양환경에 실질적인 오염이나 중대하
고 해로운 변화를 가져올 것이라고 믿을 만한 합리적인 근거가 있는 경우,
해양환경에 대한 이러한 활동의 잠재적 영향을 실행 가능한 한 평가하고
제205조가 규정한 방식에 따라 이러한 평가의 결과에 관한 보고서를 송부
한다."는 조항을 원용한바 있다.133) 해양법재판소(International Tribunal
for the Law of the Sea; 이하 'ITLOS'라고 약칭)는 MOX 제조공장 가동이 해
양환경에 미치는 영향에 대한 평가와 관련하여 양국 정부 간에 거의 아무
런 협력이 이루어지지 않았던 점에 주목하였다. 재판관들은 협력의 의무
를 UNCLOS 제12부와 일반국제법에 따른 해양오염방지에 근본적인 원칙
으로 보았으며, 그 결과 재판소가 취할 수 있는 가장 효율적인 조치는 당
사국간의 협력을 요구하는 것이라고 보았다.

(5) 2010년 펄프 공장 사건

2010년 펄프(Pulp) 공장 사건134)에서 ICJ는 아르헨티나가 우루과이강
위원회에 펄프 공장 설립 계획을 직접 통보하지 않고 관련 회사를 통해

---

132) 아일랜드는 영국이 혼합산화물을 제조하는 공장에 대한 환경영향평가가 이행되
    지 않았고, 관련 정보를 공유하지 않은 점에 대해서 국제해양법재판소에 임시조
    치를 요청하였으며, 국제해양법재판소는 국가 간의 협력 의무는 해양환경오염의
    방지를 위해 근본 원칙이라는 점을 상기시키며 양국이 협력하고 협의하도록 임
    시조치를 승인하였다.
133) A. Kiss and D. Shelton, *Guide to International Environmental Law*,
    Martinus Nijhoff Publishers, 2007, pp. 12-13.
134) 정진석, "펄프공장사건(아르헨티나 대 우루과이) 판결의 국제환경법적 함의",
    「서울국제법연구」 제18권 제2호, 2011, p. 262.

또는 비정부소식통으로부터 간접적으로 전달한 것이 사전통보의무의 이행에 해당하지 않는다고 판단하였다.[135] 중국이나 우리나라가 언론 등을 통해 간접적으로 일본의 국제법 위반 행위에 관한 정보를 파악한 것은 사전통보로 볼 수 없다. 재판부는 "동 쟁점을 확인하기 위해 재판부는 환경영향평가의 관행이 수많은 국가들 사이에서 수용되어 왔으며 이는 공유자원과 같이 초국경적 중대한 부정적인 영향을 미칠 수 있는 산업활동을 준비하는 과정에서는 환경영향평가를 수행하는 것이 일반국제법상 요구된다."라고 하여 초국경환경피해가 예상되는 경우의 환경영향평가의무를 국제법상의 원칙으로 채택하였다.[136]

4. 위법성 조각사유

작위 또는 부작위에 의한 국제의무 위반행위가 있고, 국제위법행위가 국가에 귀속되더라도 일정한 경우에는 국가책임이 배제된다. 국가책임법은 구체적인 위법성 조각사유로 동의, 자위(self-defense), 국제위법행위에 대한 대항조치(countermeasures), 불가항력(force majeure), 조난(distress), 긴급피난(necessity)을 제시하고 있다.[137]

이 중에서 동의, 자위, 대항조치는 방사능오염수 배출에 대해 적용되기 어렵지만 불가항력, 조난, 긴급피난은 적용될 수 있는 가능성이 있다.[138] 국가행위가 국가의 통제범위를 벗어난 불가항력으로 인하여 의무이행이 불가능한 상황에 처하게 된 경우 국가행위의 위법성이 조각된다. 다만 불가항력의 상황이 이를 원용하는 국가의 행위에 기인하거나 국가가

---

135) 이세련, "국제법상 국가의 환경보호 의무에 대한 고찰 —ICJ의 Pulp Mill 사건을 중심으로—",「원광법학」제26권 제2호, 2010, p. 278.
136) 소병천, "국제하천의 수질오염에 대한 국제법적 고찰",「국제법학회논총」제56권 제3호, 2011, pp. 54-55.
137) Draft articles on Responsibility of States for internationally wrongful acts Article 20-25.
138) 소병천, op. cit., p. 67.

위험발생에 책임이 있는 경우 위법성이 조각되지 않는다.139) 따라서 원자력발전소 사고가 사고발생국의 행위에 기인하여 초래되었거나 위험발생에 책임이 있는 경우에는 위법성이 조각되지 않는다고 보아야 할 것이다.

긴급피난은 행위가 중대하고 긴박한 위험(a grave and imminent peril)으로부터 국가의 근본적 이익을 보호할 수 있는 유일한 수단이고 다른 국가나 국제공동체 전체의 근본적 이익을 심각하게 손상하지 않는 경우, 국가가 원용할 수 있는 위법성 배제사유이다.140) 긴급피난은 불가항력과는 달리 의무 이행이 물리적으로 불가능하지는 않지만 중대하고 긴박한 위험으로부터 국가의 근본적 이익을 보호하기 위해 고의로 의무를 위반한 것이다. 국제의무가 긴급피난을 원용할 가능성을 배제하거나 국가가 긴급조치의 상황에 기여한 경우 국가는 긴급피난을 위법성 조각사유로 원용할 수 없다. 따라서 원자력발전소 사고 발생 시 국가가 긴급조치의 상황이 초래되도록 기여한 경우 위법성이 조각되지 않는다고 보아야 할 것이다.141)

불가항력적 천재지변에 기인하여 후쿠시마 원자력 발전소 사고가 발생했다고 할지라도 방사능 오염수 배출 행위에 대해서는 이를 허가한 일본 정부가 국가책임을 진다. 사기업인 도쿄전력의 방사능 오염수 유출행위도 이에 대한 일본 정부기관의 관리 및 감독 소홀로 인한 상당한 주의의무 위반이 적용하였다고 볼 수 있다. 개인의 국제법 위반행위가 초국경 환경피해를 야기시키는 결과를 초래했다면 이에 대한 국가책임이 당해 국가에 귀속되는 것이다. 국제협약법상 대세적 의무인 해양환경보호의무와 일련의 국제협약에서 명시하고 있는 해양투기금지 의무 및 사전통고의무, 원자력 안전기준을 위반한 행위도 국가책임의 성립요건이 될 수 있다.

---

139) Draft articles on responsibility of states for internationally wrongful acts, Article 23.
140) Draft articles on responsibility of states for internationally wrongful acts, Article 25.
141) 김기순, *op. cit.,* p. 68.

Ⅱ. 해양투기 분야 문제점과 개선방안

1. 방사능오염수 배출에 대한 국가책임법 적용 한계

국제재판의 당사자는 피해에 대한 오염원을 확인하고 이들 사이의 인과관계를 입증할 법적인 책임이 있다. 그런데 환경피해에 대한 국가책임과 관련해서 인과관계의 입증은 다음과 같은 이유로 쉬운 일이 아니다. 첫째, 오염원과 피해 발생지 사이는 상당한 거리가 있어 오염행위를 규명할 수 있다고 하더라도 피해와의 인과관계를 명쾌하게 확립하기 어렵다. 둘째, 오염물질의 해로운 영향은 오염행위 시점으로부터 오랜 기간 동안 나타나지 않는다. 예컨대, 1986년 체르노빌 원전 유출사고로 인한 방사능물질은 아직까지도 직·간접적으로 암 유발 등 인간의 건강과 환경에 영향을 미치고 있다.[142] 이러한 유형의 피해는 오염이 오랜 기간 계속적·누적적으로 진행되어야만 나타난다. 특히 방사능 오염수의 경우에는 위해의 지속성이 다른 어떤 유형의 오염보다 장기간에 걸쳐 이루어지며, 생물체 내의 축적과 이러한 생물을 인간이 섭취함으로써 세대에 걸쳐 유전적 변이를 야기할 수 있으므로 인과관계의 증명은 문제 해결을 어렵게 하는 본질적인 요인 중에 하나이다.[143] 체르노빌 원자력 발전소 사고와 관련해서 방사능 피해를 입은 국가들은 국가책임을 주장하지 않았다. 스칸디나비아반도에서부터 거의 유럽 전역에 방사능 피해가 확산되었고 장기적인 피해가능성이 예견되었지만 어떤 국가도 구소련에 배상요구를 하지 않은 것이다. 그 이유는 방사능 피해에 대한 손해배상청구의 기초가 불확실하고 그들 자신이 원전을 운영하는 국가의 입장에서 선례를 만드는 것을 원하지 않았으며, 구소련을 구속할 만한 적절한 협약이 존재하지 않은 것을 들 수 있다.

국제법상 일국의 의무위반행위는 국가책임을 구성하며, 그러한 위반으

---

142) R. Mould, *Evacuation zones and populations. Chernobyl Record. Bristol*, Institute of Physics. 2000, p. 105.
143) 권오성·김나현, *supra note 201.*, p. 662.

로 인해 발생한 손해에 대하여 배상의무를 부담하여야 한다. 국가기관 또는 국가를 대표하는 사람의 행위 또는 개인의 행위이지만 국가의 행위로 귀속되는 행위가 다른 국가의 환경에 피해를 끼치는 경우, 당해 국가는 피해당사국에 대한 책임 및 손해배상의무를 부담하여야 한다. 이러한 원칙은 국가자신은 물론이고 개인의 환경오염 행위에 대해서도 해당 국가가 책임을 질 수 있게 된다. 또한 오늘날에는 전통적인 불법행위책임에 더하여 국제법을 위반하지 않았음에도 단순히 위험한 활동에 기인하여 발생한 결과적 손해에 대하여 국제책임을 지우는 경향이 있는데, 이러한 책임을 흔히 '위험한 결과책임' 또는 '해로운 결과책임'이라고 한다. 이러한 책임 형태는 주로 유류오염, 방사능물질의 이용에서 발생하는 피해, 우주물체로 인한 피해와 관련한 환경분야 조약 등에서 수용되고 있다.[144)]

그러나 국가책임에 대한 부담감을 갖고 있는 국가들은 민사책임에 기초한 손해배상을 제도화하는 것에 선호하는 경향을 보여주고 있으며, 원자력발전소 사고 외에 핵선박의 운용, 핵물질의 해상운반, 유류오염사고 등 위험한 활동분야의 피해에 대해서도 이 제도를 채택하고 있다.[145)] 민사책임에 기초한 손해배상제도하에서는 사업자가 일차적인 책임을 부담하며, 국가는 부차적 책임만을 부담하게 된다.[146)]

---

144) *Ibid.*
145) 김기순, *supra note 18., p. 70.*
146) OECD후원 아래 설립되고 영국, 프랑스, 독일 등 서유럽 국가를 중심으로 구성된 국제협약체제로, 원전사업자의 제한된 책임과 보충적인 국가기금으로 구성된 손해배상제도로써, 1960년 Paris 협약제도가 있다. 이 협약은 원전사업자의 배타적이고 엄격한 책임 위에 기초하고 있다. 그러나 동 협약이 제공하는 손해배상액은 원전사고의 규모에 비해 너무 부족하였기 때문에 이를 보충하기 위해 1963년 Brussels보충협약이 채택되었다. 이 협약은 보충적인 공공기금제도를 설립하여 원전시설 사업자의 책임을 보완하는 역할을 하고 있다. 2004년 개정된 Paris협약은 사업자의 책임한도를 7억 유로(Euro)까지 대폭 인상하고 손해배상의 범위를 확대하였다. 또한 손해배상의 범위를 크게 확대하여 기존의 인명피해와 재산피해뿐만 아니라 경제적 손실, 환경복구비용, 수입손실, 방제조치비용까지 포함하고 있고, 동년 Brussels보충협약의 개정으로 두 협약에 의한 손해배상액은 총 15억 유로까지 증액되었다. Paris협약에 기초한 1963년 Vienna협약은 핵시설 사업자에게 과실 여부에 상관없이 절대책임을 인정하고 있다(협약 제4

2. 방사능오염수에 대한 사전예방적 접근

1) 필요성

원자력발전소 사고에 의한 방사능오염수의 해양투기는 육상의 활동으로부터 발생한 육상기인 해양오염으로서, UNCLOS에서는 "육상기인 해양오염의 방지와 감소 및 억제를 위한 기준은 각국의 법령에 의하되 국제적인 규칙과 기준을 고려해야 한다."고 규정하고 있다. 결국 UNCLOS은 해양환경에 관한 기본적인 국제해양법체계를 구축하고 있음에도 불구하고 협약의 실효성을 각국의 보호에 일임함으로써 그 구속력의 한계를 노출하고 있는 바, 이 협약을 통해 해양의 방사능 오염수에 대한 책임을 귀속지우는 데에는 한계가 있다.[147] 또한, 국제법의 흠결 시 국내법을 적용하는 문제에 대해서는 아직까지 합의가 이루어지지 않았다. 국내의 환경소송에 있어서 오염피해에 대한 입증책임의 완화에 관한 이론은 다양하게 전개되고 있다. 대표적인 것이 개연성 이론인데, 이는 국제환경분쟁에 적용해 국제책임을 전가시킬 수 있는지에 대해서는 명확한 단정을 내리기가 어려운 것이 사실이다. 해양투기 규제에 관한 국제법에서는 해양오염의 발생원마다 다른 규제가 이루어지고 있지만, 운송수단에 의한 해양투기의 규제에 대비하여 육상에서의 직접적인 해양투기에 대해서는 구체적인 국제법 규

조). 하지만 한정된 액수만으로 원자력 사고로 인한 대규모 인적·물적 손해를 감당할 수 있을지는 의문이다. 실제 1986년 체르노빌 원전사고로 인한 피해액수는 인접지역뿐만 아니라 동유럽과 서유럽에 걸쳐 수십억 달러에 달하였다고 전해지고 있다. Vienna협약은 1997년 Vienna협약 개정서와 핵피해 보충배상협약을 통해 획기적으로 손해배상체제를 개편하였는데, 특히 손해배상청구권 행사기간을 연장하여 인명피해의 경우 원전사고 발생으로부터 30년 이내까지 손해배상을 청구할 수 있도록 하였다. 1997년 국제보충배상협약은 Paris협약과 Vieena협약의 체약국은 누구나 동 협약에 가입할 수 있고, 그 외에도 이들 협약의 가입여부를 불문하고 1994년 원자력안전협약에 정의된 원자력 시설을 자국 영토 내에 갖는 국가로서 동 협약의 부속서와 부합하는 국내법을 갖추고 있는 국가라면 가입할 수 있도록 하였다. 한국과 일본은 Paris협약과 Vienna협약 및 원자력안전협약의 당사국이 아니다; 김기순, *Ibid.*, pp. 71-73.

147) 최봉석·구지선, *supra note 474.*, p. 235.

제가 미비한 상태이다. 현재의 체제를 유지하면서 해양투기에 대한 국제
법적 규제의 실효성을 추구하는 방안으로는 기존의 국가책임이 사후적 구
제에 중점을 두고 있었다면 이를 사전적 예방 조치가 선행되어야 한다는
사고의 전환이 필요하다.

2) 환경영향평가과 위험한 결과책임

EU국가들은 정유시설, 발전소 등 초국경 환경영향을 유발할 가능성이
있는 사업을 허가하기 전에 행하는 환경영향평가단계에서 당해 사업으로
영향을 받을 가능성이 있는 국가들에 통보하고 협의하도록 강제하는 사전
예방원칙을 반영한 1991년 "초국경적 차원의 환경영향평가에 관한 협
약"(Convention on Environmental Impact Assesment in a Transboundary
Context; 이하 '에스포협약'으로 약칭)을 체결하였다.[148] 유엔 회원국도 동 협
약에 가입할 수 있도로 한 개정은 2001년에 이루어졌으며 2014년에 발효
되었다. 2021년 현재 당사국 수는 45개국이다. 에스포협약은 환경위험의
경우 국제적 절차의무를 규정한 다자조약으로 당사국에게 대중의 참여나
환경영향평가(Environmental Impact Assesment; EIA) 문서를 준비할 수 있
도록 하는 환경영향평가절차를 확립하였다. 동 협약은 제1조 제5항 및 제
2조 제3항-제6항, 제3조 제1항 및 제8항에서 당사국에게 자국 관할권
내의 일정 행위에 대하여 그 행위가 초래할 초국경적 환경영향을 평가하
도록 하고, 그 영향에 대하여 영향을 받을 국가들에게 통지 및 협의할 의
무를 부과하고 있다.[149] 이러한 환경영향평가의무는 1974년 핵실험사건
과 2010년 펄프공장 사건에서 주지한 바, 국가 관행에 의해 지지되고 있
다.[150]

ILC 초안 제7조[151]는 동 초안 적용 범위 내에 있는 활동의 허가에 관

---

148) 홍기훈, "해양환경보호", 「해양의 국제법과 정치」, 해로연구총서1, 2011, p. 204.
149) Ibid., p, 482.
150) 성재호, "국제환경법의 기본구조", 「국제환경보호와 국제법 질서」, 아시아사회과
    학연구원, 1997, p. 26.
151) Any decision in respect of the authorization of an activity within the

한 결정이 환경영향평가 등을 기초로 이루어져야 한다고 규정하고 있다. 에스포협약이 초국경적 환경영향평가의 대상이 되는 활동을 원유, 정제, 고속화도록 건설 등으로 제한하고 있는 것 점에 비추어 보면, ILC초안은 '국제법에 의해 금지되지 않는 활동'을 동 초안의 적용범위로 하고 있으므로 사실상 환경영향평가의 대상이 되는 활동의 범위는 상당히 확대될 수밖에 없다. 환언하면, 에스포협약상 환경영향평가는 유의미한 초국경적 손해를 야기할 모든 활동에 대하여 요구하는 것은 아니다.152) 그러나 ILC 초안은 환경영향평가에 관한 부속서 채택을 논의되었으나153) 이를 특정하면 단점이 있을 수 있다는 점을 고려하면 현재의 ILC 초안 규정으로 환경영향평가 의무 불이행으로 인한 책임으로 국가책임이 인정되는 것이 가능하다.

3) 2016년 남중국해 분쟁 사건

2016년 7월 12일 남중국해 분쟁에 대한 UNCLOS 제7부속서 중재재판소의 중재결정은 중국의 '구단선'(nine-dash line) 주장 및 남사군도 (Spratly Islands) 내에 EEZ를 가질 수 있는 섬이 존재하는지 여부 등을 다룬 사건이다. 나아가 환경영향평가를 수행할 의무와 같은 국제환경법 관련 논의가 포함되어 있다.154) 중재재판소는 UNCLOS 제206조를 해석할

---

scope of the present articles shall, in particular, be based on an assessment of the possible transboundary harm caused by that activity, including any environmental impact assessment.

152) John H. Knox, *The Myth and Reality of Transboundary Environmental Impact Assessment,* The American Journal of International Law, Vol. 96, 2002, p. 291.

153) Commentary, Article 1. Scope, Draft Articles on Prevention of Transboundary Harm from Hazardous Activities with Commentaries, *Report of the International Law Commission on the Work of Its Fifty-third Session*, p. 140.

154) Award of Arbitral Tribunal in the Matter of the South China Sea Arbtration between the Republic of the Philippines and the People's Republic of China, Merits(The Hague), 2016, para. 940.

때, 환경영향평가를 수행할 의무는 '직접적'(direct) 의무임을 강조했다.

또한 UNCLOS 제194조 제2항에 규정된 초국경 환경피해 금지 의무의 구체적 적용이라고 언급하면서 국가에 재량의 여지가 없는 '절대적'(absolute) 의무라고 강조하였다.[155] 중요한 점은 중국의 국내법인 "환경영향평가법"(Environmental Impact Assessment Law)하에서 수행된 보고서를 찾을 수 없으며, 분명한 사실은 중국이 환경영향평가를 수행했는지 여부가 불분명한 상황에서 이에 관한 보고서를 송부할 의무도 이행하지 않았다는 점이다. 즉, 중국이 환경영향평가를 수행했는지 여부가 불분명한 상황에서 UNCLOS 제206조 위반은 명백히 선언되었다. 환경영향평가 의무는 국가법상 환경오염에 대한 규제 분야에서 사전적 예방 조치의 수단으로 다루어지고 있다.

4) 사전고지의무

국제협력은 오염 사고나 긴급한 상황에서 필요한 것으로, 국가 관행이나 판례는 위험에 처한 국가에 대하여 적절한 시기에 고지할 것을 요청하고 있다. 이는 사전예방원칙과 연계된다. 코르푸해협 사건은 해양환경오염 분야에서 시작된 것은 아니지만, 사전고지 의무를 사법적으로 적용한 선구적인 예에 해당한다. 즉, 타국의 환경이나 일국 관할권의 한계를 초월하는 환경이 심각하게 영향 받을 것이라는 합리적인 인식이 있는 경우, 이에 대한 고지의무는 명백히 확립된 것으로 볼 수 있다.[156] 고지시기에 따라, 타국에 해양환경오염피해의 정도가 달라질 수 있다. 리우선언 원칙 19에서는 '사전의 적절한 시기'라고 밝히고 있지만, 다소 추상적인 개념으로 해양오염사고 발생을 '국내적으로 인지하는 즉시' 주변국 내지 국제사회에 고지해야 할 의무가 생긴다고 할 수 있다. UNCLOS 제206조는 위험이나 실질적인 해양오염의 결과 또는 해양환경의 중대한 유해결과에 관하여 감시, 보고, 사전평가의 의무를 명시하고 있다.

---

155) *Ibid.*, para. 948.
156) 성재호·서원상, *supra note 396.*, p. 481.

5) 협의 의무

협의 의무는 오염국과 피해국 간 환경보호의 개선의 위한 협력과정을 의미한다.157) 바젤협약(Basel Convention on the Control of Transboundary Movements of Hazardous Wastes and Their Disposal)이 유해폐기물로 인한 책임과 보상에 관한 규칙과 절차를 정하기 위하여 협의할 것을 요구하고 있는 것도 그러한 의미에서 받아들일 수 있다.158) '협의'는 선택의 가능성과 안전조치의 적절성을 포함한 관련요소들이 모두 고려되어야 할 것이며,159) 오염으로 인한 피해가 피할 수 없고 보상될 수도 없는 경우에는 원인국 행위주체에게 피해가 가장 적은 선택을 제시하여야만 그 행동을 계속할 수 있다.160)

3. 절대책임 및 무과실책임주의

방사능오염수 배출로 인한 손해배상의 현실적 가능성과 관련해서 고의·과실이 없는 경우에도 엄격한 국제책임을 인정해야 하는 절대책임 및 무과실책임 인정해야 하는지의 문제가 제기된다. 손해를 발생하게 한 당사국에게 고의나 과실이 없어서 위법행위에 대해 책임을 면제받을 수 있는 사유를 인정하지 않고, 발생된 손해에 대해 절대적인 책임을 부담하도록 하는 것이 바람직하다. 절대책임에 의하면 인과관계에 대한 입증책임이 한 피해국에게 귀속되지 않는데, 손해배상을 위한 적절한 방법이라고 평가된다. 원자력 발전소 운영과 같은 고도로 위험한 국가행위는 기존의 국제법에서 추구했던 고의·과실과 적정한 주의위반으로는 사전예방주의

---

157) Alexandre C. Kiss and Dinah Shelton, *International Environmental Law*, Transnational Publishers, 1991, p. 141.

158) 성재호·서원상, *Ibid.,* p. 483.

159) 성재호, *supra note 534,,* p. 34.

160) Article 20 of ILC Draft Article on International Liability, Ⅱ *Yearbook of ILC(*1983); 성재호·서원상, *supra note 396.,* pp. 483 – 484.

를 답보할 수 없기 때문이다.

방사능오염수 배출로 인한 해양의 피해는 핵폐기물의 해저처분으로 인한 해양오염과 유사한 맥락에서 상호 의존적이다.[161] 이에 대한 국가책임에 관한 손해배상제도의 실효성 확보를 위하여 잠재적 오염자로 평가되는 원자력 발전소 운영 국가들에게 손해배상을 위한 기금조성이나 오염원에 대한 공동대응방안 연구를 통해 국제기구 설립 협약의 채택을 장려해야 한 것이다. 고의 또는 과실이 국가책임의 성립요건인가 하는 문제에 대해서는 두 가지 입장이 대립되어 왔다. 네덜란드의 국제법학자 Hugo Grotius를 위시하는 전통 국제법 이론에서는 국가의 국제책임이 성립하려면 고의·과실이 필요하다는 과실책임론이 주장되어 왔으며, ICJ도 코르푸 해협 사건에서 이러한 입장을 취하고 있다. 그러나 20세기 초 이탈리아의 국제법학자 Dionisio Anzilotti가 전통적 이론 대신 이른바 무과실책임론을 제시하면서 과실책임론과 사이에 오랜 논쟁이 시작되었다.[162] Dionisio Anzilotti는 국가책임의 성립을 위해 국가의 과실이라는 주관적 요소는 배제되어야 하며 국가의 국제의무 위반이라는 객관적 요소만이 필요하다고 본다. 국가책임은 국가기관의 고의 또는 과실이라는 주관적 요소와 상관없이 성립한다는 것이다. 이에 대해 이탈리아의 법학자 Robert Ago는 객관적 책임론을 비판하고 과실책임론을 옹호하는 입장을 취함으로써 고의·과실을 둘러싼 논쟁이 가열되었다.[163]

방사능오염수 배출과 관련해서 볼 때 국가나 국가기관이 고의나 악의에 의해 방사능 오염을 발생시킬 개연성은 거의 없다고 보아야 한다. 그

161) OECD, *Radioactive Waste in Perspective*, Nuclear Energy Agency Oraganisation for Economic Co-opceration and Development, 2010, pp. 19-21.

162) Pierre-Marie Dupuy, *Dionisio Anzilotti and the Law of International Responsibility of States*, European Journal of International Law 3, 1992, pp. 142-144.

163) Robert Y. Jennings, *The Judicial Function and the Rule of Law in International Relations, in 3 International Law at the Time of Its Codification,* Essays in Honour of Roberto Ago, 1987, p. 139.

러나 문제가 되는 것은 국제법상 핵활동을 규제하는 객관적 기준을 위반함으로써 과실에 이르게 된 경우이다. 국가는 방사능피해의 방지를 위한 상당한 주의(due diligence)를 하고, 필요하고 실질적인 조치를 취할 의무가 있다. 그러나 국가가 국제법이 요구하는 적절한 주의기준에 따라 핵활동을 규제하지 못하거나 협력의무를 다하지 못함으로써 국경을 넘는 방사능 피해나 피해의 위험이 발생한 경우 과연 국가책임이 성립하는가 하는 문제가 제기된다. 이 경우 과실책임론하에서는 상당한 주의의무 위반에 의해 국제책임이 성립한다고 본다. 다시 말해서 상당한 주의의무 위반에 따른 과실책임(fault liability)이 성립한다는 것으로, 이때 입증책임은 피해국가가 부담하게 된다. 만일 국가가 적절한 핵안전성 기준의 적용·감독을 소홀히 한 경우에만 핵사고 발생국에 책임이 발생한다고 본다면, 체르노빌 사고의 경우 구소련은 적절한 국내법에 따라 체르노빌 원전을 건설하였으므로 적절한 주의의무 위반이 성립하지 않게 된다.

이에 대해 무과실책임론에서는 적절한 주의의무 위반을 국가책임의 성립요건으로 보지 않는다. 무과실책임론은 국제의무 위반과 국가 귀속성만을 국제책임의 성립요건으로 보기 때문에, 과실의 존재와 상관없이 국가기관의 행위와 결과 사이에 인과관계가 있으면 국가의 국제책임이 성립한다고 본다. 이에 따르면 과실의 존재 여부는 위법성 판단의 기준이 될 뿐이며, 국가기관의 행위가 국제법상 위법행위인 경우 권한 내에서의 행위가 아니라도 국가책임을 지도록 되어 있다.[164]

후쿠시마 원전사고와 같이 고도로 위험한 활동 분야의 경우 다른 국가나 국제공역에 환경피해를 미칠 가능성이 매우 높기 때문에 보다 엄격한 책임을 인정해야 한다. 무과실책임을 인정하는 경우 기업의 사적 비용이 증가한다는 측면이 있지만, 국경을 넘는 환경피해가 발생하지 않도록 미리 예방하고 국가의무의 효율적인 준수를 꾀하도록 유도한다는 점에서 과실책임보다 바람직한 것으로 판단된다.[165] 특히 국경을 넘는 방사능오염

---

164) Ian Brownlie, *op. cit.,* p. 437.
165) 김기순, *supra note 18.*

은 그 피해가 장기적이고 광범위하며 다른 나라의 국민과 재산에 막대한 영향을 미친다는 점에서 고의·과실이 없는 경우에도 국가책임을 인정해야 할 것이다.

4. 해양투기 규제를 위한 대세적 의무

원자력발전소 사고 후 구제방식에 대한 국가책임차원에서와 개별 피해자 손해배상의 법적 근거가 부족하거나 부재하는 상황 하에 1970년 "바르셀로나 전력회사 사건"(Barcelona Traction Case)[166]에서 ICJ의 판결을 통해 인정받은 대세적 의무(erga omnes)의 개념을 원용하여 피해국가와 개인의 권리를 주장할 수 있다.[167] ICJ는 여러 차례 판결을 통해 대세적 의무는 "그러한 권리를 보호하기 위해 모든 국가가 법적 이익을 가지며",[168] "이러한 의무 위반은 국제공동체 모든 구성원 권리를 침해"[169]한다고 판시하였다. 영국 글라스고 대학교(University of Glasgow) 국제법교수 Christian J. Tams가 지은 국제법에서의 대세적 의무이행(Enforcing Obligations *Erga Omnes* in International Law)에서는 대세적 의무에 부여한 보호권을 행사할 때 ICJ는 포용적인 접근방식으로 이런 보호권은 일반 국제법에서 유래할 수도 있지만 동시에 "세계적인 혹은 준 세계적인 국제문헌"(international instruments of a universal or quasi−universal character) 조약에서도 유래할 수 있으며 법원의 후속 판례를 국제조약의 보호를 받고 있다고 하였다.[170] 대세적 의무가 그 이행에 있어서 특정한 형태에 구속

---

166) 1970 ICJ Report, p. 60.
167) Ian Sinclair, *The Convention on the Law of the Treaties, 2nd ed.*, Manchester University Press, 1984, p. 203.
168) *Barcelona Traction, Light and Power Company, Limited, Judgment, ICJ Reports 1970*, p. 33, para. 33.
169) *Prosecutor v. Furundzija, (IT−95−17/1), Judgment, Trial Chamber II*, 10 Dec. 1998, para. 151.
170) Christian J. Tams, *Enforcing Obligations Erga Omnes in International Law*, Cambridge Univ. press, 2005, p. 122.

받지 않고 침해의 정도에도 의존하지 않는다. 재판소는 권리의 침해 정도의 가능성보다는 자기 결정권의 중요성을 고려하여 특정 사안에 있어서 권리의 침해로 인하여 특정한 심각한 결과가 야기될 것을 요구하지는 않는다고 판시하였다.171) 또한, 대세적 의무가 얼마나 중요한지 여부에 대해서는 많은 접근방식이 있지만 통상적으로 강행규범에서 대세적 의무가 발생하는 것으로 이해되고 있다. 국가책임법 제3장에서도 대세적 의무 위반에 따른 법적결과 및 이러한 위반으로 영향을 받는 국가의 지위에 관한 포괄적 규정을 시도한바가 있는데 국가책임법에 관하여 국제법위원회와 정부들은 강행규범에 의하여 수립되는 모든 의무는 동시에 대세적 의무의 성격을 갖는 것이라는 점에 대해 지지 하였다.172)

이런 대세적 의무를 위반하였을 때 국가들은 대세적 의무의 위반에 대한 대응으로 ICJ절차나 대항조치(countermeasure)에 호소할 자격을 갖는다.173) 국가책임법 제54조174)에 따르면 개별적 피해가 없이도 국가는 대세적 의무의 체계적 또는 대규모 위반에 대하여 대항조치를 취할 권리가 있고 이에 대해 대부분 국가가 찬성하고 있다.

현재 각국에서 체결되고 있는 조약을 살펴보아 개정하지 않는 한 국가책임 또는 손해배상청구로 원자력 관련 사고로 당사국 혹은 원자력 운영자를 문책하기 어렵다. 하지만 대세적인 의무 위반의 관점으로 보았을 때 일본을 ICJ로 제소하거나 대항조치를 취할 수 있는 법적근거는 충분하다고 본다. 대세적 의무가 보호하고 있는 권리는 국제법에서도 유래할 수 있는데 해양을 보호하고 합리적이게 이용하는 것은 UNCLOS에 명문으로 규정된 내용이며 이러한 보호는 전 인류를 위한 것이자 지속가능한 발전에도 부합된다.

---

171) Barcelona Traction Case, ICJ Rep.(1979) at 47, para. 91.
172) Sir Arthur Watts, *The International Law Commission 1949−1998*, Vol. II(Treaties), Oxford University Press, 1999, pp. 741−742.
173) *Ibid.,* p. 249.
174) Draft articles on Responsibility of States of Internationally Wrongful Acts 2001, Article 54 Measures taken by States other than an injured State.

제5장

결 론

국제법상 해양투기의 규제는 해양환경 오염원을 통제함으로써 해양환경보호에 기여하고 있다. 해양환경보호는 관할권 규칙과 국제환경법의 목적, 원칙, 접근방식이 병존하여 '국제해양환경법'을 형성하는 국제법 분야이다.[1] 해양오염에 대한 우려는 시간이 지남에 따라 증가하고 있으며, 국제법 분야가 주목하는 발전 중 하나에 해당한다.[2] 이러한 인식으로 각국은 해양환경보호에 대한 중요한 위협을 해결하기 위한 법적 규제의 확산으로 이어졌다. 그러나 해양에서의 국가는 보호조치를 취하는 데 있어서 육지에서보다 자유롭지 못하다. 따라서 국제규범의 존중이 필요한데, 이러한 국제규범은 연안국의 해양기반활동에 일정한 제한을 가하고 있다.[3] 해양환경보호를 위한 국제규범은 상호의존적이며, 이를 실현하기 위한 가장 포괄적인 환경조약인 UNCLOS는 비당사국을 포함한 대부분의 국제사

---

1) V. Frank, *The European Community and Marine Environmental Protection in the International Law of the Sea*, Martinus Nijhoff Publishers, 2007, p. 11.
2) HS Schiffman, *International Law and the Protection of the Marine Environment*, Oxford: EOLSS Publishers Co. Ltd., 2009, p. 213.
3) J. Roberts, *Marine Environment Protection and Biodiversity Conservation – The Application and Future Development of the IMO's Particularly Sensitive Sea Area Concept,* Springer, 2007, p. 17.

회 구성원에게 구속력을 갖는 것으로 간주된다.[4] UNCLOS는 해양투기를 규제하기 위한 포괄적인 규제제도를 확립하고 있으며, 이와 관련하여 각 국가의 일반적인 권리, 의무와 각국가가 행사하는 법령제정권 및 집행권을 규정하고 있다. 이에 대해 런던협약은 해양투기에 관한 국제협약으로 폐기물 기타 물질의 해양투기를 규제하고 있으나, 연안국 관할권에 대해서는 구체적으로 규정하지 않고 있다. 런던의정서는 각국가가 부담해야 할 일반적 의무로서 폐기물 기타 물질의 투기로부터 해양환경을 보호하기 위해 사전예방적 접근방법을 취할 것을 요구하고 있으며, 오염자부담원칙에 따라 오염자가 오염 방지 및 통제를 위해 필요한 비용을 부담하도록 하고 있다. 런던의정서는 런던협약을 포괄적이고 실질적으로 대체하는 새로운 의정서로 채택되었으나 연안국 관할권에 대해서는 런던협약과 마찬가지로 소극적인 입장을 취하고 있다. 현재의 기국주의 관할권을 대표되는 선박에 대한 관할권은 공해(high seas)상에서 발생하는 해양투기 위반 행위를 기국이 엄격하게 감시하는 것을 기대하기가 어렵고, 관할 해역 경비정과 모니터링 기반 시설이 부족한 연안국이 자국의 영해 및 EEZ를 통항하는 외국적 선박의 활동을 지속적으로 감시하는 것이 곤란하므로 한계로 지적된다. 따라서 기국의 의무이행 강화와 이를 게을리했을 때 연안국 또는 항만국이 외국적 선박에 대해서 적절한 조치를 취할 수 있는 예방적 관할권을 보장하는 해양투기 규제에 대한 관할권 원칙이 발전되어야 할 것이다.

해양투기에 대한 국제규범인 런던의정서는 모든 폐기물 및 기타물질의 해양투기의 규제라는 목적에도 불구하고, 런던의정서 그 자체로 '모든' 해양투기를 규제하는 데 한계가 상존한다. 우선 해양투기의 개념에서 운송수단 등에 의한 해양투기만을 규제하고 있으므로 선박 자체에서의 폐기

---

4) Suzanne Lalonde, *Protection of the Marine Environment: The International Legal Context, A Symposium on Environment in the Courtroom: Protection of the Marine Environment*, Canadian Institute of Resources Law, 2016, pp. 4–5.

물 및 기타물질과 주요 해양오염원인 육상기인 폐기물 등 오염물질이 관로(pipeline)를 통하여 연안해역에서 직접 투기되는 경우에는 적용할 수 없는 한계가 따른다. 즉, 런던의정서만으로는 해양투기를 충분히 규제하지 못하고 있다. 나아가 해양투기에 대한 런던협약 및 런던의정서 제38차 당사국회의에서는 런던협약 및 런던의정서의 이행을 촉진시키기 위한 전략계획(Strategic Plan)이 채택되었다. 이에 따르면 2030년까지 런던협약 당사국들의 런던의정서 전환과 당사국 수의 증가를 주요 목표로 하고 있다. 그러나 이러한 목적의 실현을 위해서는 런던의정서에 내재된 한계로 지적되는 국가 간 기술지원 및 방법에 관한 문제를 조문에 명시하여야 할 것이다.

런던의정서는 해양지구공학(Marine Geoengineering)으로 규제 범위를 확대시켜 나가고 있다. 해양에서의 지구공학활동은 현재의 환경영향평가로는 불확실성을 완벽하게 제거할 수 없지만, 점진적으로 해양오염원을 규제하는 데 있어서 가장 진보적인 체계로 평가될 수 있다. CCS의 "환경영향평가"는 국내법 이행의 대상이 될 수 있으며, 이러한 국내법 준수는 국가책임법상 일국의 상당한 주의의무의 이행을 위한 수단이라고 할 수 있다. 한편, 런던의정서 위반 시 제기되는 문제로 국가책임에 관하여는 구체적인 규정을 두고 있지 않다. 당사국회의에서도 국가책임 제도의 검토 외에는 해양투기로 인한 해양오염에 대한 국가책임에 관하여는 별다른 진전을 보지 못하고 있다. 런던의정서 제15조는 다른 국가의 환경 또는 환경의 다른 모든 부문에 미치는 손해에 대한 국가책임에 관한 국제법의 원칙에 따라, 체약당사국은 폐기물이나 그 밖의 물질의 투기 또는 해상소각으로 인한 위험 책임에 관한 절차를 개발한다고 규정하고 있으나, 2007년에 개최된 제29차 런던협약 및 제2차 런던의정서 합동 당사국회의에서는 동조 하의 책임 절차 개발은 착수하지 않기로 합의하였다. 즉, 2006년 당사국회의에서 동조에 의거하여 해양투기 및 소각에서 야기되는 책임 관련 절차의 개발이 검토되어야 하며 CCS와 관련한 국가책임 문제도 더욱 광범위한 맥락에서 연구해야 한다는 권고 내용을 수락했었다는 점이 상기된 바 있으나,5) 일부 대표단은 동조에 언급한 책임제도 개발 시도의 실패를 인지하면서도 이 단계에서 런던의정서 제15조하에 그러한 일반적인 제도를 개발하기 시작하는 데 대해 주저하는 태도를 보인 것이다. 그 이유는 많은 법적, 정치적 및 행정적 의미가 결부된 이해관계의 충돌로 인해 오랜 시간 동안 협의가 필요하며, 다수의 런던의정서 당사국들이 국내법이 영해 내에서 일반적으로 일어나는 대부분의 투기와 관련된 책임 문제를 이미 포괄하고 있기 때문이었다. 결국 당사국들이 자발적으로 환경 관련 의무 및 배상에 해당되는 국가규정을 사무국에 보고하도록 요청함으로써 이러한 문제가 제15조 규정에 따라 본격적으로 문제시되었을 때, 논의하기로 하였다. 런던의정서 사무국은 이러한 관점에서 새로운 국제적 진전 상황을 계속 알 수 있도록 당사국의 계속적인 보고를 요청하였다.

특히 문제가 되는 것은 2011년 후쿠시마 원자력 발전소 사고와 같은 경우이다. 동 사고로 인하여 일본 정부는 방사능오염수를 해양에 배출시켰는데, 자연재해로 인해 불가피하게 저농도 방사능 오염수를 배출할 수밖에 없었다고 주장하여 국가책임을 부정하고 있지만, 고의적으로 해양에 방사능 오염수를 배출한 행위는 국제위법행위를 구성한다. 하지만 후쿠시마 원자력 발전소로부터 배출되는 방사능오염수에 대하여 국가책임법을 적용하는 데 있어서는 그로 인한 해양오염 피해가 장기적·누적적인 특성에 해당하므로 인과관계를 명확히 확립하는 데 어려움이 따른다. 해양생물 내 방사능오염수 축적과 이러한 생물을 인간이 섭취함으로써 세대에 걸쳐 유전적 변이를 야기할 수 있으므로 인과관계의 증명은 문제해결을 어렵게 하는 본질적인 요인에 해당한다. 이와 관련하여, ILC는 "위험한 결과책임"을 발전시켰으나, 국가책임에 대한 부담감을 갖고 있는 국가들은 민사책임에 기초한 손해배상을 제도화하는 것에 선호하는 경향이 있다. 그러나 방사능오염수의 해양투기로 인한 해양오염의 근본적인 규제를 위

---

5) IMO, Twenty-ninth Consultative Meeting of Contraction Parties to the London Convention & Second Meeting of Contracting Parties to the London Protocol 5-9 November 2007, 9. 1.

해서는 절대책임 및 무과실책임으로의 입증책임 전환과 사전예방적 조치의 도입이 필수적이다. 이에 대한 국가책임에 관한 손해배상제도의 실효성 확보를 위하여 잠재적 오염자로 평가되는 원자력 발전소 운영 국가들에게 손해배상을 위한 기금조성이나 오염원에 대한 공동대응방안 연구를 통해 국제기구 설립 협약의 채택을 장려해야 할 것이다. 폐기물에 대한 효과적인 해양투기 규제가 이루어지지 않는다면 결국 인류에 심각한 피해를 야기시키게 된다. 다수의 국제협약에서도 해양환경보호의 필요성에 대하여 밝히고 있는 바 해양투기 규제 의무는 국제사회에서 이른바 '대세적 의무'에 해당한다. 대세적 의무가 보호하고 있는 권리는 UNCLOS를 비롯한 해양 관련 국제협약에서 명문으로 규정된 내용이며 이러한 보호는 전 인류를 위한 것이자 지속가능한 발전에도 부합한다.

제2편

EU와 개발도상국의
폐기물법

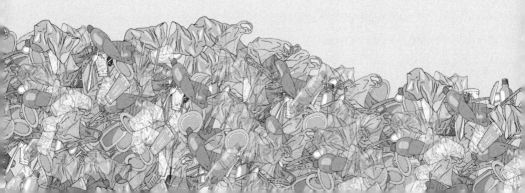

제1장

서 론

폐기물관리 전략은 공공 녹색정책으로서 국방, 안보, 에너지, 보건, 교육, 복지, 범죄, 도시와 농촌의 유기적 체계를 유지하여야 할 정부의 의무와 관련되며 이러한 연구는 사회문제를 해결하기 위한 조치로 실현된다. 다수의 국제규범에서는 당해 국가가 폐기물을 규제하여야 하는 의무사항을 상정하고 있지만 구체적이지 않으며 영토고권 문제로 인하여 제한적으로 접근하고 있다. 결국 현실적으로 폐기물관리는 자국의 국내법에 의존하여 정부 및 관련 부처의 합리적인 정책의 수립과 이행이 필요하다.폐기물은 사용 후 다시 쓸 수 있는 물건과 그렇지 아니한 쓰레기를 포함한다.[1] 쓰레기 중에서도 점유자의 주관적 관점이나 공익적 측면에서의 활용가능성을 고려하여 다시 쓸 수 있는데, 점유자의 자의적인 판단으로 환경에 무해하게 이용될 수 있다고 고려되는 경우라 하더라도 공익에 대한 위험이 존재할 수 있으므로 각국은 폐기물 관련 법(이하 '폐기물법'으로 약칭함)을 제정하여 시행하고 있다. 이와 반대되는 경우에는 쓸모 있는 물건임에

---

[1] 우리나라 폐기물관리법 제2조 제1호는 쓰레기, 연소재, 오니, 폐유, 폐산, 폐알칼리 및 동물의 사체 등으로서 사람의 생활이나 사업활동에 필요하지 아니하게 된 물질 이라고 규정한다.

도 불구하고 점유자에 의하여 쓰레기로 분류되어 투기·매립·소각되는 경우가 있는데 이때에도 마찬가지로 폐기물법의 중요성이 부각된다. 폐기물의 관리는 각국가의 경제 성장, 산업화, 도시화와 밀접하게 연관되어 있다. 개발도상국의 경우 인구의 도시화로 인하여 폐기물의 뚜렷한 증가 추세가 나타나고 있으며 소비지상주의의 증가는 더 높은 수준의 폐기물 발생요인이 되고 있다. 그러나 현재까지의 개발도상국가들의 폐기물관리기술은 수집 후 매립의 형태가 일반적이다. 매립의 경우에도 위생매립이 아닌 단순매립(Open Dumping)인 경우에는 환경에 악영향을 미치게 된다. 개발도상국의 폐기물관리에 있어서의 개선방안을 마련하기 위해서는 폐기물관리 전 단계에 있어서 합리적인 폐기물관리 방식의 접근이 필요하다. 폐기물관리의 주요 과제는 정책의 부재에 대하여 법제화를 통한 해결방안을 찾는 것에 있다. 이에 따라 본 제2편은 개발도상국가의 폐기물법을 고찰하고 폐기물관리 전략에 있어서 이들보다 선진화 그룹에 해당하는 국가의 폐기물관리 규범을 비교 연구하여 개선방안을 찾는 데 주안점을 둔다.

제2장

폐기물 규제에 관한 일반원칙

제1절 EU의 폐기물관리 전략

Ⅰ. 예방

EU는 회원국들의 폐기물을 통제하고 관리하기 위한 조치를 마련하기 위하여 「폐기물 기본지침(Waste Framework Directive)」[1]을 마련하고 있으며, 폐기물의 개념에 대해서는 제3조 제1호에서 '점유자가 폐기하거나 폐기하고자 하는 물질 또는 물건'의 주관적 개념과 '폐기가 요구되는'이라는 객관적 개념을 혼합적으로 정의하고 있다. 동 지침(이하 'WFD'로 약칭함)은 폐기물의 규제에 대한 EU 회원국들의 국내입법설계에 있어서 기초를 제공하고 있다. EU 회원국들은 자국의 폐기물 규제와 효율적인 자원사용의 체계를 구성하고 있으며 폐기물관리에 관한 우선순위로 예방(prevention), 재사용을 위한 준비과정(preparing for re-use), 재활용(recycling), 재생이용(recovery), 처분(disposal)을 순차적으로 적용하여야 한다. EU 회원국들의 법률과 폐기물 정책은 순환경제(circular economy)로의 전환을 촉진하여 국

---

[1] DIRECTIVE 2008/98/EC OF THE EUROPEAN PARLIAMENT AND OF THE COUNCIL of 19 November 2008 on waste and repealing certain Directives

제사회 경쟁력을 높이고 지속가능한 경제성장을 촉진하는 것을 목표로 하고 있다.[2)]

폐기물의 개념이 폐기물 프로세스를 제어하는 데 중심적으로 작용하므로 예방에 있어서 폐기물의 개념(definition) 정립은 필수적이다. 그러나 WFD상 '폐기가 요구되는'이라는 추상적인 개념으로 인하여 이를 명확하게 위해 EU는 주요 조항의 해석에 관한 지침 문서를 채택하였다.[3)] 이 해석지침상 '폐기가 요구되는' 폐기물은 50ppm 이상의 PCB를 포함하는 모든 오일류 및 금지 농약을 열거하면서 폐기물 처리의 공익적 측면을 강조하였다. 공익적 측면을 강조한 문구는 고형폐기물과 관련하여서도 나타나는데, 고형폐기물의 소각이 언제 에너지 효율적이며 재생이용할 수 있는지에 대한 명확한 설명의무를 부과하고 있는 것이다.[4)] 즉, 폐기물관리라는 목적에 부합하는 해석방법에 의하면 점유자의 주관적 의사에도 불구하고 재생이용 등의 가능성이 있으면 예방적 차원에서 이를 폐기하지 않아야 한다. 이러한 관점에 의하면 폐기물의 개념에 예방적 관점에서의 처분(disposal)과 재생이용(recovery)의 방법이 포함되어야 한다.[5)] 그런데 이러한 폐기물관리의 방법은 점유자가 폐기물을 선의로 점유하는 경우에 있어서 재산권 침해 문제가 발생할 수 있다. 이때에는 점유자가 당해 폐기물이 환경에 유해하지 않는 것을 입증하는 방법으로 점유를 유지할 수 있도록 하여야 한다.

폐기물의 양적 감소와 제품 등의 유해물질 함량을 줄이는 질적 감소에 대해서는 WFD 부속서Ⅳ에서 예방 수단의 예시를 제시하고 있다. 구체적

---

2) J. Malinauskaite et al., *Waste Prenvention and Technologies, European Energy and Environmental Law Review*, 2017, p. 66.

3) European Commission, Directorate－General Environment, Guidelines on the interpretation of key provisions of Directive 2008/98/EC on waste, June 2012.

4) This Directive should also clarify when the incineration of municipal solid waste is energy－efficient and may be considered a recovery operation.

5) Greet van Clater, *EU Waste Law 2nd ed.*, Oxford University Press, 2015, pp. 11－12.

으로는 자원의 효율적 사용을 촉진시키는 연구개발을 장려하는 수단을 언급하고 있는데, WFD는 확장된 생산자 책임에 중점을 두고 있는 반면에, 소비자책임에 대해서는 일부 권고 규정을 제외하고는 규제나 의무사항이 부족하게 규정되어 있다. 고형폐기물의 재사용과 관련하여 주요한 지침으로는 1994년 마련된 「포장재 및 포장재 관련 폐기물 지침(Packaging and Packaging Waste Directive)」을 두고 있다. 동 지침은 2018년 개정을 통해서 2030년까지 포장재의 70%가 재활용되도록 할 것을 명시하면서 EU회원국의 폐기물 방지와 예방조치의 도입을 의무화하고 있다.

II. 재사용

재사용은 재활용가능자원을 그대로 또는 고쳐서 다시 쓰거나 생산활동에 대신 사용할 수 있도록 하는 것을 의미하며, 본래의 목적이거나 용도 변경의 목적을 수행하기 위한 행위로 사용했던 물건을 분해하거나 새로운 제품의 원료로 이용하는 재활용과 구분된다. 유럽위원회는 2021년 기후변화에 대응한 새로운 전략으로 폐수(waste waters)의 재사용을 목표로 하고 있다.[6] 남부 유럽에서는 주로 농업 용도로 폐수를 재사용하는 반면, 북유럽에서는 산업시설이 집약된 도시 지역에서 공업용수로 재사용되고 있다.[7] 유럽위원회는 폐수의 재사용에 대한 실무그룹을 설치·운영하고 있는데, 폐수의 재사용은 EU의 물 부족 문제를 관리하는 데 효과적인 방법으로 가뭄대비와 습지복원 및 개선에 이점을 제공한다.[8]

---

6) European Commission, *Communication from the Commision to the Euroean Paliament, the Council, the European Economic and Social Committee and the Committee of the Regions*, 2021, p. 17.

7) A.N. Angelakis and P. Gikas, *Water reuse: Overview of current practices and trends in the world with emphasis on EU states*, Water Utility Journal 8, 2014, p. 71.

8) Common Implementation Strategy for the water framework directive and the floods directive, *Guidelines on Integrating Water Reuse into Water Planning and Management in the context of the WFD*, 2016, pp. 19-20.

「포장재 및 포장재 관련 폐기물 지침(Packaging and Packaging Waste Directive)」은 재사용이 가능한 포장의 시장 점유율 향상과 실재에 있어서 재사용 빈도수의 증가를 양적 목표로 두고 있으며, 과도한 포장의 소비를 줄이기 위한 국내조치의 필요성을 규정한다. 한편, EU는 재사용이 사실상 불가능한 일회용 플라스틱 제품에 대해서는 2019년 7월 발효한 「일회용 플라스틱에 대한 지침(Directive on single-use plastics)」으로 규제하고 있다. 동 지침에 의하면 지속가능한 대안이 마련되는 경우에 2021년 7월부터 일회용 플라스틱 제품이 금지되는데 이를 소비자에게 알리기 위한 라벨링 프로그램과 생산자의 폐기물관리 의무를 도입하는 데 주안점을 두고 있다. 우리나라도 2020년 6월 「자원의 절약과 재활용촉진에 관한 법률」 제15조의2를 개정하여 일회용 컵의 회수, 재사용이나 재활용을 촉진시키기 위하여 제조업자나 수입업자가 자원순환보증금 포함 여부를 결정할 수 있도록 규정하고 있다.

Ⅲ. 재생이용

냉난방으로 인하여 EU에서 낭비되는 에너지는 전체의 절반 가량을 차지하고 있다.[9] 2018년 「재생 에너지 지침(Renewable Energy Directive)」은 냉난방 과정에서 발생되는 폐열의 재생이용에 대해서 다루고 있으며, 회원국은 도시 및 주거지역의 에너지 기반시설을 설계 시 폐열 에너지의 재생이용에 관하여 고려하여야 한다. 최근에는 도로 주행 중 대형차량으로부터 폐열을 회수하여 에너지원으로 재생이용하는 데 있어서 유의미한 결과가 증명되었다.[10] 재생이용은 폐기물을 투입 재료로 사용하여 가치 있는 제품을 만드는 것에 해당한다. 우리나라 폐기물관리법 제2조 제1호는

---

9) EUROHEAT&POWER, *Discussion Paper, The barriers to waste heat recovery and how to overcome them?*, 2020, p. 7.
10) Stijn Broekaert et al., Assessment of Waste Heat Recovery for Heavy Duty Vehicles during on-road operation, Pergamon-Elsevier Science Ltd, 2021, p. 1359.

폐기물에 관한 개념을 "쓰레기·연소재·오니·폐유·폐산·폐알칼리·동물의 사체 등으로서 사람의 생활이나 사업활동에 필요하지 아니하게 된 물질"이라고 정하고 있다. 쓰레기 내지 동물의 사체는 폐기물이지만 이를 재생이용 하기 위하여 '필요한' 물질로 보는 경우에는 폐기물로 보지 않는다.[11]

현재까지의 고형폐기물의 재생이용은 폐기물이 지속 가능한 제품으로 형상화되는 과정에 있어서 효율적인 수집(또는 철거), 운송 및 소각 단계를 거치게 된다. 예컨대 건설폐기물을 소각장으로 운송하여 소각시설을 통한 에너지화를 실시하여 재생 이용 하는 방법이다. 이에 대한 에너지 효율기준은 "폐기물 에너지화 시설"(Waste to Energy; WtE Plant)에서 발생하는 에너지의 효율적인 사용을 촉진하기 위해서 WFD 부속서Ⅱ에서 13개의 기준을 명시하고 있다. 이 기준은 폐기물에서 회수된 에너지와 전기 또는 냉난방을 위한 효과적인 사용을 고려하도록 하고 있다.

Ⅳ. 재활용

폐기물의 재활용은 주로 플라스틱 분야에서 발전되었다. 유럽의 도시 고형폐기물(Municipal Solid Waste; MSW)은 2002년 1인당 평균 527kg에서 2017년 487kg으로 감소하였다.[12] 유럽위원회는 2018년 「플라스틱 전략(plastics strategy)」을 통해서 2030년까지 전체 플라스틱 폐기물 중 55%를 재활용 하는 목표를 상정하였는데, 이는 1994년 「포장재 및 포장재 관련 폐기물 지침(Packaging and Packaging Waste Directive)」에서 정한 재활용 목표보다 2배이상 상향된 수치에 해당한다. 유럽회계감사원(European Court of Auditors)의 사모 제레브(Samo Jereb)는 새로운 플라스틱 재활용 목표를 달성하기 위해서는 재활용 하는 것보다 더 많은 플라스틱이 소각

---

11) 대법원 2001. 12. 24. 선고 2001도4506 판결.
12) European Union, European Regional Development Fund, *Sustainable waste management in a circular economy*, Interreg Europe, 2020, p. 3.

되고 있는 현재의 상황이 개선되어야 하는 점을 강조하고 있다.[13] 특히, 감염병 확산의 위협으로 인하여 플라스틱 사용이 급속도로 증가하고 있으며 이는 현재까지의 플라스틱 전략에 배치되고 있다. 이에 대하여 생산자 책임 제도를 강화하기 위한 포장재 설계 규정의 개정으로 재활용 및 재사용을 유도할 수 있다. 그동안 환경 중심 정책을 비교적 엄격하게 정하는 EU는 플라스틱 폐기물의 50% 정도는 중국에서 처리해 왔으나,[14] 재활용 분야에 있어서 생산자책임제도를 도입·활용하여 자국에서의 처리율을 높이는 방향으로 정책을 설정하는 것을 주요 전략으로 두고 있다.

V. 처분

일반적으로 폐기물을 처분하는 방법은 소각과 토양매립으로 구분된다. 환경에 대한 부정적 영향을 최소화하는 것이 처분 단계의 목표이며 이를 위해 토양매립이 금지되는 목록을 작성하여 관리하고, 규제 범위를 벗어난 폐기물을 연소하는 소각과정에서의 질소(NOx) 황산 및 염화수소(HCL)의 규제를 비롯한 가스배출량과 농도를 제한한다.[15] 소각 관련 지침은 2019년 12월 발표된 「폐기물 소각을 위한 2010년 EU지침에 따른 최상가용기법(BAT) 설립에 관한 문서(Establishing the best available techniques (BAT) conclusions, under Directive 2010/75/EU of the European Parliament and of the Council, for waste incineration)」를 따르도록 하고 있다. 매립과 관련하여서는 1999년에 발효된 「폐기물 토양매립지침(Landfill Directive)」을 고려도록 하고 있다. 동 지침은 매립지로 보내는 생분해성 폐기물의 감소를 회원국의 폐기물 감소를 위한 전략으로 설정할 것을 목표로 하고

---

13) European Court of Auditors, Plastic packaging waste: EU needs to boost recycling to achieve ambition, 2020.
14) 박지현, "폐기물 환경규제에 관한 국제법적 검토와 전망", 「연세법학」 제32호, 2018, p. 1.
15) 박지현, "EU의 폐기물관련 환경규제의 변화와 전망", 「국제경제법연구」 제8권 제2호, 2010, p. 119.

있다. 매립 과정에서 가장 중요한 부분은 부지 선정이며 도시로부터의 접근성 및 도로 인접성과 함께 다양한 요소들이 고려된다.

제2절 개발도상국가의 주요 법령

I. 개발도상국의 폐기물관리 현황

1. 라오스

라오스의 VCOMS(Vientiane City Office for Management and Service)는 수도인 비엔티엔에서 생성된 폐기물의 수집, 운반 및 처리를 감독하고 있다. 폐기물 수거범위에 대한 정확한 수치는 존재하지 않지만, 도시에서 발생하는 폐기물 30~50%는 VCOMS나 VCOMS가 계약한 8개 민간 수거업체에 의해 수집되고 있다. 개별 가구는 폐기물 수집 서비스에 매달 수수료를 납부하고 있는데, 이는 주요 개발도상국의 현실과는 다른 폐기물관리 시스템에 해당한다. 그런데 이 요금은 상당히 낮은 수준이며, 경우에 따라서 지방자치단체에 의해 부분적으로 보조를 받기도 한다.[16] 효율적인 폐기물 수집을 위해서는 저소득 지역의 폐기물 수집 트럭에 의한 접근성은 높여야 하는 점인데 일반적으로 폐기물의 수집 및 적절한 취급의 필요성에 대한 인식이 낮은 수준에 불과하다.[17] 다만, 생분해성 유기 폐기물(퇴비화 등), 재활용 가능 물질의 분류(폐기물 뱅크), 분리되지 않은 폐기물(회수 시설의 배치)와 관련한 내용이 논의 중이다. 라오스 정부는 2030년까지 생활쓰레기의 80%, 병원성 폐기물 및 유해폐기물의 100%를 처리하는

---

16) Global Green Growth Institute, *Solid Waste Management in Vientiane, Lao P.D.R — Situation assessment and opportunities for waste — to — resource,* 2018, p. 6.

17) Asian Development Bank, Lao People's Democratic Republic Energy Sector Assessment, Strategy, and Road Map, 2019, p. 72.

계획을 가지고 있다.[18)]

민간회사인 라오스 쓰레기 회사(Lao Garbage Company), 비엔티안 개발 회사(Vientiane Development Company), 참여개발훈련센터(Participatory Development Training Center) 등 3개 기관도 폐기물관리에 관련한 다양한 활동을 지원한다. 참여개발훈련센터는 네덜란드 대사관의 재정적인 지원을 받아서 학교와 지역사회 청소년의 자발적인 참여로 운영되는 통합 폐기물 관리 프로그램을 진행한 바 있으며,[19)] 최근까지도 재활용사업의 확대에 기여하고 있다. 마찬가지로 아시아개발은행과 독일개발은행에서도 타국과의 연계 프로그램을 통해서 라오스의 폐기물관리 전략을 개선할 수 있도록 지원하고 있다. 이와 함께 라오스 보건부와 세계보건기구(WHO)가 공동으로 라오스 내 유해폐기물 및 의료폐기물 처리 사업을 추진하고 있다.

2. 인도네시아

인도네시아에서의 인구증가와 도시화는 지역사회의 소비패턴에 변화를 가져왔다. 유해 포장이 포함된 폐기물 및 자연적으로 쉽게 분해되지 않는 폐기물 등 다양한 유형의 폐기물이 인도네시아에서의 폐기물 발생에 상당한 기여를 하였다. 폐기물 감소는 제한된 활동, 재사용, 재활용을 포함하며, 폐기물 처리는 분리·수집·운송·처리·최종처리를 포함한다. 지역사회에서의 폐기물관리는 여전히 사후처리(end-of pipe) 접근법에 의하고 있다.[20)] 즉, 폐기물이 수집되고, 운반되어, 최종 폐기물 처리장에 처

---

18) 기획재정부·한국수출입은행, "라오스 지속가능한 고체폐기물 관리방안", 「2019/20년 KSP 정책자문보고서」, 2019, p. 46.

19) Bhoj Raj Khanal and Bounsouk Souksavath, Environmental Management Measures and Current Practices In Solid Waste Management: A Case Study from Vientiane, Lao People's Democratic Republic, Journal of GMS Development Studies, Vol. 2, 2005, p. 77.

20) 사후처리방식은 폐기물관리의 새로운 패러다임에 따라 변경되어야 한다. 패러다임의 전환으로 폐기물의 경제적 가치를 인정하고 폐기물이 에너지·퇴비·비료·산업 원료로 활용될 수 있다.

분되는 과정을 거친다. 대량으로 수집된 폐기물의 사후처리는 메탄(CH_4)을 생성하여 온실가스 배출량을 증가시켜 지구온난화를 야기시키며, 폐기물의 자연처리는 수집된 폐기물을 부패시킬 수 있고, 처리하는데 더 오랜 시간과 많은 재정 자원을 필요로 한다. 이에 따라 인도네시아 「폐기물관리법(Regarding Waste Management)」 제4조에서는 폐기물을 에너지원으로 활용할 것을 명기하고 있다. 인도네시아에서의 폐기물관리는 폐기물이 될 가능성이 있는 제품이 되기 이전의 단계에서부터, 제품이 폐기물로 발생되고, 환경매체로 안전하게 돌아가는 단계까지 포괄적으로 이루어진다. 「국내 폐기물 등 관리에 관한 법률 (The Management of Domestic Waste and Domestic Waste Equivalents)」은 제10조는 누구든지 자신의 폐기물 양을 관리 및 감축시킬 의무가 있고, 여기에는 감축·재활용·재사용할 의무를 포함한다.

통합적이고 포괄적인 폐기물관리를 실행하고, 지역사회의 권리와 책임을 다하고, 공공서비스를 제공하는 정부와 지방자치단체의 임무와 권한을 이행하기 위해서는 법령 형식의 법적 근거가 필요하다. 인도네시아의 폐기물 수집은 지방정부에게 의존하고 있으며 지방정부는 위탁업자를 지정하여 수거한다. 민간부문에서는 폐기물 재활용이 소규모로 이루어지고 있지만 공공부문에서의 재활용 비율이 낮은 수준에 불과하다. 이에 따라서 인도네시아 정부는 2017년 「폐기물관리를 위한 국가 전략에 대한 대통령 규정(PR No. 97/2017)」을 통해서 폐기물관리 전략을 발표하였다. 그 내용은 2025년까지 "감소(Reduce)·재사용(Reuse)·재활용(Recycle)"(이하 '3R'로 약칭) 비율 30% 및 폐기물관리·처리 비율을 70%까지 확대하는 목표를 포함하는 초국경 환경 피해 금지를 위한 발생지 처리 원칙의 골격을 마련하였다. 이를 위해서 2024년까지 약 4조 원의 예산이 수립되어 있다.[21]

---

21) 한국환경산업기술원, "인도네시아 폐기물 자원순환 산업 심층 분석 리포트", 「해외환경통합정보시스템」, 2020, p. 5.

3. 캄보디아

캄보디아의 수도 프놈펜(Phnom Penh)에서는 약 1천만 개의 비닐 봉지
가 하루 동안 사용되며, 캄보디아 기업들은 인구밀도가 높은 지역일수록
플라스틱 제품의 대규모 유통 및 소비를 장려하고 있다.[22] 폐기물관리 인
프라가 전반적으로 부족하기 때문에 캄보디아에서의 플라스틱 폐기물을 비
롯한 고형폐기물을 효과적으로 재활용하는 것은 거의 불가능하다. 결과적
으로 수로와 녹지공간은 고형폐기물 더미로 채워지고 있는데, 이 문제의
규모와 복잡성을 고려할 때 실행 가능한 대안의 논의 및 효과적인 역량 구
축이 필요하다. 폐기물 관련 캄보디아의 핵심적인 문제는 온실가스 배출이
아니라 기후변화에 취약성이 분명하다는 것이다. 폐기물의 건전한 관리는
캄보디아가 기후변화의 영향을 줄이는 데 있어서 기여할 수 있다. 캄보디
아에서의 폐기물 수거는 일반적으로 수거차량에 의하여 이루어지고 있으나
가정이나 소규모 사업장처럼 제한된 공간에서는 폐기물을 운반하기 위해
손수레나 당나귀, 오토바이, 자전거 등을 이용하기도 한다. 또한, 거주지를
블록으로 구분지어 수집장소를 지정하거나 컨테이너에 폐기물을 수집하는
방법을 사용한다.[23] 그러나, 여전히 공터나 뒷마당에서 폐기물을 소각하는
관행이 남아 있는데[24] 캄보디아의 「고형폐기물관리에 대한 시행령」제6조
는 생활폐기물에 대한 감시책임을 부여하고 있으며, 제7조에서는 공공장소
이거나 허가받지 않은 장소에서의 폐기물 처리를 금지한다고 규정하고 있
으나 완전히 시행되지 않는 것으로 볼 수 있다.

---

22) UNDP Cambodia, Combating Plastic Pollution in Cambodia, www.kh.undp.or
   g/content/cambodia/en/home/projects/our－action－for－plastic－pollution－
   in－cambodia.html Accessed on 1 January 2022.
23) Kaza, S., Yao, L., Bhada－Tata, P., Woerden, F. Van, *What a Waste 2.0
   － A Global Snapshot of Solid Waste Management to 2050,* World Bank
   Group, 2018, p. 73.
24) Agamuthu Pariatamby, Masaru Tanaka., *Municipal Solid Waste Management
   in Asia and the Pacific Islands Challenges and Strategic Solutions,* Springer,
   2013, p. 78.

유해 폐기물의 경우에는 정부에 의해 폐기물 처리장으로 운송된다. 그러나 개방형 폐기물 처리장의 경우에는 위생 기준을 충족하지는 못한다. 따라서 3R원칙을 통한 폐기물관리의 개선이 필요하다. 3R의 실행은 주요 도시지역에서만 활성화되며, 농촌 지역에서는 주로 재사용에서만 제한적으로 구현된다. 민간 재활용업체와 일부 비정부기구(NGO)에 의해 비공식적인 폐기물의 재활용이 이루어지지만 제한적인 규모에 불과하다. 예컨대, 캄보디아의 일부 가정에서는 재활용 가능한 폐기물을 분리하여 재사용하거나 판매하기도 한다.[25] 캄보디아의 재활용품 수집가들은 일반적으로 쓰레기통에서 재활용을 수집하는 정도이거나 가정이나 기업으로부터 금속과 플라스틱을 수거하는 차량을 가진 수집가들이다.

Ⅱ. 라오스

1. 환경보호법

1) 목적 및 개념

라오스의 「환경보호법(Environmental Protection Law)」은 환경관리 및 환경보호를 위한 모니터링, 관리, 예방·재건과 관련한 원칙과 규정·방법을 규정하고 인구집중에 따라 발생하는 오염 및 영향을 질적으로 완화시키는 것으로 환경보호에 대한 국가의 의무를 규정한다. 제1조에서는 사회적 환경과 자연 환경 사이에서의 균형을 꾀하고 자연자원 및 공중위생을 보호하고 유지하며, 국가의 사회 경제 개발 및 지구온난화 감소를 동법의 목적으로 밝히고 있다. 특이한 점으로 제2조에서 환경의 정의(definition)에 "사회적 환경"(social environment) 개념을 포함시키고 있다. 2012년 개정되면서 새로이 추가된 부분으로 "사회적 환경"이란 자연환경과 인간의

---

25) Sour, S., Chin, S., Rachel, W., *Municipal Solid Waste Management in Cambodia, Ibid.*, 2014, p. 81.

상호작용을 의미한다(제4조 제1항). 이에 따라서 제4조 제10항에서 "사회적·자연적 환경 관리 사업"을 선언하고 있는데, 이와 관련한 다양한 핵심과제 및 예방수단 등을 통합하는 계획으로서 이를 실현하기 위한 예산확보에 대해서 다루고 있다.

또한, 제4조 제2항은 파괴되거나 파괴될 수 있는 환경을 더 나은 상태로 복원하는 것을 의미하는 "환경복구"(Environmental Rehabilitation)의 개념을 도입시키고 있다. 그리고 "통합공간계획"(Integrated Spatial Plan)을 통하여 주거·농업·산업지역 및 대규모 투자사업의 입지 파악에 있어서 환경의 질적 보호 및 개선과 복구를 목적으로 하는 토지이용의 배분에 대하여도 정의하고 있다(제4조 제4항). 제4조 제8항은 폐기물의 개념에 대하여 물건, 화학물질 또는 개인이나 법인이 재활용하려 하지 않고 실제로 할 수도 없는 유독성 또는 무독성의 폐유, 쓰레기, 폐수 등을 의미한다고 정의한다. 제5조에 의하여 라오스 환경보호정책은 개인 및 단체를 대상으로 한 교육 및 환경정보의 보급과 환경복원을 촉진시키도록 하며 녹색 경제 및 환경보호에 대한 투자를 장려한다.

2) 예방 의무

제14조는 자연현상이나 인위적인 것에 의하여 훼손되었거나 훼손될 가능성이 있는 행위를 방지하고 보호한다고 규정하고 있으며, 제23조에서는 폐기물 처리 등에 관한 문제를 해결하기 위한 계획을 수립할 것을 규정하고 있다. 제26조는 유해화학물질을 보유·활용·운반하는 자에 대한 예방조치를 규정하며, 제25조는 건설활동 등으로 인한 영향을 제한하고 있다. "건설활동 등"이란 오염물질을 배출하는 도로, 교량, 급수시설, 전기, 관개시설, 공항, 건물 또는 공장에 대한 건설이나 개량작업으로 비롯되는 독성 화학학물과 연기, 분진으로 인한 환경 영향을 의미한다. 이에 대한 예방을 위한 조치를 규정하고 세부기준은 「국가환경기준(National Environmental Standard order)」에 명기하도록 하고 있다. 국가환경기준은 환경 모니터링 및 물·토양·공기·소음 오염 관리에 관한 국가 환경 기준

을 정하고 있으며, 구체적인 기준을 정하여 국가의 폐기물관리의무를 부과하고 있다.

3) 폐기물관리

「환경보호법」은 폐기물관리에 있어서 재활용・재사용・재가공(Reprocess)이 가능하도록 폐기물을 처리하는 것을 규정하고 있으나, 별도의 분리수거함이 설치되지 않는 등 배출원에서의 분리수거가 거의 이루어지지 않고 있다.26) 제37조에서는 폐기물은 일반 폐기물(General wastes)과 유독성 및 유해폐기물(Toxic and hazardous wastes)로 분류하고 있다. 유해폐기물은 배터리, 구형페인트 보관 용기, 에어로졸, 화학물질이 함유된 병, 의료 폐기물 및 기타쓰레기가 해당한다. 유해폐기물의 경우는 전염성이 있거나 오염범위가 광범위하게 확산될 수 있으므로 피해정도가 일반폐기물보다 심각한 수준에 해당한다. 유해화학물질을 보유・활용・운반하는 개인이나 단체는 환경・사회・자연에 대한 사고나 피해에 대한 예방조치를 하여야 한다(제26조). 유독성 화학물의 관리에 대하여 산업, 농업, 임업, 에너지업, 광업, 수공예업과 같이 생활소비를 포함하는 생산공정, 사업 및 서비스 분야에서 사용되는 물질로 인간 및 동・식물 등의 생명과 건강에 유해할 수 있으며, 구체적인 절차 및 규정을 정확히 준수하여 처리・투기・연소・화장・매장 또는 제거를 통한 관리의 필요성을 명시하고 있다. 제38조는 폐기물의 처분 절차에 관하여 규정하고 있으며 일반폐기물, 특히 쓰레기의 처분은 새로운 제품과 제거는 확인된 지역에서 규정을 준수하여 이루어져야 하므로 재활용・재사용・재가공과 같은 다른 목적을 위한 행위와 구분하고 있다. 폭발성 물질, 가연성 물질, 화학물질, 폐기물 또는 병원・공업 공장, 특히 화학제품 제조, 방사선, 선광(選鑛)과 같은 유독성 및 유해 폐

---

26) 재활용에 있어서 지역사회 및 학교에 설치되어 있는 재활용은행(Recycling Bank)를 운영하고 있는데, 학생들이 가정으로부터 배출된 재활용품을 가져와 판매를 하고 있으며 개인수입자들로부터 재활용품을 구입하기도 한다; 기획재정부・한국수출입은행, *supra note 582.*, pp. 42－45.

기물의 처분은 규정된 방법과 기술에 부합하는 처리를 요구하고 있다. 그 내용으로는 투기, 연소, 화장, 매장 또는 제거는 확인된 지역 내에서 법령에 규정된 방법에 따라 이루어져야 한다. 지역, 마을, 가정, 보건시설, 교육기관 및 국가기관과 공장 등을 위한 쓰레기 매립지는 천연자원 및 주변 지역 고려하여 정해져야 한다.

제39조는 유독성 및 유해폐기물의 관리에 대해서 라오스로의 화학물질 및 방사선에 오염된 유독성 및 유해폐기물 수입은 금지되며, 다른 법령에서 달리 정하는 경우에는 예외로 두고 있다. 고유한 생산 및 사업체 운영으로 인하여 유독성 및 유해 폐기물을 생산하는 개인, 법인 및 조직은 법령에 준수하여 폐기물을 보관, 제거, 매장 및 처리하여야 할 의무가 있다. 특히 의료폐기물의 경우에는 관련된 법령을 엄격히 준수하여 관리하여야 하며, 유독성 및 유해 폐기물관리에 관하여 필요한 사항은 법령으로 정하도록 하고 있다. 제40조는 유독성 화학물 및 폐기물 관련 운영자들의 의무에 관한 것으로 사업자에게 오염원을 측정하고, 관리하고, 감시하기 위한 설비를 설치할 의무를 부과하고 있다. 또한 사업자는 법령규정을 엄격히 준수하여 '인간의 생명과 건강, 특히 부녀자·아이·동식물 등과 생태계에 악영향을 주는 11개의 유독성 화학물 및 폐기물'의 처리·폐기·연소·화장·매장 또는 제거하기 위한 시스템을 준비할 의무가 있다. 소비자는 가정에서 소비하는 유독성 화학물 처리 및 이의 제거에 책임이 있다.

4) 금지되는 행위

「환경보호법」은 자연환경 보호를 위한 개인과 단체의 참여와 협력을 규정하면서 환경에 대한 인식제고 및 주민참여의 필요성에 대하여 규정한다. 이를 위해서 환경정보의 제공 및 교육과 캠페인을 통한 환경보호와 복원을 기여하고자 한다. 이에 따라 개인이나 단체는 폐기물을 소각하거나 매립하는 데 있어서 분쇄시키지 않을 것과 허가 없이 유독성 및 오존파괴 화학물, 방사선, 유해 폐기물 및 잔류성 유기오염 물질의 수입, 수출,

수송, 판매, 저장, 사용, 복제 및 철거행위를 금지하는 것을 제68조 제1항과 제2항에서 규정한다. 제3항에서는 국가 환경질 기준을 초과하는 영향을 주는 행위 및 물, 공기, 토양, 방사선, 유독성 화학물, 유해 폐기물 및 매연·먼지·소음·빛·색채·냄새·진동·열 등의 공해와 같은 오염물질을 생성하는 행위를 금지한다. 제4항은 기술표준을 준수하지 않는 매립, 처분 및 폐기물 철거와 수로·강·수원 등으로의 폐수 방류행위를 금지하고 있다. 제77조는 국경 간 오염, 유독성 화학물 운송, 유해 폐기물 및 온실가스와 같은 국제분쟁이 발생하는 경우 라오스의 관련 규정 및 라오스가 회원국으로 있는 조약, 국제협정을 적용하도록 하고 있다. 형사범죄로서 환경보호법을 위반한 자는 당해 사안의 경중에 따라서 형법에 따라 처벌하며, 그로 인한 모든 손해에 대한 구제책이 포함된다(제96조).

이 밖에도 환경보호법에 따라 2015년 제정된 「유해폐기물관리 지침(Ministerial Instructions on Hazardous Waste Management)」은 유해폐기물의 예방, 감축 및 통지제도(Notification)를 운영하는 데 목적을 두고 있으며, 유해폐기물의 운반, 저장, 사용, 재활용 및 처분에 관한 절차와 수출입에 대한 정부의 허가에 대해서 규정하고 있다. 「산업폐기물 배출 규정(Industrial Waste Discharge Regulation)」은 산업폐수와 폐기물을 수계에 배출하는 행위를 금지하고 있으며, 「산업공정 및 수공업에 대한 폐기물관리 시행규칙(Decision on the Waste Management for Industrial Processing and Handicrafts)」은 폐기물관리 원칙과 그에 따른 조치를 규정하고 있다. 「위생, 질병예방 및 건강증진법(Law on Hygiend, Disease Prevention and Health Promotion)」은 폐기물 등을 처리하지 않고 수계에 배출하는 행위를 금지하고 있으며, 「의료시설의 폐기물관리 시행령(Decree on Waste Management from Healthcare Facilities)」은 의료폐기물의 수집, 저장 및 처리에 대해 규정하면서 감염성 폐기물, 주사바늘 및 일반폐기물로 분리배출하여야 할 의무를 규정한다.[27]

---

27) *Ibid.*, pp. 54−56.

2. 고형폐기물 관련 규정

폐기물관리 등 환경대책 전반의 정책과 계획수립에 있어서 관련 부처와 기관 간 업무는 주로 자연자원부(Ministry of Natural Resources and Environment; MONRE)에 의하여 조율된다. 자연자원부는 관련 법률과 가이드라인을 개발하고 있지만 바젤협약(Basel Convention on the Control of Transboundary Movements of Hazardous Wastes and Their Disposal)의 당사국임에도 불구하고 이에 대한 국내 이행법률이 없는 등 실제 가동되고 있다고 보기는 어렵다. 결국 국내 정부부처에서 폐기물을 관리하고 있는데 주로 국내법령에 의하여 폐기물을 취급한다. 폐기물의 유형에 따라서 담당부처가 정해지게 된다. 공공근로교통부(Ministry of Public Works and Transport; MPWT)는 일반폐기물을 총괄하며, 산업폐기물을 담당하는 산업자원부(Ministry of Industry and Commerce; MOIC)와 의료폐기물을 담당하는 보건부(Ministry of Health; MOH)로 구분된다. 자세한 기준 및 규칙은 폐기물 유형별로 관련 부처가 작성하는데, 각 부처의 조례를 중심으로 기재된다. 시 단위에서는 각 지방자치단체 내 도시개발행정청(Urban Development Administration Authority; UDAA)이 고형폐기물관리업무(수거, 운송, 중간처리, 최종처리)를 수행한다.[28] 이러한 수행기관들은 자연자원부가 기금조성이나 타국으로부터의 기술지원 약정이 이루어지지 않는다면 폐기물 처리 시설(압축시설, 위생매립지, 에너지 전환 소각로 등)을 설립하는 데 제한이 따른다.[29]

---

28) The Lao People's Democratic Republic Ministry of Natural Resources and Environment, *Data Collection Survey on Waste Management Sector in The Lao People's Democratic Republic Final Report, Japan International Cooperation Agency,* 2021, p. 3.

29) Naofumi Sato, Phengkhamla Phonvisai, Phimmasane Sonthavy and Ryoichi Ogawa, *Current Condition and Issues of Municipal Solid Waste Management in Vientiane Capital, Luang Prabang District and Xayabouri District in Laos People's Democratic Republic* Conference: Asia—Pacific Landfill Symposium Tokyo 2018, 2019, pp. 6—8.

라오스는 폐기물관리에 대한 기본법은 없지만 위에서 언급한 바 있는 환경보호법에서 기본사항을 규정하고 있으며, 동법은 폐기물을 일반폐기물 및 유해폐기물 등의 2가지 유형으로 분류하고 있다. MONRE에 의하면 라오스의 일반폐기물에 해당하는 고형폐기물은 주로 유기물이거나 플라스틱, 종이, 유리, 캔 기타 금속류로 구성되어 있다.[30] 고형폐기물 수거 및 처리는 주요도시에서만 접근이 가능하므로 소규모 마을에서의 고형폐기물은 버려진 땅이나 마을 외곽지역, 강 등에서 불법투기되거나 소각된다. 매립지에 있어서 주요도시와 소규모 마을의 차이는 더 심각한데, 소규모 마을의 매립지는 개방적이고 통제되지 않은 채 방치되어 있다. 고형폐기물의 부적절한 처리는 지표면과 지하수의 질을 저하시키게 되며 지역주민의 건강위험도 초래하게 되므로 라오스의 고형폐기물관리는 전반적으로 미흡한 수준이다.[31] 현재 라오스 정부는 아세안 사무국을 통한 지원사업의 일환으로 환경보호법에 근거를 둔 청정·녹색·미관 정책을 시행하고 있다.[32] 고형폐기물의 통제와 관련 있는 환경보호법 규정으로 제22조에서는 환경영향평가(Environmental Impact Assessment; EIA) 시행 시 모니터링 보고서 및 당해계획을 자연자원부로부터 사전 승인받도록 규정하고 있다. 제24조는 환경에 영향을 덜미치거나 국가오염관리기준을 초과하지 않은 청정 제조기술의 사용을 규정한다.

3. 유해폐기물관리 지침

라오스의 「유해폐기물관리 지침」은 유해폐기물의 감소가 분류 및 운송, 저장, 재사용, 재활용, 처분에 관한 내용을 규정하고 있다. 폐기물에서 유해폐기물을 선별하고 유해폐기물을 발생시키는 분야의 이해관계자가 수

---

30) MONRE, Report on the State of Environment of Lao PDR, 2017, p. 6.
31) The Lao People's Democratic Republic Ministry of Natural Resources and Environment, *op. cit.,* p. 53.
32) *Ibid.*

입·수출행위를 비롯한 영역에 있어서 공동의 이해관계를 갖는 것에 목적이 있으며, 이와 관련한 정부 및 공공기관과 사업자에 대한 의무사항에 대해서 규정하고 유해폐기물관리에 관한 원칙을 제시하는 데 의의가 있다. 부속서1에서는 유해폐기물의 유형을 열거하고 있으며, 그 특성에 대해서도 재활용 및 재사용에 대한 지침을 밝히고 있다. 대체로 바젤협약의 준수와 유해폐기물관리에 대한 일반규정에 해당한다.

동 지침에서 언급되지 않은 사항으로는 유해물질에 대한 등록·관리에 관한 부분에 대한 지침이나 다른 개별법률에서 다루어져야 할 것이다. 예컨대, 개발도상국가의 발전과정에서 수입되는 물질 중에서 수입 당시에는 유해 물질이 아니었으나 화학공법을 사용하여 유해물질이 되는 경우이다. 석영이나 천연고무, 셀룰로스, 유단백인 카제인 등은 가공을 하지 아니한 상태에서는 천연물질에 해당하지만 화학물질을 첨가시켜서 화학반응을 일으키는 경우에는 유해물질에 해당한다.[33] 국내에서 천연자원에 화학물질을 투입하여 탄생되는 유해물질의 경우에도 이러한 물질을 소비하고 남게 되는 폐기물의 관리에 있어서의 예방적 관점을 추구하기 위해서는 신규 화학물질을 신고·등록대상으로 하는 규제체계의 마련이 필요하다. EU REACH 법령[34]에서는 한 해 10톤 이상으로 EU에서 제조 또는 수입되는 화학물질에 대해서는 위해성 평가 보고서를 작성하도록 하고 있다. 우리나라도 2015년부터 신규화학물질 및 연간 1톤 이상 제조·수입되는 기존 화학물질에 대해서도 유해성 심사를 의무화하고 있다. 당해 유해성 평가의 결과에 따라 유해성이 있는 물질은 유독물질로 취급된다.

---

33) 정수용, "화학물질의 등록 및 평가 등에 관한 법률, 화학물질 관리법 시행에 따른 화학물질 관리체계에 대한 법적인 고찰", 환경·에너지문제연구총서 제13집, 2014, p. 166.
34) REACH는 EU 화학 산업의 경쟁력을 강화하는 동시에 화학물질에 의해 발생할 수 있는 위험으로부터 인간의 건강과 환경을 보호하기 위해 채택된 EU의 규정이며 화학물질의 등록, 평가, 허가 및 제한에 대하여 규제하는 것을 내용으로 한다.

4. 산업폐기물 배출 규정

라오스의 「산업폐기물 배출 규정」은 수질 및 시민의 건강과 삶에 영향을 줄 수 있는 산업 폐수 및 폐기물의 배출 규제를 목적으로 하고 있다. 제8조에서 자체 폐기물 처리 시스템을 보유한 산업이면 무엇이든 동법에서 정해진 기준에 부합해야 할 것을 규정한다. 폐기물의 개념에 대하여 고형이거나 액체 또는 기체 형태로 된 오니를 포함한 하수(sludge), 폐수, 대기오염, 유독성폐기물 및 유해폐기물을 포함한다(제2조 제1항)고 규정한다. 제7조에서는 사업자의 생산자 책임을 강조하고 있으며, 제9조에 의하여 폐수처리 시스템의 시공 및 설치비용과 모니터링 및 분석비용도 사업자가 부담하여야 한다. 제10조에서는 산업 폐수의 분리처리를 의무화하고 있으며, 폐수처리시스템의 효율적인 운영과 그 비용을 사업자에게 귀속시키고 있다(제12조). 이 밖에도 오염물질을 포함한 폐수의 규제에 대해 적절한 기준을 마련하고 관련 부처의 엄격한 관리·감독 및 정보수집 권한을 적시하고 있으나, 폐수의 재사용 내지 처리방법이 구체적으로 정해지지 않은 데 한계가 있다. 자금조달계획이 선행된다면 폐수 수거 및 폐수처리시설의 도입과 관련 분야의 개정작업이 필요하다.

Ⅲ. 인도네시아

1. 환경보호관리법

1) 폐기물 관련 규정

인도네시아의 「환경보호관리법(Law of the Republic of Indonesia Number 32 Year 2009 Concerning Protection and Management of Environment)」에서의 폐기물 개념은 제1조 제20항에 의하여 기업활동의 잔여물로서 산업폐기물을 의미한다. 제22항은 유해폐기물을 규정하고 있는데 산업폐기물로서 독성물

질을 포함한 잔여물을 유해폐기물로 정의하고 있다. 제23항에 의하여 유해
폐기물관리란 감축·보관·수집·운송·이용·관리와 또는 처리를 포함하는
활동으로 규정한다. 또한, '폐기'의 개념에 대하여 조건과 매개체로의 양, 시
간 또는 정해진 위치에 폐기, 장소지정, 폐기물을 투기하는 행위라고 규정하
고 있다(제24항).

예방수단으로 제14조에서는 전략적 환경평가 및 환경질 기준을 명시
하고 있으며, 이에 대한 구체적 내용을 열거하고 있다. 특히 제20조 제3
항은 모든 사람은 환경매체에 다음 각 호의 조건을 충족하여 폐기물을 배
출할 수 있는데, 환경질 기준을 충족하는 경우이거나 장관, 주지사 또는
시장·군수의 권한에 따라 허가를 획득한 자가 이에 해당한다. 유해폐기
물에 대해서는 제59조 제1항에서 유해폐기물을 배출하는 모든 사람은 배
출된 유해폐기물을 관리하여야 한다고 규정하면서 오염자의 인적 범위를
확대하고 있다. 동조 제2항에 의하면 유해 및 독성물질의 유통기한이 지
난 경우에는 유해폐기물 처리규정에 따라 처리한다고 규정하므로 기간의
경과로 인한 유해폐기물의 처리기준을 명시한다. 개인의 경우에 유해폐기
물의 처리에 제한이 따르므로 이를 처리할 수 없는 경우에는 처리 권한을
제3자에게 맡길 수 있다(제3항). 유해폐기물의 관리는 장관·주지사 또는
시장·군수의 권한으로 허가를 받아야 하는 행위에 해당하며, 허가권자는
허가 범위 내 유해폐기물 처리를 따르는 환경규칙을 게시하도록 규정한다
(제4항 및 제5항). 제61조 제3항에 의하여 폐기물 폐기 규칙과 절차에 대한
세부규정은 정부령에서 정하도록 하고 있으며, 정부는 제64조 제1항(k)에
해당하는 폐기물 및 유해폐기물에 관한 정책의 수립 및 시행에 대한 권한
을 갖는다.

2) 금지되는 행위

금지되는 행위로는 제69조 제1항에서 언급하고 있는데, 폐기물에 관
련한 것으로 ① 인도네시아 내에서 유해 및 독성물질의 불법적인 투기행
위, ② 외국에서 발생한 폐기물을 인도네시아 환경매체로의 투입, ③ 인

도네시아 영토 내에 유해폐기물의 투입, ④ 환경매체에 폐기물을 배출시키는 행위를 포함한다. 유해폐기물을 허가 없이 관리하는 경우에는 1년 이상 3년 이하의 징역형과 10억 루피아 이상 30억 루피아 이하의 벌금형을 병과할 수 있도록 규정하고 있다(제102조). 유해폐기물을 생산하지만 관리하지 아니하는 자도 이와 같다(제103조). 폐기물을 허가 없이 환경매체에 투기하는 자는 3년 이하의 징역형과 30억 루피아 이하의 벌금에 처하도록 규정하고 있으며, 인도네시아 내로 폐기물을 반입하는 자는 4년 이상 12년 이하의 징역형과 40억 루피아 이상 120억 루피아 이하의 벌금형에 처하도록 규정하고 있다(제104조 및 제105조). 인도네시아 내로 반입된 폐기물이 유해폐기물인 경우에는 제106조에 따라 형을 가중한다.

3) 무과실 책임

폐기물관리는 공익적인 성격이 강하고 현재뿐만 아니라, 미래의 자연환경을 함께 고려해야 하는 합목적성이 요구된다. 다수의 국가에서 자국 민법의 특별규정으로 환경기본법에 무과실 책임주의를 도입하면서 폐기물 배출 기준의 준수의무를 강화하고 있다.[35] 공법상 규제수단으로서 무과실 책임주의는 법치행정의 실현을 위한 행정적, 정책적 선언규정에 해당하는 것으로 볼 수 있다. 즉, 사인이 손해배상청구권을 비롯한 사법상 권리를 주장하는 데 있어서 공법상 무과실책임주의 규정을 원용하는 것에는 무리가 있다. 나아가 행정청이 기업과 사법관계를 형성하는 데 있어서 권리·의무의 존부를 다루는 때에도 마찬가지이다.

인도네시아 「환경보호관리법」도 제88조에서 무과실책임을 규정하고 있다. 즉, 유해 및 독성물질을 사용하고, 이를 생산 내지 관리하거나 환경에 대한 심각한 위험을 야기하는 조치, 기업 내지 기업활동을 하는 자는 위반사항을 증명할 필요 없이 모든 손해에 대하여 책임을 진다고 밝히고

---

35) 우리나라의 경우 환경정책기본법 제44조 제1항 "환경오염 또는 환경훼손으로 피해가 발생한 경우에는 해당 환경오염 또는 환경훼손의 원인자가 그 피해를 배상하여야 한다."

있다. 여기에서 '모든 손해'에는 사법상 육체적 · 정신적 · 재산적 손해를 포함하고 예외적으로 일실손해를 인정하는 것이 일반적이지만 환경보호관리법은 그 체계를 통하여 '모든 손해'의 부분을 제한적으로 해석하여야 한다. 환경보호관리법의 입법취지와 개별적인 내용을 종합적으로 고려하면 인도네시아 정부의 행정행위의 기초가 되는 공법규범이라는 점에는 이견이 없을 것으로 생각된다. 그런데 제88조 내용은 문언이 추상적이거나 모호하게 구성되어 있으므로 새로운 분쟁의 가능성을 초래한다. 또한, 환경보호관리법은 개별규정에서 폐기물과 유해폐기물, 그리고 유해 및 독성물질을 각각 다른 조항에서 다루고 있는데 제88조는 유해 및 독성물질만은 다루면서 그 외의 것에는 '환경에 대한 심각한 위험을 야기하는 조치'라고 포괄적으로 명기하고 있으므로 폐기물관리에 있어서 초래되는 심각한 위험이 동조에 해당하는지에 대해서는 논의가 필요하다. 따라서 현재의 무과실책임 규정은 폐기물관리 분야에 적용되는지 여부가 분명하지 않다.

4) 공익소송

불법행위로 인한 손해배상 청구권의 행사 민법(Book of Civil Code) 제1365조의 규정에도 불구하고 환경보호관리법 제91조는 국민소송권을 규정하면서 환경소송의 공익성을 강조하고 있다. 제92조에서도 환경단체의 소송권을 인정하면서 이른바 공익소송(Public Interest Litigation)의 원고적격을 명문으로 규정하고 있다. 다만, 이러한 공익소송에서 원고가 주장할 수 있는 것은 손해배상청구 없이 특정 조치에 대한 청구로 제한된다(제92조 제2항). 여기에서 '특정 조치'라 함은 제76조~제83조의 행정제재를 의미하는 것으로 이해된다. 그런데, 직접적이고 구체적인 법률상 이익이 존재하지 아니한 환경단체에게 원고적격을 인정하는 문제의 합리성에 대해서는 의문의 여지가 있다. 우리나라의 새만금간척종합개발사업 사건(대법원 2006. 3. 16. 선고 2006두330 전원합의체 판결)에서는 행정처분의 직접 상대방이 아닌 제3자라 하더라도 당해 행정처분으로 인하여 법률상 보호되는 이익을 침해당한 경우에는 그 처분의 무효확인을 구하는 행정소송을 제기하여 그 당부의 판단을 받을 자격이 있다 할 것이며, 여기에서 말하는 법률상 보호되는 이익이라 함은 당해 처분의 근거 법규 및 관련 법규에 의하여 보호되는 개별적·직접적·구체적 이익이 있는 경우를 말하고, 공익보호의 결과로 국민 일반이 공통적으로 가지는 일반적·간접적·추상적 이익이 생기는 경우에는 반사적 이익으로써 법률상 보호되는 이익이 있다고 할 수 없다고 판단하였다. 이 사건에서 법률상 이익을 판단하는 근거는 환경영향평가 대상지역 안의 주민으로 제한하고 있으며, 그 밖의 주민은 수인한도를 초과하거나 초과할 수 있다는 것을 입증한다면 원고적격을 인정한다고 하면서 이를 입증하지 못한 환경단체의 원고적격을 부인한 바 있다. 이와 유사한 사건으로 천성산 도롱뇽사건(대법원 2006. 6. 2. 2004마1148 판결)에서는 '도롱뇽의 친구들'의 원고적격을 부인한 바 있다.

한국 「행정소송법」 제12조는 취소소송은 처분등의 취소를 구할 법률상 이익이 있는 자가 제기할 수 있다. 처분 등의 효과가 기간의 경과, 처분 등의 집행 그 밖의 사유로 인하여 소멸된 뒤에도 그 처분등의 취소로 인하여 회복되는 법률상 이익이 있는 자의 경우에는 또한 같다고 규정하고 있으며, 일본 「행정사건소송법(行政事件訴訟法)」 제9조36)도 같은 취지로 기술하고 있다. 독일의 「행정법원법(Verwaltungsgerichtsordnung)」 제42조 제2항도 법률에 달리 정함이 없는 한, 원고가 행정행위 또는 그 거부나 부작위에 의해 자신의 권리가 침해되었음을 주장하는 때에만 소송이 허용된다고 규정하고 있으며, 미국의 「행정절차법(Administrative Procedures)」

---

36) 처분 또는 평결 취하로 법률상 이익이 있는 자(처분 또는 평결이 기간의 경과 또는 기타 사유로 그 효력을 상실한 후 처분 또는 평결 취하로 인하여 회답을 받을 수 있는 법률상 이익이 있는 자 포함)는 제기하여야 한다. 법원은 처분 또는 판결의 상대인 이외의 사람이 전항에서 규정한 법률상의 이익이 있는지를 판단할 때, 그 처분이나 재판에 근거한 법령의 규정된 문의에 의하여서는 안 되며, 그 법령의 취지와 목적 및 그 처분에 대하여 참작해야 할 이익의 내용과 성격을 고려해야 한다.이 경우, 이 법령의 목적과 취지를 고려할 때, 이 법령의 목적과 같은 관계 법령의 취지와 목적을 참작하여야 하며, 이 처분의 이익 내용과 성격을 참작할 때도 이 처분이나 판결의 근거가 되는 법령에 위배될 경우 손해의 내용과 성격 및 손해의 상태와 정도를 고려해야 한다.

제702조는 행정행위에 의하여 법적 피해를 겪고 있거나 관계법령의 취지에 비추어 부정적 영향이나 피해를 받은자는 사법심사를 청구할 수 있다고 규정한다. 환경단체에 폐기물관리 문제를 감시하는 권한을 부여하는 것은 별론으로 하더라도 원고적격을 명문으로 인정하는 인도네시아 환경보호관리법 제92조는 개선되어야 할 것이다.

2. 폐기물관리법

1) 폐기물관리 일반론

「인도네시아 헌법(Constitution of The Republic of Indonesia)」은 개인에게 환경권을 보장하고 있으며 민주주의 실현과 복지국가 완성에 있어서 중요한 목표로 두고 있다.[37] 「폐기물관리법」은 인도네시아 국민들이 중앙정부 및 지방정부로부터 환경 친화적인 폐기물관리 서비스를 받을 권리를 가지고 있으며, 그 내용으로 폐기물관리에 관한 정보수급권 및 접근성을 보장하고 있다(제11조 제1항). 폐기물 처리는 그 종류와 특성에 따라 분류하는 것을 기점으로 수집하여 임시처리장 또는 통합 폐기물 처리시설로의 운송 절차를 따른다. 최종 폐기물 처리작업은 환경을 오염시키지 않도록 안전하게 수행하여야 한다(제22조). 이때, 인도네시아 국민은 최종 처리장에서의 폐기물 처리 활동의 영향에 대한 보상을 받을 수 있는 점과 환경적으로 건전한 폐기물관리를 구현하기 위한 지침을 얻게 된다. 이에 대하여 분해하기 어려운 제품을 생산하는 제조업체를 포함하여 폐기물을 줄이고 처리해야 할 의무가 부과된다. 「폐기물관리법」 제1조 제5항에 의하여 폐기물관리는 체계적이고, 전체적이며, 지속가능한 활동으로서 폐기물의 감소 및 처리를 포함한다고 규정하고 있다. 폐기물 처리에 대한 인도네시아 대중의 인식 수준은 여전히 낮은 수준이고[38] 이로 인하여 불법적인 폐

---

37) 김민철, "인도네시아의 「환경보호관리법」에 관한 연구", 「법제논단」, 2020. 6, p. 109.
38) Laura Astrid Hasianna Purba et al., *Legal Framework of Waste Management*

기물 투기와 소각으로부터 노출되어 있다.

제20조는 폐기물 감축수단으로 ① 폐기물 발생의 제한, ② 재활용, ③ 재사용을 규정한다. 중앙정부는 일정 기간 내 폐기물 감축 목표를 설정하고 이에 부합하는 환경기술을 제공하며 재활용 활동과 라벨링 프로그램을 실시하여 그 실행을 촉진시키도록 하고 있다. 나아가 폐기물 감축을 수행하는 자에 대한 인센티브를 제공하도록 규정하고 있다(제21조). 반대로 인도네시아 영토 내로 폐기물을 반입시키는 행위는 금지되며, 유해하고 독성 있는 폐기물과 혼합하는 행위와 오염 또는 환경 파괴를 일으키는 폐기물을 관리하는 행위도 금지된다. 또한, 폐기물 기술요건에 부합하지 않는 개방형 매립장 및 소각장으로의 투기와 소각을 금지하고 있다(제29조 제1항). 이를 위반하는 자에 대하여는 과태료나 벌금을 부과하거나 사업허가를 취소 할 수 있다.

2) 의료 폐기물의 처분

「폐기물관리법」상 일반폐기물은 고형폐기물을 의미하며(제1조 제1항), 가정용폐기물과 산업폐기물을 포함한다(제2조 제3항). 특정폐기물은 그 유형, 농도 내지 부피를 구체적으로 관리해야 하는 폐기물을 이른다(제1조 제2항). 인도네시아에서의 특정폐기물은 유해폐기물 및 유독성폐기물을 포함하는 화학폐기물을 의미한다. 우리나라에서도 유해폐기물이라는 문언을 선택하게 되면 처분시설의 설치·운영에 있어서 지역사회의 반발을 비롯한 난점이 예상되므로 지정폐기물로 환언하여 관련 법률을 개정하였다. 인도네시아에서 특정폐기물을 부적절하게 처분하거나 관리하는 경우는 국민의 환경권에 직접적인 위협이 된다. 특히 의료 폐기물관리를 규제하는데 있어서 인도네시아 정부의 역할은 매우 중요하다. 최근에는 인도네시아 내 감염병 환자의 증가에 따라 병원에서 발생하는 의료폐기물도 증가하였다.[39] 의료폐기물은 감염성 질환의 매개체를 포함하고 있으므로 「인

---

in Indonesia, Advances in Social Science, Education and Humanities Research, Vol. 413, Atlantis Press, 2019, p. 104.

도네시아 보건부 장관령 1204호(Decree of the Minister of Health of the Republic of Indonesia No. 1204/MENKES/SK/X/2004)」에 의하여 규제된다. 의료폐기물의 경우에도 일반폐기물과 마찬가지로 최소화 원칙이 우선 적용된다. 그리고 의료폐기물의 분리, 보관, 재사용 및 재활용이 위 시행령에 명시된 표준 규정에 따라 수행된다. 의료폐기물의 처리는 수집, 운송, 보관 과정을 거치게 되며 특수한 운송수단을 이용하도록 하고 있다. 일련의 과정의 정부의 특별허가를 받아야 한다.[40] 의료폐기물의 처분은 감염물질의 잔류 가능성 문제로 매립보다는 소각이 선호되고 있으며, 소각로에서 발생한 재(ash)는 환경과 공중보건에 상대적으로 안전한 것으로 알려져 있으며[41] 개발도상국에서 빈번하게 사용되는 처분 방식에 해당한다. 그런데 의료폐기물 처리에 대해서 등록된 소각장이 제공되는 인도네시아 병원은 전체 2,889곳 중 112곳에 불과하다.[42] 의료폐기물을 포함하여 특정폐기물을 처분에 대한 매립시설 및 소각장 증설과 관련한 규정이 개발되어야 한다.

3) 폐기물관리의 주체

폐기물관리 사업을 영위하려는 자는 지방자치단체장으로부터 허가를 받아야 하며, 허가 기준은 중앙정부에서 규정한다. 지방정부는 허가취득 절차에 관한 규정을 새로이 추가하여 규제할 수 있다(제17조). 사실상 중

---

39) Rani Ayu Wardani1, R. Azizah, *MANAGEMENT OF SOLID MEDICAL WASTE ON ONE OF THE COVID19 REFERRAL HOSPITALS IN SURABAYA, EAST JAVA*, Jurnal Kesehatan Lingkungan Vol. 12, No. 1, 2020, p. 38.

40) Endang Sutrisno, Taty Sugiarti, Novani Ambarsari Pratiwi, *Environmental Law Enforcement In Hazardous'Waste Management In West Java Indonesia: A Critical Trajectory Of Green And Anthropogenic'Based Environmental Policy Orientations,* International Journal of Scientific & Technology Research Vol. 8, Issue. 8, 2019, pp. 431-432.

41) Kulkarni BN. *Environmental Sustainability Assessment of Land Disposal of Municipal Solid Waste Generated In Indian Cities*, A Review. Environ Dev. 33(12), 2020, p. 13.

42) Rani Ayu Wardani1, R. Azizah, *op. cit.,* p. 41.

앙정부가 법에 의해 결정한 사항들을 제외한 행정 처분 영역에서 지방정부는 광범위한 자치권을 행사한다. 「폐기물관리법」은 헌법상 환경권을 실현하는 데 있어서 정부와 지방자치단체의 폐기물관리 책임 및 지속가능성, 효용성, 공정성, 의식수준, 연대, 안전, 안보 및 경제적 가치에 기초를 두고 있다(제3조). 지속가능성은 환경친화적 폐기물관리로 현재에서 미래 세대까지의 공공보건과 환경에 부정적인 영향이 없을 것을 목적으로 한다. 효용성에 대하여는 폐기물관리가 지역사회 요구를 충족시키기 위해서 재활용할 수 있는 자원으로 간주하는 접근방식을 사용해야 하는 점에 관한 것을 의미한다.43) 공정성은 폐기물관리를 통해서 정부기관뿐만 아니라 사업자에게 폐기물 자원화에 균등한 기회를 부여하는 것을 내용으로 하며, 이러한 폐기물관리는 폐기물에 대한 의식수준의 향상과 모든 이해관계자의 참여를 전제로 한다.

이를 요약하면 ① 환경지향적 폐기물관리 확보에 대한 법적 확신, ② 폐기물 반입 및 수입 금지의 명확한 표명, ③ 폐기물관리 실행에 대한 질서, ④ 정부 및 지방자치단체의 폐기물관리에 대한 업무, 책임, 권한배분의 명확화를 목적으로 한다. 이 중 지방정부로의 권한 배분은 민주주의 기본질서와 부합하는 내용이지만 인도네시아 사회구조 체계에서 온정적으로 불법이 용인되는 경우에는 문제가 된다. 개발도상국의 폐기물 문제가 주로 지역사회를 중심으로 이루어진 점을 고려한다면 정부부처에게 감시 권한을 강화하여 엄격한 폐기물관리를 추구하는 점도 필요할 것이다. 예컨대, 제30조 제1항은 지방자치단체의 폐기물관리 정책에 대한 감시에 있어서 중앙정부가 수행하는 것을 명시하고 있으나 이는 정책 자체에 대한 감시에 불과하고 동조 제2항에서는 당해 지방자치단체가 폐기물관리의 이행(implementation) 모니터링을 하고 있는 점에 대한 개선점이 논의되어야 한다. 유사한 내용으로 제32조에서 행정제재의 주체를 지방자치단체의 장

---

43) Anjani Annisa, *HOUSEHOLD WASTE MANAGEMENT IN INDONESIA: What is an effective means to household waste reduction in Indonesia?*, Tohoku University, 2011, pp. 55−56.

으로 명시하고 있는 것도 이에 해당한다.

3. 플라스틱 폐기물 감소 전략

1) 플라스틱 폐기물의 국제적 규제

플라스틱의 해양투기로 인한 해양오염 여부를 결정하는 기준은 점점 더 전문화되고 복잡해질 뿐만 아니라, 국제사회구조의 변화와 고도로 전문화된 지식을 필요로 하는 과학기술에 상당 부분 의존할 수밖에 없다. 즉, 플라스틱으로부터 해양을 보호하기 위해서는 일반적 의무를 전제로 합리적인 해석을 통하여 관련 국제조약의 보편화를 통한 일국의 효과적인 해양투기 규제가 필수적이다.

폐기물에 대한 포괄적 조약인 바젤협약은 2019년 당사자회의(Conference of the Parties; COP)에서 부속서 개정을 통하여 플라스틱 폐기물을 구체적으로 다룰 수 있는 조치를 채택하였다. 그 내용으로는 재활용이 어렵거나 (부속서Ⅱ) 유해한 플라스틱 폐기물(부속서Ⅷ)은 수입국이 사전동의를 한 경우에만 수출할 수 있으며, 플라스틱 폐기물에 대한 환경 건정성 관리 (Environmentally Sound Management; ESM)에 대한 기술지침을 개발하여 합의하는 것을 목적으로 하고 있다. 부속서Ⅸ에 의하여 환경적으로 건전하므로 재활용을 하기 위한 플라스틱의 경우에는 국가 간 거래를 허용하고 있다. 또한, 플라스틱 폐기물 처리를 위한 추가조치로 각국은 수명주기 접근법을 채택하여 최소화 및 예방을 통해 국내 수준의 노력과 목표 설정할 것과 플라스틱에 유해물질 함량을 줄이기 위한 신기술의 도입시킬 것을 권고한다.[44] 여기에는 바젤협약 당사국 총회에서 플라스틱 폐기물 구별 및 ESM 처리를 위한 기술지침서를 업데이트 하는 것을 포함한다.

---

44) *Ibid.*

2) 플라스틱 폐기물 규제에 대한 국내규정

플라스틱 폐기물로 인한 오염은 해양에만 국한되는 것이 아니라 인도네시아 강에도 악영향을 미쳤다. 인도네시아 4개 강은 세계에서 가장 오염이 심한 20개 강에 포함된다.[45] 2008년 공포된 「고형폐기물관리법(Solid Waste Management Act(No. 18/2008)」은 2013년까지 고형폐기물관리 개선을 위해 재정되었으나 그 목표를 달성하지 못하였고, 폐기물 수거율도 여전히 낮은 수준에 불과하다. 또한, 고형폐기물관리 인프라의 증가 속도가 전체 고형폐기물 발생량의 증가속도에 미치지 못하면서 2019년 12월 인도네시아 환경산림부 규정(Ministry of Environment and Forestry Regulation No. P.75/2019)에 의하여 생산자가 고형폐기물을 감소시키는 방안을 발표하였다. 이에 따라 포장재의 지속가능한 설계방식의 도입으로 일회용 플라스틱은 단계적으로 폐기하고 불필요하고 과도한 포장을 제거하며 재활용과 재사용에 있어서 내구성이 뛰어나고 반품 가능하며, 충전과 리필이 가능한 제품을 생산하여야 한다.

이외에도 인도네시아 환경부는 국내적으로 폐기물 분리 및 순환경제 활성화를 위한 '폐기물 분류운동'(Gerakan Pilah Sampah)을 전개하며, 7개 유관기관 및 부처 간 양해각서를 체결하고 있다. 환경부가 도입한 지역 청결도 및 폐기물 수집과 최종 폐기물 처리장 운영을 모니터링하는 ADIPURA 프로그램은 환경관리에 있어서 지방자치단체의 성과를 측정하고, 우수한 지방자치단체에게 ADIPURA Award를 수여한다. 이에 따라 지방자치단체는 폐기물관리 전략을 도입하여 운영하고 있다. 예컨대, 보고르(Bogor) 지방정부는 조례를 제정하여 폐기물 저감 자료 및 플라스틱 감소에 관한 시범사업을 운영하면서 우수한 폐기물관리 지역에 인센티브 부여 제도를 도입하였으며, 인도네시아 정부도 국가 차원의 비닐봉투의 제한과 같은 추가 규정을 제정하기 시작하였다.[46]

---

45) The ASEAN(2018), Indonesia's plastic waste problem, https://theaseanpost. com/article/indonesis-plastic-waste-problem, Accessed 6 January 2022.

3) 플라스틱 폐기물 감소를 위한 실천계획

2020년부터 2025년까지의 인도네시아 플라스틱 폐기물 감소를 위한 실천계획은 인도네시아 산업 전반에 폐기물관리 및 지역활동을 연계시키는 것을 목적으로 소비자는 폐기물 분리폐출과 현명한 사용 및 구매에 참여하도록 하며, 민간부문은 생산자책임재활용제도(Extended Producer Responsibility; EPR)와 기업의사회적책임(Corporate Social Responsibility; CSR)의 적용을 원칙으로 하고 있다. EPR원칙은 ① 환경에 잠재적인 악영향을 고려하여 지속가능한 원자재를 이용한 플라스틱 재품을 재설계에 부합하는 기술 개발, ② 교육 및 정보전달을 통한 시장에서의 플라스틱 폐기물 회수계획, ③ 재활용품의 수집, 분리, 가공, 포장 및 운송과 관련한 폐기물 은행(waste banks)과 수집가들과의 협업을 내용으로 한다.[47]

폐기물 분야에 있어서 CSR은 비교적 최근에 논의되고 있는 개념으로 상술한 인도네시아 환경법 제88조상 무과실책임과도 관련된다. 여전히 CSR이 폐기물 분야에서 어떠한 효과를 상정하는지 불분명한 상황에서 기업의 불법행위를 억제하는 수단으로 동 원칙을 원용하는 것은 바람직한 폐기물관리 전략으로 생각된다. 그러나 환경 분야에 있어서 CSR은 기업의 공공성과 윤리적 책임을 강조하는 도구에 해당하지만 기업의 윤리적 행위는 이윤 추구를 목적으로 하는 기업이 당해 이윤을 초과하는 폐기물관리 전략의무를 수렴하는지 여부에 대해서는 한계가 따른다. CSR의 보편규범으로 발전하기 위해서는 각국의 국내법에 이를 명문화하는 노력이 필요하다. 한국의 경우에는 「산업통상자원부와 그 소속기관 직제 시행규칙」 제8조 제7항 제25호에서 지속가능 경영을 위한 기업의 사회적 책임 확대·발전에 관한 사항을 산업정책과장의 분장업무로 규정하고 있지만

---

46) UNEP, *National Plastic Waste Reduction Strategic Actions for Indonesia*, Ministry of Environment and Forestry, Republic of Indonesia, 2020, pp. 5-10.

47) *Ibid.* pp. 23-24.

이 내용만으로는 폐기물 분야에 직접적으로 적용된다고 할 수 없으므로 그 적용범위가 제한적이다.

Ⅳ. 캄보디아

1. 형법

캄보디아 형법은 폐기물의 불법투기로 인한 범죄의 일반예방적 기능을 강조하기 위해서 위법행위에 대한 처벌기준을 마련하고 있다. 제697조는 정부가 지정한 장소 이외의 공공장소에서 쓰레기, 폐기물 또는 건설자재를 버리거나 폐기하거나 버리는 행위는 1,0000리엘 이상 10,000리엘 이하의 벌금에 처하도록 규정하고 있다. 또한 지정한 장소가 아닌 곳에서의 차량 잔해, 쓰레기, 폐기물과 차량에 의해 운반된 물질을 투기하는 경우에는 10,000리엘 이상 100,000리엘 이하의 벌금에 처하도록 한다(제698조). 제699조는 쓰레기, 폐기물 또는 건설자재를 당해 토지 점유자의 동의 없이 투기하는 행위를 1,000리엘 이상 10,000리엘 이하의 벌금형으로 처벌한다. 차량 잔해물이나 차량에 의해 운반된 물질의 투기인 경우에도 마찬가지이다(제700조). 제701조에 의해서 사람이나 차량의 자유로운 통행을 방해하거나 감소시키는 건설재재나 물질을 불필요하게 투기하거나 방치하여 공공 도로의 통행을 방해하는 행위에 대해서도 1,000리엘이상 10,000리엘 이하의 벌금에 처하도록 하고 있으며, 이러한 행위에 대해서 당해 물건을 법원이 지정한 장소로 운반할 것을 명령할 수 있다(제702조). 위 조항들은 폐기물관리에 대한 범죄를 경범죄로 다루고 있다. 법정형이 벌금형에 불과하거나 벌금액수의 자체가 법인 사업자 입장에서는 상대적으로 낮은 수준에 해당한다. 캄보디아에서 폐기물관리는 주로 지방자치단체로부터 위탁받은 민간기업이 대행하고 있는 점을 고려하면 사업자의 벌금액수 재산정에 대한 논의가 필요하다.

2. 고형폐기물관리 시행령

「고형폐기물관리 시행령(Sub-Decree on Solid Waste Management」은 도시고형폐기물(Municipal Solid Waste; MSW) 및 유해폐기물을 포함한 고형폐기물관리에 대한 법적 근거를 마련하였다. 동법은 안전하고 기술적인 폐기물관리를 위한 단속 및 인간 건강 보호와 생물 다양성 보존을 위한 시행령으로 제1조에서 공공보건환경의 질 보호와 생물다양성 보전을 위해 고형폐기물관리를 적절한 기술적 방법과 안전한 방법으로 규제하는 것을 목적으로 한다. 또한, 제4조에서 폐기물의 안전한 관리를 위하여 지방자치단체에서 생활폐기물 처리·수거·운반·보관·재활용에 관한 지침을 수립하여야 한다고 규정하면서 단기·중기·장기적으로 폐기물관리계획을 수립하여야 한다고 규정한다. 또한, 환경부는 유해폐기물관리지침을 수립하여야 한다(동법 제11조). 2003년에는 캄보디아의 「지방 및 도시에서 고형폐기물관리에 관한 내무부와 환경부의 제80호 선언(Inter-Ministerial Declaration of Ministry of Interior-Ministry of Environment on Waste and Solid Waste Management in Province/Municipalities of Cambodia, No. 80)」이 발표되었는데 이에 따르면 고형폐기물관리에 대한 권한과 관련 기관의 책임을 개선하는 데 목적을 두고 있다. 캄보디아의 지방과 도시에서 모든 종류의 고형폐기물의 수집, 임시 보관, 운송, 재활용, 쓰레기 투기 및 모든 유형의 고체폐기물과 관련된 모든 활동에 적용한다. 동법은 이후에도 2006년 「고형폐기물관리에 관한 환경지침」, 2009년 「수질오염관리령 제27호」, 2015년 「도시지역 고형폐기물관리령(Sub-Decree on Urban Solid Waste Management, No. 113)」에 제정·시행되고 있지만 그 시행은 제한적이다.

3. 고형폐기물관리에 관한 환경지침

1) 목적

「고형폐기물관리에 관한 환경지침(Environmental Guidelines on Solid Waste Management in Kingdom of Cambodia)」은 고형폐기물관리를 위한 규정 마련, 기술 인력 역량 구축, 폐기물의 부정적인 효과에 대한 인식제고를 위한 교육방법 및 이해관계자의 폐기물 관련 규정의 준수를 확보하기 위하여 제정되었다. 동 지침은 이른바 '연성법'(soft law)으로 법적 구속력은 없지만 고형폐기물과 관련하여 경성법이 확립되는 동안 당위규범을 제시하고 그 실행가능성을 확보하는 데 있어서 중요한 문서이다. 연성법은 경성법 문서를 제정하는 데 있어서 용이한 컨센서스를 제공한다. 국제문서에서는 「유해폐기물의 환경적으로 건전한 관리를 위한 카이로 지침과 원칙(Cairo Guidelines and Principles for the Environmentally Sound Management of Hazardous Waste)」의 일부가 바젤 협약에 구현된 바 있다. 구체적으로 위 지침은 고형폐기물의 기간별 관리계획(단기·중기·장기)을 수립하며 매립지의 준비·운영·유지관리 및 폐쇄, 재활용(퇴비화)의 방법과 조건, 의료폐기물을 비롯한 유해폐기물의 관리, 교육수단과 방법에 대해서 규정하며 폐기물 점유자의 의무사항을 정하도록 한다.

2) 매립지

폐기물을 매립지에 폐기함으로써 환경에 미치는 부정적 영향을 감소시킬 수 있지만 지하수, 지표수 및 대기질에 있어서는 악영향을 미치거나 온실가스를 배출을 유발할 수 있으므로 적절한 조치를 취하여야 한다. 위 지침은 고형폐기물은 표준매립지와 위생매립지를 구분하여 매립을 하고 구분에 대한 기준은 부속서에서 다루고 있으며, 유해폐기물은 별도의 매립지를 설치하도록 하고 있다. 매립지 설치 허가 당국과 관할 지방자치단체는 허가서를 교부하기 전에 당해 매립지가 환경에 미치는 영향에 대하여 연구 및 평가를 신청하여야 한다. 매립지의 위치는 도로인접성을 고려해서 선택하여야 하며 고형폐기물은 거주지로부터 500m 이상, 유해폐기물을 1,000m 이상의 보호 거리를 두어야 한다. 침출수를 배출할 수 없는 곳은 매립지 설치가 불가하며 지리적·수문적으로 배출이 용이한 지역을 선택하여야 한다. 지하수에 부정적인 영향을 주지 않기 위해서 매립지 바닥공사를 실시하여야 하며, 지질상태를 연구하도록 하고 있다. 매립지 설치와 침출수 수집 및 처리시스템은 가용한 최신 기술로 설치되어야 한다.

3) 퇴비화

폐기물의 경우 사안에 따라서는 수거·처리를 통해서 다른 바이오에너지보다 비용경쟁력을 확보하는 것이 가능하다.[48] 최근 한국에서는 가축분뇨활용바이오가스생산촉진법이 일부개정법률안이 발의되있는데, 동 개정안은 축분을 이용한 친환경에너지 생산을 촉진하기 위해 지방자치단체의 장이 가축분뇨공공처리시설을 설치하는 경우, 바이오에너지를 생산·이용하기 위한 설비를 설치하도록 하고, 농협조합이 해당 설비를 설치하는 경우에는 비용의 전부 또는 일부를 지원하도록 하는 내용을 담고 있다.[49] 캄보디아의 「고형폐기물관리에 관한 환경지침」은 매립지 침출수 및 생활폐기물, 가축폐기물 등을 이용하여 매립 수명을 늘리고, 퇴비를 이용한 농경지의 질적 향상을 도모하는 내용을 명시한다. 인간 또는 동·식물에 유해할 수 있는 농도를 포함하는 경우에는 퇴비화가 불가능하며, 이에 대해서는 부속서Ⅶ을 통해서 열거하고 있다. 퇴비화 공장은 위생설비 및 불순물 제거를 비롯한 작업수칙을 준수하여야 하며, 악취와 침출수 발생을 예방하여야 한다.

---

48) 황계영, "폐기물 관리 법제에 관한 연구", 서울대학교 법학박사 학위취득 논문, 2015, p. 77.
49) 인천일보, "이규민 의원, 가축분뇨 활용 바이오가스 생산촉진법 발의", 2021. 1. 3.

I. 초국경 환경 피해 금지의 원칙

1. 의의

초국경 환경 피해 금지의 원칙에서 transboundary는 '월경'(越境), '초국경' 등으로 해석되는데, 특별히 구분하지 않고 혼용되어 쓰여지고 있다.[50] 우리나라가 가입하고 있는 Basel Convention on the Control of Transboundary Movements of Hazardous Wastes and Their Disposal은 공식적으로 "유해폐기물의 국가 간 이동 및 그 처리의 통제에 관한 바젤협약"이라고 하여 '국가 간'으로 해석하고 있다. 그러나 공해 (high seas)로부터 국내로 유입되는 폐기물의 경우처럼 국가관할권이 존재하지 않는 지역에서 기인한 폐기물 피해의 경우 가해국가 특정하는 것이 어렵기 때문에 '국가 간'이라고 해석하기 보다는 광범위한 개념인 '초국경'으로 해석하는 것이 적합하다. 초국경 환경 피해 금지의 원칙은 국제환경법상 관습법으로 인정되며,[51] 국가는 국내법상 자국의 영토를 이용함에 있어서 타국에게 유해한 결과를 초래하지 않아야 하는 국제의무를 부담한다. 동 원칙에 있어서 예외 없이 소개되는 국제사례는 미국과 캐나다 간 "트레일 제련소 중재재판 사건"으로 캐나다 브리티시 컬럼비아주 내 트레일(Trai)에 위치하고 있는 제련소에서 인접국인 미국에 다량의 아황산가스로 인한 피해의 결과로 캐나다가 미국에 배상한 사건이다.[52]

---

50) 박수진, "이산화탄소 해양지중저장의 월경성 상황에 관한 국제법적 고찰", 「해양환경안전학회 학술발표대회 논문집」, 2013, p. 255.
51) D. Hunter et al., International Environmental Law and Policy, 5th ed., Foundation Press, 2015, p. 473.
52) Trail Smelter Arbitral Tribunal, Decision, American *Journal of International Law*, Vol. 35, 1941, pp. 684–687.

2. 라오스

「환경보호법」 제39조는 유독성 및 유해폐기물관리에 대하여 "라오스로의 화학물질 및 방사선에 오염된 유독성 및 유해 폐기물 수입은 금지"됨을 원칙으로 하고 있다. 또한 제77조는 국경 간 오염, 유독성 화학물 운송, 유해 폐기물 및 온실가스와 같은 국제분쟁이 발생하는 경우 라오스의 관련 규정 및 라오스가 회원국으로 있는 조약, 국제협정을 적용한다고 규정하여 라오스가 가입하고 있는 국제조약 및 협약상의 준수의무를 밝히고 있다. 이에 따라 타국의 폐기물 수입을 금지하고 환경보호에 대한 시혜적인 혜택 및 부담의무의 경감을 승인한다고 볼 수 있다.

라오스는 베트남, 태국, 캄보디아, 중국, 미얀마 등 5개국으로 둘러싸인 내륙국이다. 동남아시아의 주요 교역로에 해당하는 메콩강(Meking River)의 4,200km 중 1,898km가 라오스를 관류한다.[53] 독일의 헬름홀츠 환경 연구센터에 의하면 해양으로 배출되는 플라스틱의 약 90%는 메콩강을 비롯한 10개의 강에서 기인하는 것으로 보고 있다.[54] 라오스의 초국경 환경 피해 금지의 국제의무 준수를 위해서는 라오스 내에서 적용 가능한 합리적인 폐기물관리 시스템이 운영되어야 한다. 그러나 라오스 정부 또는 도시 차원에서 폐기물 자원화의 접근법이나 "감소(Reduce)·재사용(Reuse)·재활용(Recycle)"(이하 '3R'로 약칭함) 원칙을 지원하는 정책이나 규정이 존재하지 않는다.[55] 폐기물 수거율은 전체의 절반 수준에 불과하고 불법적인 투기관행에 기인한 폐기물 피해가 심각한 수준이며,[56] 특히 고형폐기물에 대한 위생처분 관련 규제가 부족한 현실이다. 폐기물을 이용

---

53) Kotra 국가정보, 라오스, 2012, p. 5.
54) The Mainichi, About 90% of marine plastic waste originates in 10 rivers in Asia, Africa: study, Accessed 12 January 2022.
55) Global Green Growth Institute, *Solid Waste Management in Vientiane, Lao P.D.R—Situation assessment and opportunities for waste—to—resource,* 2018, pp. 5–6.
56) 기획재정부·한국수출입은행, "라오스 지속가능한 고체폐기물 관리방안", 「2019/20년 KSP 정책자문보고서」, 2019, p. 17.

한 3R원칙에 근접한 사업에 대한 정책지원은 비용 효율적이며, 산업 발전을 위한 주요 원동력으로 작용한다. 이를 위해서는 EU의 폐기물관리전략을 모범으로 한 라오스 내에서의 폐기물관리 관련 법제의 효율적인 제·개정이 수반되어야 한다.

3. 인도네시아

인도네시아의 고형폐기물 발생량은 세계 5위 수준이며, 플라스틱 폐기물도 세계에서 두 번째로 높다.[57] 인도네시아의 「폐기물관리법(Waste Management)」은 폐기물관리를 처분 방식이 아닌 재활용의 개념으로 이해하여 이처럼 경제적인 가치를 지닌 재화로 활용하는 것에 주안점을 두어 입법하였으며, 따라서 폐기물 소각이나 매립으로 인한 타국에 대한 피해를 사전에 예방하는 방식을 활용하는 점을 동법의 제정 취지를 통하여 밝힌 바 있다. 「환경보호관리법」 제58조 제1항에서는 "누구든지 인도네시아 공화국 영토 내로 수입하는 경우 유해 및 독성물질을 생산, 운송, 유통, 저장, 사용, 폐기, 처리 및 축재함에 있어 유해 및 독성물질을 처리해야 한다."고 명시함으로써 타국의 환경오염으로 인한 폐기물의 인도네시아로의 수입을 금지하고 있다. 제69조에서는 인도네시아 국외에서 발생한 폐기물을 인도네시아 환경매체로의 투입 또는 인도네시아 영토 내에 유해 폐기물을 투입을 금지하고 있다. 「폐기물관리법」에서는 자국의 환경오염으로부터의 타국의 피해 금지와 관련된 것을 다루었다면, 「환경보호 및 관리법」에서는 주로 타국의 오염으로 인한 폐기물에 대한 인도네시아의 피해를 금지하기 위한 입법으로 평가된다. 제69조 제1항 c호에서는 국외에서 발생한 폐기물의 국내 수입을 금지하고 있는데, 이를 위반한 자는 제105조에 의하여 4년 이상 12년 이하의 징역과 40억 루피아 이상 120억 루피아 이하의 벌금에 처하도록 하고 있다.

---

57) 한국환경산업기술원, "인도네시아 폐기물 자원순환 산업 심층 분석 리포트", 「해외환경통합정보시스템」, 2020, p. 2.

4. 캄보디아

「고형폐기물에 관리 시행령」제1조에서는 고형폐기물관리에 관한 적절한 기술적 방식 및 인류의 건강과 생물의 다양성 보존을 위한 안전한 방법을 규정함을 목적으로 한다고 명시하면서 폐기물로 인한 피해를 보호하기 위한 국가의 의무 사항을 규정한다. 또한, 제5조에서는 "시·도의 폐기물 수집, 운반, 재활용, 최소화 및 투기는 시·도 당국에 책임이 있다. 이에 따른 시행은 환경부 선언에서 규정한 건실한 폐기물관리에 관한 지침을 준수해야 한다."고 규정함으로써, 지방자치단체의 의무 및 국가의 법령에 근거를 둘 것임을 의무화하고 있다. 제12조에서는 환경부는 인간의 건강과 환경의 질을 보호하고 생물의 다양성 보전을 위해 폐기가 허용되는 유해 폐기물에 포함된 독소 또는 유해물질의 양에 대한 기준에 관한 시행규칙을 공표해야 한다고 하여 국가의 의무를 명시하고 있다. 제1조 및 제5조, 제12조를 통해서 확인할 수 있는 것은 인류의 건강과 생물의 다양성 보존이라는 전 인류적인 목적을 위해 국가적인 환경보호 의무를 인정함과 동시에 자국 외의 인류적인 피해를 줄이기 위한 국가적인 노력을 명시하고 있다는 점이다. 제21조에서는 외국에서 캄보디아 왕국으로의 유해 폐기물 수입은 엄격히 금지된다고 명시한다. 이를 위반한 경우 제27조에서는 환경보호 및 천연자원 관리에 관한 법률 제9장 제20조 내지 제23조 및 제25조에 따라 벌금이 부과된다고 하여 형사처벌 규정을 마련해 두고 있다.

Ⅱ. 협력의 원칙

1. 의의

폐기물관리는 시민들의 일상생활에서 편안함을 제공하기 위해 규제에 협력해야하는 공공서비스의 일부에 해당한다. 폐기물관리는 국가와 사기업 및 비정부기구(NGOs)를 포함하여 지역사회 내 다양한 분야의 개입을 통해서 목표를 달성할 수 있다. 이러한 폐기물관리 네트워크의 공동체는 오늘날 폐기물관리 시스템에 상당한 역할을 하고 있으며, 특히 재활용 프로세스에서 활발히 진행 중이다. 국내적으로 최상가용기법(BAT)을 반영하기 위한 인프라를 구축할 수 있어야 하며, 국제적으로는 타국이 국내에서의 폐기물관리전략목표를 달성하는 것에 협력하여야 한다. 국제환경법의 일반원칙인 동 원칙은 국제하천의 수질오염 규제와 관련한 Lanoux湖 사건58) · Pulp Mills 사건59) 등에서 언급되었다. 국가 간 협력의 원칙은 UN 총회의 결의안에서 다수 반복되고 있으며, 환경오염문제를 취급하는 이사회 권고문에서도 OECD의 협력의무에 대해서 언급하고 그 실천방안을 밝히고 있다. 국내법상 협력의 원칙은 폐기물 최소화를 위한 국내규범의 존중과 그 목적실현을 위한 중앙정부 · 지방자치단체 · 사업자 · 폐기물처리업자 · 배출자 간의 협력을 의미한다.

2. 라오스

라오스 「환경보호법」 제37조는 폐기물 처분에 대하여 규제에 필요한 방법과 처분에 있어서 지역별, 가구별, 보건시설 및 교육기관, 관공서와 공장시설이 협력할 것을 규정한다. 라오스 정부가 마련한 「비전 2030년, 2018~2025년까지의 국내오염규제 전략 및 행동계획(National Pollution Control Strategy and Action Plan 2018－2025, with Vision to 2030)」에 의하면 최근 몇 년간 폐기물 매립지 개선에도 불구하고 아직까지 열악한 상황

---

58) Lanoux湖 상류국인 프랑스의 수력발전소 건립과 관련하여 하류국인 스페인 간 협의·교섭할 의무를 확인한 사건; *Lake Lanoux Arbitration (Spain v. France)*, 24 ILR 101 (1957).
59) 우루과이 강 유역에 펄프 공장(Pulp Mills) 설립에 관하여 공장 설립예정지 인근 아르헨티나와 우루과이 주민들의 이해 충돌 문제 해결을 위한 협의 · 교섭할 의무를 확인한 사건; *Pulp Mills on the River Uruguay (Argentina v. Uruguay)*, Judgment, ICJ Reports (2010).

이며, 재활용 등이 가능한 고형폐기물이 유해폐기물 및 의료폐기물과 함께 처리되고 있다. 건기(11~4월)에는 이런 폐기물들을 대부분 소각하게 되는데, 그렇지 않으면 메콩강으로 이어지는 지역 수로에 투기되기도 한다. 지역 수로에 투기된 폐기물은 홍수를 악화시키고 유속을 느리게 하여 수질을 부패시키고 건강에 유해하며 잠재적으로 관광자원과 경제성장 동력을 감소시킨다.[60]

위 행동계획에 따르면 라오스 정부는 인프라 확대를 통한 폐기물 수집·처리 용량의 확대와 배출자들의 참여 및 협력을 강조하고 있다. 이를 위해서는 폐기물 관련 부문의 모니터링을 포함한 관련 법률의 입법과 민간부문의 투자 촉진이 필요하다. 특히 라오스의 지속적인 폐기물관리를 위해서는 현재처럼 지방정부에 의존하는 방식도 중요하지만 중앙정부와 비정부기구(NGO)의 참여를 포함한 노력이 지지받고 있다. 하지만 최근 환경기금 설립과 환경세 징수와 관련하여 명확한 정책과 메커니즘이 없는 상황에서 오염 통제 정책에 대한 실효성 논란이 지속적으로 진행되고 있다.[61] 일반적으로 이러한 문제는 정부 내 전문부서가 없기 때문에 그 책임을 다루는 것이 소극적인 것으로 생각된다. 라오스 내 정부부처 간 협력을 통해 현재의 국내법으로는 라오스의 폐기물 규제에 한계가 나타나므로 이를 개선하고, 부처 간 상호이해와 조정을 도모할 수 있는 전문 부서의 설립이 요구된다.

3. 인도네시아

인도네시아 정부는 폐기물관리에 대한 공공 서비스를 제공해야 하며, 폐기물관리체의 운영은 민간사업자와 협력을 통해 이루어지지만, 이에 대한 권한 및 책임은 정부가 부담한다. 또한 폐기물 관련 단체도 폐기물관

---

60) Lao People's Democratic Republic, *National Pollution Control Strategy and Action Plan 2018－2025, with Vision to 2030*, 2017, pp. 15－16.
61) *Ibid.,* p. 26.

리 활동에 참여할 수 있다고 규정하면서 폐기물관리에 대한 협력의 의무를 직접적으로 밝히고 있다. 「폐기물관리법」 제5조에서는 정부와 지방자치단체는 환경에 건전한 방향으로 이 법의 목적에 따라 폐기물관리가 원활하게 시행되도록 하는 것을 과업으로 한다고 명시하고 있으며, 정부 및 지방자치단체의 과업은 다음 각 호와 같다.

1. 폐기물관리에 대한 대중의 인식 개발 및 향상
2. 폐기물 감소 및 처리를 위한 연구 수행 및 기술 개발
3. 폐기물 감소 · 처리 및 활용을 위한 노력 촉진 · 개발 · 수행
4. 폐기물관리를 위한 시설 및 기반시설 제공을 통한 폐기물관리 수행
5. 폐기물관리 결과의 장점 향상을 장려하고 촉진
6. 폐기물 감소 및 처리에 지역 사회에서 개발된 특정 지역 기술의 적용 촉진
7. 통합 폐기물관리를 위해 정부 기관, 사회 및 산업 간 조정 수행

「환경보호관리법」 제63조 제1항은 중앙정부와 지방정부의 협력 기준의 개발(g호) 및 지역간의 환경분쟁해결과 협력조정 및 편의제공(q호)을 규정한다. 그러나 중앙정부와 지방정부 간 협력 의무에도 불구하고 양 기관 간 폐기물관리에 있어서 과소보호의 문제는 해결하여야 할 과제로 남아 있다. 예컨대, 의료폐기물을 비롯한 유해폐기물을 취급하는 사업장에서 이를 부적절한 장소에 폐기하는 방법으로 관련 규정을 준수하지 않았을 때에는 당해 사업장을 폐쇄시키고 허가를 취소할 수 있는데, 그 기준이나 실행이 권고적인 것에 불과하다.[62]

---

62) Endang Sutrisno, Taty Sugiarti, Novani Ambarsari Pratiwi, *Environmental Law Enforcement In Hazardous Waste Management In West Java Indonesia: A Critical Trajectory Of Green And Anthropogenic Based Environmental Policy Orientations,* International Journal of Scientific & Technology Research, Vol. 8, Issue. 8, 2019, pp. 432−433.

4. 캄보디아

「고형폐기물관리 시행령」제20조에서는 캄보디아 왕국에서 해외로의 유해 폐기물 수출은 환경부의 동의, 무역부의 수출 허가, 수입국가의 허가를 요한다. 유해물질의 수출은 1992년 5월 5일 발효된 국가 간 유해 폐기물의 이동 및 그 처리에 관한 바젤 협약의 규정을 준수해야 한다고 명시하고 있다. 이는 해외 폐기물 수출에 있어서 국가 간의 통지 및 의사소통에 관하여 규정하고 있는 것이고, 바젤협약의 규정을 준수해야 함을 명시함으로써 협력의 원칙을 수용하고 있음을 알 수 있다. 국내에서는 특정지역 내의 관할부처 간에도 협력의무가 필요한 경우가 생길 수 있는바, 제26조에서는 동물, 인체 또는 공공재산에 위험을 초래하거나 환경을 오염시키는 유해 폐기물의 보관 또는 폐기에 관한 불만이나 신고가 있는 경우 환경부는 긴급조사를 거쳐 관계 부처 및 지방자치단체에 알려야 한다고 규정하고 있다. 캄보디아의 폐기물법상 규제는 다른 개발도상국보다 체계적이지만 법령과 이행 간의 차이가 나타난다. 지방자치단체는 폐기물 수집 및 운송 서비스를 민간사업자에게 위탁을 하는데, 상술한 캄보디아 정부의 자금난은 민간사업자에게도 부담으로 작용되고 있다. 민간사업자의 폐기물 식별과 운송 및 처리는 충분하지 않으며, 비용부담의 주체인 배출자의 폐기물 불법투기나 소각은 개선되지 않고 있다. 지방자치단체 내지 중앙정부가 이에 대한 유인책으로 보조금을 비롯한 재정적인 지원은 캄보디아의 폐기물관리에 있어서 필요한 수단이다.

Ⅲ. 예방의 원칙

1. 의의

폐기물로 인한 피해는 시간이 지남에 따라 증가하고 있으며, 때로는 장기적이고 돌이킬 수 없는 것이 된다. 그 영향이 양적으로는 많은 사람들에게 미칠 뿐만 아니라, 질적으로 장기간에 걸쳐 피해자 자신도 모르는 사이에 누적되어 인간의 건강과 재산에 피해를 야기한다. 효율적인 폐기물관리는 폐기물을 사전에 예방하여야 할 의무가 필연적이다. 구체적으로 예방의 원칙은 당해 국가가 폐기물에 대한 피해를 방지, 감소, 제한하거나 이를 통제하기 위하여 필요한 조치를 취하여야 의무가 있는 것을 의미한다.[63]

2. 라오스

「산업폐기물 배출 관련 규정」은 수질 및 시민의 건강과 삶에 영향을 줄 수 있는 산업 폐수 및 폐기물의 배출 규제를 목적으로 하는 것으로 이에 대한 예방기준을 설정하여 국민 및 사업자에 대한 의무를 부과하고 있다. 「환경보호법」 제36조에서는 유독성 화학물은 산업·농업·임업·에너지업·광업·수공업과 같이 생활 소비를 포함하는 생산공정·사업 및 서비스 분야에서 사용되는 물질로 인간 및 동·식물 등의 생명과 건강에 유해할 수 있으며, 구체적인 절차 및 규정을 정확히 준수하여 처리·투기·연소·화장·매장 또는 제거를 통해 관리가 필요하다고 규정하면서 유독성 물질이 유해폐기물로 전환됨으로 인한 피해를 예시적으로 열거하면서 예방의 정당성을 확보하고 있다.

「국내 오염 통제 전략 및 행동계획(National Pollution Control Strategy and Action Plan)」은 라오스 정부 제8차 국가사회경제발전계획에서 제시된 '녹생경제 및 지속가능성에 기초한 자연환경의 효율적 보전'을 달성하기 목표를 제시하였는데, 이 전략은 라오스 영토 내 오염 예방과 통제라는 두 가지 축으로 구성되며 각각의 하위 전략으로 구성되어 있다. 단기 (2018~2020년), 중기(2021~2025년), 장기(2026~2030년)의 타임라인과 주요 지원내용에 대해서 규정하며 중앙정부와 지방정부의 활동과 폐기물관리책

---

63) 이재곤 외, 「국제환경법」 제2판, 박영사, 2020, p. 71.

임에 대해서 명시한다. 라오스 정부는 폐기물관리에 있어서 세부계획에 따른 기금출현과 함께 정책, 전략, 법률, 규정의 구현 및 확장에 대한 책임이 있다. 따라서 이에 대한 효과적인 지침 및 매뉴얼의 제작과 규제 개선을 제안하여야 한다. 구체적으로 개발계획, 오염원 관리사업, 환경비상사태 통제, 모니터링, 기간별 실태 및 전문성에 기인한 화학물질 및 폐기물관리계획, 자금배분, 보고 등의 업무를 수행하며 관련 부처는 정부 상급기관에 그 결과를 제출하여야 할 의무가 있다.[64]

3. 인도네시아

「폐기물관리법」제13조에서는 개척지, 상업 지구, 산업 단지, 특정 지구, 공공 시설, 사회 시설 및 기타 시설의 관리자는 폐기물 분리 시설을 제공할 의무가 있다고 규정하며, 제14조는 모든 생산자는 제품 및 포장에 폐기물 감소 및 취급과 관련하여 라벨이나 기호를 붙여야 한다고 밝히고 있다. 제15조에서는 "생산자는 자연적인 분해가 어렵거나 불가능한 제품 및 포장을 관리할 의무가 있다."고 명시하고 있는데, 이는 생산자로 하여금 모든 제품에 부과하는 의무로서 예방의 원칙에 입각한 것이다. 또한, 제21조에서는 폐기물 감소를 수행한 자에게 장려책 및 폐기물 감소를 수행하지 않은 자에게는 억제책에 대한 위임입법의 근거를 마련함으로써 국가에 대하여 예방의무를 부과하는 근거규정을 두고 있다.

「환경보호관리법」상 무과실책임주의의 도입은 예방의 원칙의 관점에서 입증책임의 완화 내지는 전환을 입법화한 것으로 볼 수 있다. 다만, 2020년 개정된 「인도네시아 고용창출에 관한 법률(이른바 옴니버스 법)」에 따르면 기업에게 과실이 있다는 증명이 없어도 된다는 부분을 삭제하여

---

64) The Lao People's Democratic Republic Ministry of Natural Resources and Environment, *Data Collection Survey on Waste Management Sector in The Lao People's Democratic Republic Final Report*, Japan International Cooperation Agency, 2021, pp. 31−32.

과실의 존재가 증명된 경우에만 책임을 지는 방향으로 기업에게 유리하게 바뀌었는바, 어떠한 부분에 우선을 둘지에 대하여는 견해가 대립한다. 「국내 폐기물 등 관리에 관한 법률」 제10조에 의한 폐기물 감축은 재사용가능한 물질을 사용하거나 이미 사용된 폐기물 포장을 수집하는 방법 등에 의하여 가능하다. 동법 제12조 내지 제13조에서는 제품을 생산하는 자는 자신의 폐기물을 재활용할 의무가 있고, 분해가 용이한 포장 사용 및 제품과 포장이 재활용될 수 있도록 폐기물 회수의 의무를 규정하고 있다. 폐기물관리의무 부담을 기업 및 이해관계자에서 나아가 '누구든지'로 확장함으로써 예방 원칙의 인적범위를 확장시키고 있다.

4. 캄보디아

캄보디아의 「환경보호 및 천연자원관리에 관한 법률」상 국가 및 지역 단위의 환경계획의 총체로 환경영향평가와 천연자원의 관리에 관하여 규정하고 있으며, 환경보호와 관련된 모니터링을 실시하는 것을 목적으로 한다. 제1조에서는 공해 예방, 감소 및 통제를 통한 환경 품질 및 공중보건 보호 및 향상과 프로젝트 제안에 관하여 왕립정부가 결정을 내리기 전에 환경영향평가 시행 및 캄보디아왕국 천연자원의 합리적이고 지속가능한 보존, 개발, 관리 빛 사용 보장을 명시하고 있으며, 일반인이 환경 보호 및 천연자원 관리에 참가하도록 장려 및 환경에 영향을 미칠 수 있는 행위 억제를 규정하고 있다. 제2조에서는 정부와 환경부가 관련 부처 및 기관과 협력하여 국가 및 지역 환경계획을 수립하도록 하고 있다. 국가환경계획은 환경보호 및 지속가능한 천연자원 관리를 위하여 캄보디아 전역에서 시행되는 계획이다(제3조). 국가 환경계획은 사회경제적 발전과 관련된 주요 환경문제 및 천연자원 관리에 관한 사항을 결정하고, 환경관리를 위한 조치를 정한다. 제4조는 지역환경계획의 수립 및 운영에 있어서 국가환경계획에 부합하여야 할 것과 지역에서의 환경관리를 위한 조치를 정하도록 규정하고 있다. 제5조는 5년에 1회 이상 국가 및 지역환경계획을 검토 및 개정하여야 한다고 밝히고 있다. 캄보디아 환경부는 관련 부처와 협조하여 천연자원의 조사일표를 작성하여야 하는데, 그 내용으로는 폐기물의 원천과 유형 및 수량을 포함한다(제12조). 제13조는 캄보디아 환경부에 의해 정의된 대기·토양·수질·소음·진동 및 폐기물과 독성물질의 예방과 감소·통제에 대해서 환경부 제안에 따른 고시로 정한다고 명시한다. 「고형폐기물관리에 관한 환경지침」은 폐기물관리계획을 강화하여 고형폐기물의 양적 예방과 축소 및 재사용·재활용, 안전한 보관을 목적으로 하고 있다. 고형폐기물관리계획은 지방자치단체와 민간사업자가 매 5년마다 기본계획을 수립하도록 하고 있으며 일관된 전략이어야 한다. 매 5년마다 보고서 제출의무도 포함하고 밝히고 있다. 폐기물관리계획에는 자체처분장이 있는 경우라 하더라도 이에 대한 보고서를 제출하여 사전승인을 받아야 한다. 또한, 유해폐기물을 수출하는 경우에는 바젤협약의 내용에 부합하여야 한다. 또한, 동 지침은 유해폐기물의 발생, 배출, 분리, 저장, 수집, 재활용, 운송 및 최종처리에 관한 활동에 대해서 규정한다. 이때, 유해폐기물은 의료폐기물을 의미한다.

IV. 오염자부담원칙

1. 의의

오염자부담원칙은 오염 통제 및 저감과 관련된 규제업무의 비용을 충당하는 것으로 예방원칙을 전제로 시행되어야 한다.[65] 우리나라 오염자부담원칙은 환경정책기본법 제7조에서 자기의 행위 또는 사업활동으로 환경오염 또는 환경훼손의 원인을 발생시킨 자는 그 오염·훼손을 방지하고 오염·훼손된 환경을 회복·복원할 책임을 지며, 환경오염 또는 환경훼손

---

65) G. Winter, The legal nature of environmental principles in international, EC and German law, *in Macrory, R. (ed.) Principles of European Environmental Law,* Europa Law Publishing, 2004, pp. 19－22.

으로 인한 피해의 구제에 드는 비용을 부담함을 원칙으로 한다고 규정하면서 환경오염의 결과에 지불되는 비용을 오염자에게 귀속시키고 있다. 환경정책기본법상 오염자부담원칙은 오염행위를 한 원인자에게 정화책임을 부과하는 데 있어서 의의가 있지만 행정청에 구체적인 처분권한이 부여되는지는 분명하지 않다.

이와 관련하여서 「토양환경보전법」의 경우에는 특정오염관리대상시설의 설치자에 대한 명령(제14조), 토양오염방지조치명령(제15조), 오염토양 개선사업의 명령(제19조 제1항), 토양오염물질의 제거 또는 시설 철거 등의 명령(제21조 제3항)을 언급하면서 개별 행정처분의 근거규정을 두고 있다. 「해양환경관리법」도 해양오염방지 활동 소요 비용 부담 명령(제24조 제4항), 오염물질 수거ㆍ처리 명령(제37조 제1항), 오염물질 방제조치(제64조 제1항 및 제65조 제1항)에 근거규정을 둔다.66) 이에 반하여 「폐기물관리법」에서는 일반적으로 폐기물 처리 시설의 등록이나 허가를 취소하는 일반규정을 열거하고 있지만, 정화책임에 관하여는 언급이 없다. 폐기물 배출원으로부터의 정화책임을 포함한 환경개선을 내용으로 하는 오염자부담원칙을 적용하기 위해서는 폐기물을 관리하는 행정청에 구체적인 처분 권한이 부여되어야 할 것이다.

2. 라오스

「환경보호법」 제34조는 산업, 농업, 임업, 에너지, 광업, 수공예 분야에서 제조, 사업 및 서비스를 하고 있는 사업자는 오염관리 및 법규에 근거한 환경세 납부 약정 등의 개발을 통해 오염관리 의무를 지고 있다. 제36조에서는 유독성 화학물은 산업, 농업, 임업, 에너지업, 광업, 수공예업과 같이 생활 소비를 포함하는 생산공정, 사업 및 서비스 분야에서 사용되는

---

66) 방종식ㆍ전인환, "유류오염과 토양 및 해양환경 정화의 공법적 책임 고찰 – 정화책임자를 중심으로 –", 「한국의 환경 및 에너지에 관한 법원리」, 대한변호사협회, 2014, pp. 16 – 18.

물질로 인간 및 동·식물 등의 생명과 건강에 유해할 수 있으며, 구체적인 절차 및 규정을 정확히 준수하여 처리·투기·소각·화장·매장 또는 제거를 통해 관리가 필요한 것으로고 명시하고 있다. 제39조에서는 "고유한 생산 및 사업체 운영으로 인하여 유독성 및 유해 폐기물을 생산하는 개인, 법인 및 조직은 법령에 준수하여 폐기물을 보관, 제거, 매장 및 처리하여야 할 의무가 있다. 특히 의료폐기물의 경우 관련된 법령을 엄격히 준수하여 관리되어야 한다. 유독성 및 유해 폐기물관리에 관하여 필요한 사항은 법령으로 정한다."고 하여 위임입법의 근거를 마련하고 있다.

「처분장소 관리에 관한 법령(Decrees on Disposal site management)」은 폐기물처분에 관한 내용으로 오염원을 관리하는 자에게 처분 장소와 관련된 의무를 부과하고 있다. 이는 환경보호법 제38조에 따라 일반 폐기물, 특히 쓰레기의 처분은 확인된 지역에서 규정을 준수히여 이루이져야 하므로, 재활용·재생이용·재사용과 같은 다른 목적을 위한 행위와는 구분되어야 한다. 폭발성 물질, 가연성 물질, 화학물질, 폐기물 또는 병원·공업 공장, 특히 화학제품 제조, 방사선, 선광(選鑛)과 같은 유독성 및 유해 폐기물의 처분은 처리를 요구하며, 투기, 연소, 화장, 매장 또는 제거는 확인된 지역 내에서 법령에 규정된 방법에 따라 이루어져야 한다. 구역, 마을, 가정, 보건시설, 교육기관, 국가기관, 공장 등을 위한 쓰레기 매립지는 지역별로 및 천연자원 및 주위영역을 고려하여 정해져야 한다는 내용을 구체화하였다.「산업공정법(Industry processing law)」 제9조도 공장폐기물 처분 지역을 규정하고 있어 처분장소 관리에 관한 법령과 유사한 법령으로 볼 수 있다.

「의료시설에서 발생하는 폐기물관리에 관한 법령(2004 Decree on Waste Management from Health Care Facilities)」 제8조에서는 의료폐기물을 전염성 폐기물(infectious), 날카로운 폐기물(sharp), 일반폐기물 세 종류로 분류하고 있고, 제9조에서 의료폐기물의 수집과 보관, 제10조에서 처리 및 내부 운송, 제12조 및 제13조에서 공동 보관(communal storage) 및 기간을 규정함으로써 의료폐기물을 생성한 오염자에게 구체적인 기준을 입법화하였다. 「유해 폐기물관리에 관한 법(Hazardous Waste Management)」은 유해 폐기물을 발생시키는 모든 사람은 당해 폐기물을 관리, 감축, 보관, 수집 및 처리해야 할 의무를 부담하고 유해폐기물을 발생시키는 모든 사람은 환경 허가를 소지해야 함을 규정하고 있다. 「국내 폐기물 등 관리에 관한 법률」은 제14조에서는 제품을 생산하는 자는 제품 및 포장을 회수하거나 원자재 생산물을 사용하는 등의 방법을 통해 폐기물을 재사용할 의무가 있다고 규정함으로써 오염에 대한 원인이 있는 자에게 책임을 부과하고 있다.

3. 인도네시아

「환경보호관리법」 제60조에서는 누구든지 폐기물 및 폐기물질을 허가 없이 환경매체에 버려서는 아니 된다고 규정하고 제61조 제2항에 의하여 허가를 받아 지정된 장소에서만 투기를 허용하여 폐기물의 점유자를 오염자 범위에 포섭한다. 「폐기물관리법」 제23조에서는 특정 폐기물 처리의 책임주체를 정부로 명시하여 국가의 의무를 입법화하면서 폐기물로 인한 피해에 있어서 오염자의 범위에 국가를 포함하였다. 생산자의 의무에 관한 규정으로 제14조는 폐기물 감소 및 취급과 관련한 포장 내지 라벨링 또는 기호를 붙여야 한다고 규정한다. 또한, 제25조에서는 피해를 입은 자에 대한 보상에 관한 규정으로 오염자에게 어떠한 피해보상을 할 것인지 열거적 입법하였다는 점에서 의의가 있다. 제1항에서는 정부 및 지방자치단체는 각자 또는 공동으로 최종 폐기물 처리장에서 폐기물 처리 활동으로 피해를 입은 자에게 보상을 하여야 한다고 하고 있으며, 제2항에서 보상의 형태를 재배치 · 환경재생 · 건강 및 약물 비용, 기타 형태의 보상으로 분류하고 있다. 「환경보호관리법」 제87조는 오염자부담원칙을 실현하는 조항이다.[67] 제1항은 타인 또는 환경에 위해가 발생한 경우, 제조행위를 통한 환경오염 내지 훼손행위로 법을 위반한 모든 기업과 기업활

---

67) 김민철, *supra note 601.*, p. 111.

동 책임자는 반드시 손해배상금과 특정조치를 취해야 한다고 규정한다. 제2항에서는 기업 성격 또는 형태의 변경, 양도 내지 법인의 위법행위를 저지른 자는 해당 법인의 법적 책임 내지 의무에서 벗어나지 못하도록 규정하고 있다.

4. 캄보디아

「고형폐기물에 관한 하위법령」제13조에서는 유해 폐기물의 소유자는 적절한 기술과 안전한 방식으로 폐기물을 임시로 보관할 책임이 있다고 명시하여 오염의 원인 제공자에게 보관책임을 지우고 있다. 또한, 제14조는 유해 폐기물 소유자에게 분기별 보고서를 작성의무를 부과하고 있으며, 이러한 의무를 위반하는 경우 제27조에서 이 하위법령을 위반하는 경우 「환경보호 및 천연자원 관리에 관한 법률」제20조에서 제25조까지는 벌칙규정에 관한 내용인데, 모니터링을 방해하는 행위(제14조 및 제21조)를 제외하면 이 법에서 폐기물 관련 오염행위자를 직접적으로 다루고 있는 규정은 없다. 「환경보호 및 천연자원 관리에 관한 법률」은 제22조에서 범죄 실행으로 인하여 신체상해 또는 사망의 결과에 이르거나 사유·공공재산, 국가의 환경 또는 천연자원에 손해를 입히는 경우에는 10,000,000릴 이상 50,000,000릴 이하의 벌금 또는 1년 이상 5년 이하의 징역에 처하며 벌금과 징역은 병과할 수 있다고 규정한다. 또한, 범죄를 실행하는 자는 손해배상 또는 손실에 대해 보상할 책임을 진다고 명시하여 오염원인자에 대한 범죄를 규정 및 형사처벌 규정과 벌금을 입법화하였다.

「프놈펜 사업장 고형폐기물 수집 및 운반에 관한 시행규칙」제5조에서는 "수집 및 운반 서비스를 제공하는 회사는 공장에서 Sarom Trading 투기장으로의 고형폐기물 수집 및 운반 방법이 공공 안전 및 환경에 유해하지 않도록 해야 한다. 또한 수집 및 운반 방법은 담당 기관에서 정한 요건을 충족해야 한다."고 규정되어 있으며, 제8조에서는 "Sarom Trading 회사는 공공의 안전과 주변 환경 보호를 위해 자체 투기장을 적절히 관리할 책임이 있으며, 담당자의 지시에 따라야 한다."고 규정되어 있다. 즉, 회사 및 Sarom Trading 회사의 고형폐기물에 대한 관리책임을 부과하고 있다. 이에 따라, 회사들은 폐기물에 대한 수집 및 운반 책임을 부과하며 부록 2의 지침에 따라 비용을 부담하는 바 이는 오염자 부담의 원칙을 구체화한 것으로 이해된다.

제4절 지속가능한 폐기물관리

I. EU의 순환경제체제

1. 순환경제체제로의 전환

선형경제에서 순환경제로의 전환은 폐기물 및 자원의 지속가능한 관리에 대한 보다 강력한 의지가 필요하다. 우선, 지속가능한 제품의 개발과 재사용 및 재활용을 위해서는 기존 인프라를 개축하거나 신규 설비를 설치하여 폐기물 발생을 감소시켜야 한다. 그리고 과거에는 개발도상국으로 수출시키던 플라스틱, 포장 폐기물 및 음식폐기물 등에 대한 재활용 기술에 투자를 요구하며, 소각과 매립의 최소화를 지향하여야 한다. 순환경제에서 폐기물관리에 대한 유럽의 구속력 있는 다양한 목표들이 최근에 새롭게 설정되거나 증가하였다. 폐기물의 지속가능한 관리는 지역과 도시의 자원을 순환시키고 새로운 지역 일자리를 창출하는 데 있어서 효과적인 수단을 제공한다. 최근 몇 년간 유럽의 1인당 폐기물 배출량과 매립지는 감소하고 있으며, 재활용율과 퇴비화는 증가하고 있다.[68] 이러한 긍정적인 발전은 지속가능한 개발 목표 달성을 위한 순환경제행동계획 및 플라스틱전략을 비롯한 진보적인 폐기물관리 정책에 의해 촉진되었다. 그러나

---

68) European Union, European Regional Development Fund, *Sustainable waste management in a circular economy*, Interreg Europe, 2020, p. 3.

아직도 생산→ 사용 → 폐기(소각·매립·해양투기)되는 선형경제에서 지배적인 소비생활이 지속되고 있다. 이에 대하여 EU는 순환경제체제로의 전환으로 통하여 유럽의 원자재 수입의존도 감소 및 생물다양성 손실중단, 2050년까지의 기후변화 목표 달성, 제3국의 수출금지를 지원하고자 한다. 이러한 EU의 조치로 인하여 2030년까지 약 70만 개의 새로운 일자리를 창출시키며, GDP의 성장을 도모하고 있다.[69] 2020년 3월 11일 EU위원회는 회원국 경제체제의 '녹색 전환'(green transition)을 위한 행동계획을 채택하였다. ① 지속가능한 제품의 사용, ② 소비자의 수리권(Right to Repair) 보장, ③ 전자제품의 순환계획, ④ 폐기물 모델링(수출금지 및 라벨링)은 이른바 순환경제실행계획의 주요 내용에 해당한다. 2018년 개정된 WFD에 의하면 2025년까지 도시폐기물의 최소 55%를 재활용하여야 하며, 2035년에는 65%에 도달하여아 한다.

2. 예방

넓은 의미의 예방은 자원을 매개로 한 에너지를 소모시키지 않는 조건 하에서 '재사용'과 '재생이용'을 포함한다. 예방은 환경적 관점에서 재사용보다 유리한 옵션에 해당하며 재활용 과정에서 발생되는 이산화탄소 배출량을 감소시킬 수 있으므로 폐기물관리에 있어서 최선의 선택이다.[70] 예방 조치는 확대된 생산자 책임제도를 통한 인센티브를 부여하는 데 있어서 획기적이지만 WFD는 음식폐기물을 제외하면 폐기물 예방에 정량적 목표가 설정되지 않았다.[71] EU 차원에서 설정하는 목표의 부재는 회원국

---

69) *Ibid.*, p. 4.
70) Chiara Magrini, Filippo D'Addato, Alessandra Bonoli, *Municipal solid waste prevention: A review of market−based instruments in six European Union countries*, Waste Management & Research 2020, Vol. 38(1), p. 3.
71) 유럽에서 음식폐기물은 퇴비화나 동물사료를 위해 재활용할 수 있는 잠재력에도 불구하고 여전히 대부분이 매립과 소각을 실시하고 있다. 이에 따라 WFD는 2025년까지 최소 30% 감소, 2030년까지 50% 감소를 목표로 하고 있다.

의 실질적인 이행에서 재활용이 예방보다 우선시된다는 뉘앙스를 반영할 수 있으며, 경우에 따라서는 재활용 시스템의 존재가 예방의 동기를 감소시킬 수 있다.[72] 이에 따라 순환경제체제 사고에 입각하여 2018년 개정된 WFD에 대한 재개정 논의가 진행 중이다. 예방의 수단으로 선호되는 방법은 ① 친환경 생산자 인증 제도의 운영, ② 제품 디자인의 표준화, ③ 라벨링 의무화, ④ 생산자에 대한 보조금 지급 및 인센티브의 마련, ⑤ 확대된 오염자 범위 내 커뮤니케이션 형성을 통한 정보 제시와 설득의 상호작용, ⑥ 모니터링 인프라 구축을 들 수 있다. 이 중 모니터링은 효과적인 폐기물관리 전략에 해당하는데 상업시설이나 공공기관에서 기인한 폐기물은 유사한 특성이 있지만, 가정에서 발생되는 폐기물의 종류는 광범위한 범위로 구성되므로 예방활동을 측정하는 것이 상대적으로 어려운 문제이다.[73] 정량적인 기준만으로는 예방활동을 측정하는 것은 사실상 불가능하므로 폐기물 예방 조치의 영향을 모니터링하고 평가하는 방법을 개발할 필요가 있다. 현재까지 폐기물 예방 조치의 영향을 모니터링하고 평가하여 예방활동의 가치를 평가하는 일반적인 방법은 존재하지 않는다.[74]

인구증가와 도시화를 고려할 때, 현재까지의 예방 조치로 폐기물 배출량을 만족스러운 수준으로 줄이기에는 충분하지 않다. 따라서 EU는 폐기물 예방이 더 효율적인 방식으로 이행되도록 폐기물관리의 기술적·운용적 측면과는 별도로 재정적인 인센티브를 제공하는 것을 비롯한 시장기반 조치를 도입하는 것을 검토하여야 한다. 지금까지의 인센티브 유형의 재정지원은 주로 기업을 중심으로 논의되었는데 기업의 사회적 책임을 강조한 인센티브의 확대뿐만 아니라, 폐기물 예방 성과에 따른 역내 무역지원

---

72) Zacho K and Mosgaard M, *Understanding the role of waste prevention in local waste management: A literature review.* Waste Management & Research 34, 2016, pp. 980-994.
73) Eurostat(2017) Reference Metadata in Euro SDMX Metadata Structure (ESMS). https://ec.europa.eu/eurostat/cache/metadata/en/env_wasmun_esms.htm, Accessed on 1 May 2021.
74) Chiara Magrini, Filippo D'Addato, Alessandra Bonoli, *op. cit.,* p. 3.

제도의 신설 및 EU이사회를 통한 예산 분담에 있어서의 우선순위 선정을 예로 들 수 있다. 합리적인 시장기반조치는 당해 개인이나 기업이 자신의 이익에 부합하는 목적을 충족하기 위하여 예방 노력을 수행하도록 장려하게 된다.

WFD상 예방에 대한 정량목표가 존재하지 아니함에도 불구하고 회원국들은 그들 스스로 자신의 예방 조치에 대한 일반적인 목표설정이 가능하다. 이탈리아 환경부가 채택한 「폐기물예방프로그램」은 도시고형폐기물의 5%를 감소 목표를 제시하고 있다. 또한 에밀리아로마냐(Emilia–Romagna) 지역의 「순환경제지원법」에 의하면 1인당 도시 폐기물 발생을 감축시키는 목표를 설정하면서 폐기물예방프로그램보다 높은 수준의 예방 목표를 설정하고 있다.[75] 벨기에의 브뤼셀(Brussels)에서는 「자원 및 폐기물관리계획」에 따라 가정에서의 1인당 폐기물 발생량을 2023년 5%, 2030년 20% 감축하는 목표를 설정하였으며 지속적인 모니터링을 하도록 의무를 부과하고 있다.[76] 불가리아(Bulgaria)의 「폐기물관리법(Waste Management Act)」은 제50조에 따라 폐기물예방프로그램을 발표했는데, 모니터링 방법을 제시한 점에서 유의미하다. 불가리아 환경수자원부(Bulgarian Ministry of Environment and Water) 장관은 매 3년마다 폐기물예방프로그램의 시행을 위한 보고서를 각 부처 협의회에 제출하여야 하며 이 목표를 달성하지 못할 경우에는 보고서에 향후 성과를 보장하기 위하여 취해야 할 이유와 조치를 명시하여야 한다.[77]

3. 재활용

재활용은 사용 가능한 물건으로 만들기 위한 공정과정에서 에너지를

---

75) *Ibid.*, p. 8.
76) *Ibid.*, p. 7.
77) European Environment Agency(2016e) Overview of national waste prevention programmes in Europe-Italy, Country fact sheet. www.eea.europa.eu/themes/waste/waste–prevention, Accessed on 1 January 2022.

필요로 하게 되므로 WFD는 재활용보다 폐기물 예방을 가장 바람직한 폐기물관리로 명시하고 있다(제4조). 그러나 오늘날 순환경제로의 전환을 목표로 하는 노력과 활동은 주로 재활용에 주안점을 두고 있다.[78] 순환경제에 입각한 재활용의 기본구조는 지속가능한 제품의 생산으로 일회용을 제한하고, 소비자에게 수리권을 보장함과 동시에 2차 자원으로 전환하는 것에 있다. EU는 2017년에 플라스틱 폐기물의 60%, 종이류 13%를 중국해 수출해 왔지만 2018년에 중국이 폐기물 24개 품목의 수입을 금지하면서 2019년에는 폐기물 수출이 중단되었다.[79] 이후에는 말레이시아, 인도, 인도네시아, 베트남과 같은 제3국으로 폐기물이 이전되었으나 이와 같은 개발도상국은 폐기물의 관리에 취약하다. 향후 EU 내에서의 재활용 용량을 대폭 늘려야 한다는 지적에 따라 EU는 폐기물을 제3국에 수출하지 않는 것을 목표로 하고 있다. 이점은 EU의 재활용 산업의 발전에 따른 일자리 창출, 디자인 혁신, 지역차원의 원자재 생산에 있어서 혁신적인 기회를 제공한다. 2019년 채택된 「일회용 플라스틱 제품에 대한 EU규정(EU Rules on Single-Use Disposable Plastic Products)」 유럽의 해변과 바다를 오염시키는 10가지 플라스틱 품목과 분실하거나 버려진 어구를 규제대상으로 하고 있다. 2021년부터는 플라스틱 비닐과 면봉, 수저, 접시, 빨대, 음료를 젓기 위한 스틱, 풍선 막대기뿐만 아니라 폴리스티렌으로 제작된 식음료 용기도 금지된다. 이러한 품목들은 모두 지속가능한 재료로 만들어지거나 재사용이 가능한 물건으로 대체되어야 한다.[80] 또한 2025년부터 PET병의 재활용 비율을 25%로 상정하고 2030년까지 30%로 상향할 것을 목표로 하고 있으며, 물티슈·수건·담배·필터·컵이 플라스틱으로 만들어진 경우 라벨이 부착되는데 이를 잘못 폐기하여 발생하는 환경손상을 소비자에게 경고하도록 하고 있다.

---

78) *Ibid.*
79) European Union, *supra note 576*, p. 9.
80) European Commission, The Seductive Power of Single Use Plastic; www.bereadytochange. eu/en, Accessed on 1 May 2021.

한편, 재활용에 있어서 소비자에게 절대적인 선택권이 부여되는 음식폐기물은 대부분이 가정에서 발생되는 것으로 추정되는데 이는 지속가능한 폐기물관리를 성공적으로 이끌어 갈 수 있는 기회가 된다. 음식폐기물은 이미 혐기성 소화(Anaerobic Digestion) 과정에서 배출되는 바이오가스의 포획 및 사용을 통해 유기물을 배출하여 퇴비화하는 것이 가능한 것으로 입증되었다.[81) 음식폐기물을 이용한 재활용률을 높일 수 있는 잠재력에도 불구하고 매립과 소각으로 낭비되었으나 이러한 관행은 현재 금지되고 있다. 슬로바키아(Slovakia)의 니트라(Nitra)시는 지역 공동 퇴비화 사업을 통하여 식물에 비료를 사용함으로써 지역 환경의 개선을 실천하고 있으며, 폴란드(Poland)는 새로운 식품의 과잉생산이나 품질 기준의 미달로 판매될 수 없는 과일과 채소를 건조시켜 식품의 손실을 줄이고 있다.[82) 핀란드는 'ResQClub'이라는 어플리케이션을 개발하여 모바일로 음식점에서의 잉여분을 할인된 가격에 판매할 수 있도록 하고 있다. 이 어플리케이션은 소비자의 선택에 따라 인근 지역의 잉여분을 알릴 수 있도록 설정하는 것이 가능하다. 'ResQClub'에 등록된 잉여분 중 65%가 판매되고 있으며 독일과 네덜란드, 스웨덴 등으로 확산되었다.

4. 매립과 소각

폐기물의 사후관리는 수거 → 운송 → 처분하는 과정으로 요약할 수 있으며, 처분과정은 중간처리와 최종처리로 구분된다. 중간처리 방법은 재활용, 퇴비화, 소각을 포함하며 최종처리는 매립·소각의 과정을 거치게 된다. 이 과정에서 효과적인 처리방법은 이용하는 것이 폐기물관리의 최종목표인 환경보호에 부응할 수 있다. 매립부지의 선정은 지속가능한 폐기물관리에 있어서 가장 중요한 부분 중 하나에 해당하며 국가들은 부지

---

81) European Union, European Regional Development Fund, *Sustainable waste management in a circular economy,* Interreg Europe, 2020, p. 10.
82) *Ibid.,* pp. 10−11.

선정에 대한 기준을 각국의 국내법으로 마련하고 있다. 폐기물관리의 전략과 계획은 부지 선정 이후에 비로소 시작된다고 할 수 있다. 일반적으로 부지선정을 위한 사항으로는 ① 바닥이 기울어진 경우 토양 침식의 우려, ② 침출수 배출 설비에 대한 고려, ③ 매립용량과 인력 가용성, ④ 주변지역 주민밀집도 및 동·식물을 포함한 천연자원에 대한 유해성 평가가 대표적이다. 「폐기물 토양매립지침」 이전의 매립지 대부분은 비위생적이며 물, 토양, 기후 및 건강에 대한 악영향을 제한하기 위한 보호기술이 마련되어 있지 않았다. 폐쇄 후 봉인된 매립지조차도 침출수 및 온실가스를 발생시키는데, 문제는 이러한 매립지가 폐기물을 운송하기에 용이한 도시지역 인근에 위치하고 있다는 점이다. EU 회원국에서 발생하는 폐기물의 10% 이하만 매립지로 갈 수 있으며, 그리스·크로아티아·루마니아·에스토니아 등은 매립지로 투기되는 도시 폐기물의 양을 2025년까지 25% 이하로 줄이는 계획을 발표하였다.

소각은 매립보다 선호되는 폐기물 처리 수단이다. 과거에는 주로 독일, 프랑스, 스웨덴, 스위스 및 덴마크가 개발도상국에 폐기물을 수출하여 소각하였으나,[83] 오늘날 대기오염을 야기시킨다는 비난으로부터 자유로울 수 없으므로 소각용량을 줄여나가야 지속가능한 폐기물관리를 구현할 수 있다. 소각 과정에서 발생되는 유해물질은 다량의 중금속(Zn, Cr, Pb, Ni, As, Hg, Cu)과 수용성 염(K, Na, Ca 및 Cu)으로 인한 침출수 발생과 대기오염 물질이다.[84] 따라서 소각 처리는 사전 환경영향평가를 필수적으로 거쳐야 하며 「폐기물 소각을 위한 2010년 EU지침에 따른 최상가용기법 (BAT) 설립에 관한 문서」의 세부규정을 준수하여야 한다. 오스트리아, 프랑스, 폴란드, 스웨덴 등 EU회원국은 매립과 소각에 있어서 재활용보다 더 높은 부담금을 징수할 수 있도록 규정하고 있다.[85]

---

83) Hjelmar, O. *Disposal strategies for municipal solid waste incineration residues.* Journal of Hazardous Materials, 47(1), 1996, pp. 345－368.
84) Tu, X., Yu, L., Yan, J., Cen, K., & Cheron, B. G., *Plasma vitrification of air pollution control residues from municipal solid－waste incineration.* Plasma Science. IEEE Transactions on, 38(12), 2010, pp. 3319－3325.

5. 수리권의 법제화

수리권은 2021년 3월 EU의회는 순환경제의 구현과 폐기물법 간 조화로운 운영을 위하여 「기업과 소비자를 위한 보다 지속가능한 단일 시장을 향한 결의안(European Parliament resolution of 25 November 2020 Towards a more sustainable single market for business and consumers)」을 통하여 명문화 되었다. 수리권(right to repair)은 '수리해서 사용할 권리'를 포함한다. 수리권은 전자제품의 내구성과 설계에 의한 수리 가능성을 높여서 폐기물 및 계획된 노후화(planned obsolescence)를 줄이는 것을 목표로 한다. EU 및 영국에서 냉장고, 세탁기, 헤어 드라이어, TV와 같은 가전제품을 판매하는 회사는 해당 제품을 최대 10년 동안 수리할 수 있도록 제작·설계되어야 한다. 그리고 더 이상 수리가 불가능한 경우라 하더라도 기존 도구를 사용하여 분해할 수 있는 방식으로 만들어야 한다. 스마트폰이나 노트북처럼 소형 전자제품은 아직 적용대상에 해당되지 않는다.[86] 위 결의안에 따라서 지속가능한 생산 및 소비 문화에 참여하는 전략은 아래와 같은 조치가 포함되어야 한다.[87]

> ① 예상 수명 정보의 제공 - 연도 또는 사용 주기로 표시되고 실제 사용 조건에 따라 객관적이고 표준화된 방법론을 통하여 시장 출고 이전에 결정되고, 제품 구매 계약 전 소비자에게 이해하기 쉬운 방식으로 제공되어야 한다.

---

85) 최형진·최용·이서택·이승희, "자원순환기본법에 대한 국내·외 폐기물처분 부담금의 비교", 한국폐기물자원순환학회 2017년도 추계학술연구발표회 논문집, 2017, p. 87.

86) Indipendent, New EU 'Right to Repair' Laws Require Technology to Last for a Decade, https://www.independent.co.uk/life−style/gadgets−and−tech/eu−right−repair−technology−decade−b1809408.html, Accessed on 1 June 2021.

87) European Parliament resolution of 25 November 2020 Towards a more sustainable single market for business and consumers.

② 라벨링 - 제품의 예상수명과 수리가능성에 대해 명확하고 쉬운 방식으로 표시되어야 한다. 라벨링은 환경에 부정적인 영향을 줄이고 소비자를 보호하는 데 있어서 합목적성, 비례성 및 효과를 입증하는 영향평가에 의하여 입증되고 개발되어야 한다.

③ 사업자의 이해를 높이고 소비자의 인식 향상을 강화한다.

④ 소비자 정보 및 제품 유지·관리·개선을 목표로 하는 효율성 분석을 기반으로 사용량 측정기를 장착하는 것을 평가하고 원활한 재사용을 통해 제품의 장기사용을 장려한다.

⑤ 보증 기간을 제품의 예상 수명과 일치시키고 그 연장에 관한 방법을 평가한다.

⑥ 제조업체와 판매자 간 공동 책임 체계를 도입하여 제조업에 대하여 판매자의 지위를 강화할 수 있는 방안을 연구한다.

⑦ 제품의 조기 노후화를 해결하는 데 있어서 연구기관, 소비자, 기업 및 환경부처와 같은 관련된 이해관계자의 평가를 고려하여 객관적이고 공통적인 기준을 마련한다.

수리권의 법제화는 소비자에게 있어서 지속가능한 소비문화를 장려하고 수리성 향상으로 인하여 제품 수명이 연장되어 EU순환경제정책에 있어서 획기적인 전환점을 제공한다. 향후 소형 전자제품으로의 적용범위 확대를 통하여 한국을 위시한 모든 국가에게서 수리권을 명문으로 인정할 필요가 있다.

Ⅱ. 한국의 자원순환정책

1. 자원순환사회로의 전환

자원순환사회[88] 체계 내에서 기업은 재활용 할 수 있는 제품을 설계

---

88) 자원의 순환경제와 자원순환사회라는 개념이 중첩적으로 사용되고 있는 가운데 각국은 생산단계에서부터 자원을 절약하고 유통에서 소비에 이르기까지 불가피하게 발생된 쓰레기를 최소화시키는 데 중점을 두고 있다; 전재경, "자원순환사회

하고, 소비자는 소비한 물건이 쓰레기가 되지 않도록 하여야 한다. 특히 재활용은 폐기물관리의 주요 분야에 해당되며 가장 유용한 대응이기도 하다. 고형폐기물의 경우에는 유용한 제품으로 전환하여 지속가능한 효과를 얻기 위해서는 재활용 과정을 개선·유지하는 것이 핵심과제이다. 개발도상국의 경우에는 중앙정부보다는 지방자치단체에서 재활용을 주도적으로 운영하고 있으며 재활용은 매립에 비해서 상대적으로 비용이 많이 드는 것으로 입증된 바 있다.[89] 그러나 대부분 선진국의 재활용 제도는 경제적 외부성 평가에 의하여 재활용이 매립에 비하여 효율적이라는 측면을 이끌어 냈으며 이러한 자원순환과정 체계의 마련으로 환경에 유익한 인간활동의 표준을 제시할 수 있다. 구체적으로 자원순환의 정당성은 ① 생산 공정으로 인한 에너지 소비량의 감소, ② 폐기물관리비용의 절감, ③ 매립지 용량 및 수명의 연장, ④ 폐기물 처리로 인한 오염물질 배출의 감소, ⑤ 실천형 환경교육의 수단에 있다. 또한, 한국의 「저탄소 녹색성장 기본법」제24조는 자원을 절약하고 효율적으로 이용하며 폐기물의 발생을 줄이는 등 자원순환의 촉진과 자원생산성 제고를 위하여 자원순환 산업을 육성·지원하기 위한 다양한 시책을 마련하여야 한다고 규정한다(제1항). 이에 따른 자원순환 산업의 육성 및 지원 시책은 ① 자원순환 촉진 및 자원생산성 제고 목표의 설정, ② 자원의 수급 및 관리, ③ 유해하거나 재제조·재활용이 어려운 물질의 사용억제, ④ 폐기물 발생의 억제 및 재제조·재활용등 재자원화, ⑤ 에너지자원으로 이용되는 목재, 식물, 농산물 등 바이오매스의 수집 및 활용, ⑥ 자원순환 관련 기술개발 및 산업의 육성, ⑦ 자원생산성 향상을 위한 교육훈련·인력양성 등에 관한 사항을 포함한다(제2항).

폐기물을 순환자원으로 인식하고 소비로 다시 순환할 수 있게 되면 폐

법제 연구", 한국법제연구원, 2012, p. 19.
89) Hossein Farraji, Nastaein Qamaruz Zaman, Parsa Mohajeri,, *Waste Disposal: Sustainable Waste Treatments and Facility Siting Concerns*, IGI Global, 2016, pp. 47−48.

기물은 잠재적으로 사용가치를 내재하고 있으므로 쓰레기와 구별되는 개념으로 이해하여야 한다. 개발도상국가에서 쓰레기와 폐기물을 단일 법령에서 양립하여 취급하고 있는 부분은 폐기물 개념에 있어서 자원순환 체계를 도입하여 새로이 정의할 필요가 있다. 이른바 자원순환사회는 기업과 비정부기구(NGOs)가 정부 및 지방자치단체와 협력하여 상호 동반자적 관점에서 협력하여야 한다. 개발도상국의 자원순환사회로의 전환을 위해서는 이와 관련한 기본법을 도입하고 폐기물법의 법제를 재편하는 방안이 모색되어야 할 것이다. 한국에서 자원순환사회로의 전환이 논의된 시점에서 발표된 주요 연구성과를 요약하면 ① 정부지원으로 급성장한 기업들이 적정한 폐기물관리를 하지 아니하거나 최소한에만 그치는 점, ② 경쟁력 향상 위주의 성장정책으로 환경보호 취지의 소외, ③ 천연자원에 유익한 윤리적 소비의 필요성, ④ 국제협약 비준에 따른 국내적 이행법률의 도입, ⑤ 선진국의 폐기물관리 정책 패러다임의 전환을 들 수 있다.[90] 일련의 연구결과를 바탕으로 자원순환사회를 설계하는 데 있어서 폐기물관리 전략 및 기본원칙을 중심으로 설계되어야 한다.

2. 예방

국가가 자국의 국내법제를 통하여 폐기물 규제를 하는 방식 중 가장 실용적인 방법은 '예방'수단의 마련이다. 우리나라의 「폐기물관리법」 제3조의2는 사업자는 제품의 생산방식 등을 개선하여 폐기물의 발생을 최대한 억제하고, 발생한 폐기물을 스스로 재활용함으로써 폐기물의 배출을 최소화하여야 한다고 규정하고 있다. 동법 제4조 제4항 전단에서는 국가가 폐기물 처리에 대한 기술을 연구·개발·지원할 것을 명시하고 있다. 또한, 생산자는 장래에 폐기물로 다루어지는 물질에 대한 세금부과에 대한 내용을 규정하면서, 소비자를 대상으로는 친환경인증제품(Ecolabelling)

---

90) 전재경, *op. cit.,* pp. 33-35.

캠페인과 중고품 상점에 보조금을 지급하는 등 환경디자인을 추진하는 것을 내용으로 하고 있다. 예방은 각국이 국내적으로 자체처리 능력을 최대한으로 높이고 자원순환실행계획을 적용하고, 생산자책임재활용제도를 확대하는 것에 중점을 두어야 한다. 폐기물 발생국 자체 내에서 예방 후 재사용, 재활용, 재생이용, 매립, 소각의 방식을 취하게 될 것이며 이러한 폐기물관리 전략은 자원순환형 정책을 확대해 나가야 하는 동기가 되어야 한다.

3. 재활용

한국의 「자원의 절약과 재활용촉진에 관한 법률('자원재활용법'으로 약칭함)」에 의하면 '재활용'에 관해서 「폐기물관리법」 제2조 제7호의 규정을 따르고 있으며, '재사용'은 재활용 가능 자원을 그대로 또는 고쳐서 다시 쓰거나 생산활동에 다시 사용할 수 있도록 하는 것을 의미한다. 동법 시행규칙 제8조는 플라스틱 제품·재료·용기의 폐기물부담금 면제를 위한 회수 및 재활용 방법을 구체적으로 규정하고 있다. 한국은 급속한 산업화와 도시화가 이루어진 1960년대 이후 폐기물의 양과 종류가 급격히 증가하였다. 이에 따라 폐기물 감축 및 재활용 정책을 개발하고 기반시설을 확충하였다. 한국의 재활용률이 높은 이유는 폐기물을 태워서 에너지를 생산하는 것을 재활용률에 포함시키기 때문이다.[91] 그러나 플라스틱 폐기물의 경우 소각이 제한적이므로 민간폐기물처리업체와 정부의 생산자책임제 확대로 관리하고 있다. 민간 부문은 정부 부문과 비교하였을 때 성과면에서 관리가 어려운 문제로 2018년 5월 한국 정부는 '재활용폐기물관리 종합대책'을 발표하고 2030년까지 플라스틱 폐기물을 50% 줄이고, 재활용율을 최대 70%까지 높이는 종합대책을 개발하였다.[92]

---

91) 박지현, "폐기물 환경규제에 관한 국제법적 검토와 전망", 「연세법학」 제32호, 2018, p. 7.
92) Byung Sun Lee, Eco-Innovation in the Waste Management sector towards

현재 재활용 폐기물은 자원재활용법 제13조에 따라 2018년 8월에 공포된 '재활용자원 등의 분리수거 지침'에 의해서 분리수거하고 있다. 한국의 플라스틱 폐기물은 가정용·공업용·농업용으로 구분된다. 가정용의 경우에는 재활용을 위해 용기, 포장재, 발포 스티렌 수지로 분류되어 분리수거 된다. 1995년 1월부터 쓰레기 종량제 및 재활용 폐기물 분리수거제 도입 이후 이에 대한 수거 및 처리를 지방자치단체가 책임을 맡고 있으며, 지방자치단체는 폐기물 배출자가 비용을 지불하는 '오염자부담원칙'을 적용해 왔다. 하지만 재활용을 촉진하고 플라스틱 폐기물을 포함한 재활용 가능한 폐기물의 양을 줄이기 위한 노력의 일환으로 재활용 가능한 폐기물은 비용 지불 없이 수집한다. 또한, 재활용 가능 자원의 효율적 수집을 위해서 지방자치단체가 정기적으로 수집일을 지정·운영하고 있으며, 이 때 재활용가능자원을 사전에 명기해 둔다.

4. 매립·소각 부담금

「자원순환기본법」은 제21조에서 폐기물처분 부담금에 대해서 규정하고 있다. 환경부장관은 폐기물을 순환이용할 수 있음에도 불구하고 소각 또는 매립의 방법으로 폐기물을 처분하는 경우 폐기물처분 부담금을 부과·징수할 수 있다(제1항). 생활폐기물의 경우에는 특별자치시장, 특별자치도지사 및 시장·군수·구청장에 부담금 납부의무가 있으며 사업장폐기물은 당해 배출자에게 부담금 납부의무를 규정한다. 당해 납부의무자가 폐기물처분부담금의 산정에 필요한 자료를 제출하지 아니하거나 거짓으로 작성하여 제출 한 경우이거나 보고의무를 이행하지 아니한 자 및 출입·검사를 거부·방해하거나 기피한 자는 제36조에 의해서 과태료 부과대상이 된다. 「자원순환기본법 시행령」[별표6]은 소각보다 매립에 부담금 요율을 더 높게 산정하고 있는데, 이는 지속가능한 폐기물관리를 위한 조치

SCP and Circular Economy Case Studies on Plastics in selected ASEM countries, ASEM SMEs Eco-Innovation Center, 2019, p. 15.

이다. 그런데, EU회원국과 비교할 때, 전반적으로 부담금이 현저히 낮은 수준에 해당한다. 만일 부담금을 획기적으로 증액한다면 반대로 불법투기 관행이 증가할 수 있으므로 점진적으로 이를 증가시킬 수 있는 방안이 고려되어야 한다.

5. 폐기물관리법

1) 국가 및 지방자치단체의 폐기물관리 · 감독 책임

폐기물관리는 합리적인 폐기물 처리 및 관리 · 감독 체계의 운영을 의미한다. 「폐기물관리법」 제4조 제1항은 특별자치시장, 특별자치도지사, 시장 · 군수 · 구청장(자치구의 구청장을 말한다. 이하 같다)은 관할 구역의 폐기물의 배출 빚 처리상황을 파악하여 폐기물이 적정하게 처리될 수 있도록 폐기물처리시설을 설치 · 운영하여야 하며, 폐기물의 처리방법의 개선 및 관계인의 자질 향상으로 폐기물 처리사업을 능률적으로 수행하는 한편, 주민과 사업자의 청소 의식 함양과 폐기물 발생 억제를 위하여 노력하여야 한다고 규정하고 있다. 제2항은 특별시장 · 광역시장 · 도지사는 시장 · 군수 · 구청장이 제1항에 따른 책무를 충실하게 하도록 기술적 · 재정적 지원을 하고, 그 관할 구역의 폐기물 처리사업에 대한 조정을 하여야 한다고 언급하고 있다. 한편, 환경부장관, 시 · 도지사 또는 시장 · 군수 · 구청장은 둘 이상의 시 · 도 또는 시 · 군 · 구에서 발생하는 폐기물을 광역적으로 처리할 필요가 있다고 인정되면 광역 폐기물처리시설(지정폐기물 공공처리시설을 포함한다)을 단독 또는 공동으로 설치 · 운영할 수 있다고 명시하고 있다(제5조 제1항).

2) 생활폐기물

「폐기물관리법」 제14조 제1항에 의하여 특별자치시장, 특별자치도지사, 시장 · 군수 · 구청장은 관할 구역에서 배출되는 생활폐기물을 처리하여

야 한다. 다만, 환경부령으로 정하는 바에 따라 특별자치시장, 특별자치도
지사, 시장·군수·구청장이 지정하는 지역은 제외한다고 규정하고 있다.
제2항은 특별자치시장, 특별자치도지사, 시장·군수·구청장은 해당 지방
자치단체의 조례로 정하는 바에 따라 대통령령으로 정하는 자에게 제1항
에 따른 처리를 대행하게 할 수 있다고 규정한다. 제3항은 제1항 본문 및
제2항에도 불구하고 제46조 제1항에 따라 폐기물처리 신고를 한 자(이하
"폐기물처리 신고자"라 한다)는 생활폐기물 중 폐지, 고철, 폐식용유(생활폐기
물에 해당하는 폐식용유를 유출 우려가 없는 전용 탱크·용기로 수집·운반하는 경
우만 해당한다) 등 환경부령으로 정하는 폐기물을 수집·운반 또는 재활용
할 수 있다고 밝히고 있으며, 제4항은 제3항에 따라 생활폐기물을 수집·
운반하는 자는 수집한 생활폐기물 중 환경부령으로 정하는 폐기물을 다음
각 호의 자에게 운반할 수 있다. 제4항 각 호에서 규정한 바는 1.「자원의
절약과 재활용촉진에 관한 법률」제16조 제1항[93])에 따른 제품·포장재의
제조업자 또는 수입업자 중 제조·수입하거나 판매한 제품·포장재로 인
하여 발생한 폐기물을 직접 회수하여 재활용하는 자(재활용을 위탁받은 자
중 환경부령으로 정하는 자를 포함한다), 2. 제25조 제5항 제5호[94]) 또는 제7
호[95])에 해당하는 폐기물 재활용업의 허가를 받은 자, 3. 폐기물처리 신고
자, 4. 그 밖에 환경부령으로 정하는 자이다.

3) 사업장폐기물

「폐기물관리법」제17조 제1항은 사업장폐기물 배출자의 의무사항을

---

93) 생산단계·유통단계에서 재질·구조 또는 회수체계의 개선 등을 통하여 회수·재
   활용을 촉진할 수 있거나 사용 후 발생되는 폐기물의 양이 많은 제품·포장재 중
   대통령령으로 정하는 제품·포장재의 제조업자나 수입업자(포장재는 포장재를 이
   용한 제품의 판매업자를 포함한다. 이하 "재활용의무생산자"라 한다)는 제조·수
   입하거나 판매한 제품·포장재로 인하여 발생한 폐기물을 회수하여 재활용하여야
   한다.
94) 폐기물 중간재활용업: 폐기물 재활용시설을 갖추고 중간가공 폐기물을 만드는 영업
95) 폐기물 종합재활용업: 폐기물 재활용시설을 갖추고 중간재활용업과 최종재활용업
   을 함께 하는 영업

규정하고 있다. 이에 따르면, 사업장폐기물 배출자는 사업장에서 발생하는 폐기물 중 환경부령으로 정하는 유해물질의 함유량에 따라 지정폐기물로 분류될 수 있는 폐기물에 대해서는 환경부령으로 정하는 바에 따라 제17조의2 제1항[96])에 따른 폐기물분석전문기관에 의뢰하여 지정폐기물에 해당되는지를 미리 확인하여야 한다. 사업장에서 발생하는 모든 폐기물을 제13조[97])에 따른 폐기물의 처리 기준과 방법 및 제13조의2[98])에 따른 폐

---

96) 환경부장관은 폐기물에 관한 시험·분석 업무를 전문적으로 수행하기 위하여 다음 각 호의 기관을 폐기물 시험·분석 전문기관(이하 "폐기물분석전문기관"이라 한다)으로 지정할 수 있다.
   1. 「한국환경공단법」에 따른 한국환경공단(이하 "한국환경공단"이라 한다)
   2. 「수도권매립지관리공사의 설립 및 운영 등에 관한 법률」에 따른 수도권매립지관리공사
   3. 「보건환경연구원법」에 따른 보건환경연구원
   4. 그 밖에 환경부장관이 폐기물의 시험·분석 능력이 있다고 인정하는 기관
97) ① 누구든지 폐기물을 처리하려는 자는 대통령령으로 정하는 기준과 방법을 따라야 한다. 다만, 제13조의2에 따른 폐기물의 재활용 원칙 및 준수사항에 따라 재활용을 하기 쉬운 상태로 만든 폐기물(이하 "중간가공 폐기물"이라 한다)에 대하여는 완화된 처리기준과 방법을 대통령령으로 따로 정할 수 있다.
   ② 의료폐기물은 제25조의2제6항에 따라 검사를 받아 합격한 의료폐기물 전용용기(이하 "전용용기"라 한다)만을 사용하여 처리하여야 한다.
98) ① 누구든지 다음 각 호를 위반하지 아니하는 경우에는 폐기물을 재활용할 수 있다.
   1. 비산먼지, 악취가 발생하거나 휘발성유기화합물, 대기오염물질 등이 배출되어 생활환경에 위해를 미치지 아니할 것
   2. 침출수(浸出水)나 중금속 등 유해물질이 유출되어 토양, 수생태계 또는 지하수를 오염시키지 아니할 것
   3. 소음 또는 진동이 발생하여 사람에게 피해를 주지 아니할 것
   4. 중금속 등 유해물질을 제거하거나 안정화하여 재활용제품이나 원료로 사용하는 과정에서 사람이나 환경에 위해를 미치지 아니하도록 하는 등 대통령령으로 정하는 사항을 준수할 것
   5. 그 밖에 환경부령으로 정하는 재활용의 기준을 준수할 것
   ② 제1항에도 불구하고 다음 각 호의 어느 하나에 해당하는 폐기물은 재활용을 금지하거나 제한한다.
   1. 폐석면
   2. 폴리클로리네이티드비페닐(PCBs)이 환경부령으로 정하는 농도 이상 들어있는 폐기물
   3. 의료폐기물(태반은 제외한다)

기물의 재활용 원칙 및 준수사항에 적합하게 처리하여야 한다. 또한 생산
공정에서는 폐기물감량화시설의 설치, 기술개발 및 재활용 등의 방법으로
사업장폐기물의 발생을 최대한으로 억제하여야 하며, 제18조 제1항[99])에
따라 폐기물의 처리를 위탁하려면 사업장폐기물배출자는 환경부령으로 정
하는 위탁·수탁의 기준 및 절차를 따라야 한다. 당해폐기물의 처리과정
이 제13조에 따른 폐기물의 처리 기준과 방법 또는 제13조의2에 따른 폐
기물의 재활용 원칙 및 준수사항에 맞게 이루어지고 있는지를 환경부령으
로 정하는 바에 따라 확인하는 등 필요한 조치를 취하여야 한다. 다만, 제
4조나 제5조에 따라 폐기물처리시설을 설치·운영하는 자에게 위탁하는
경우에는 그러하지 아니하다.

  환경부령으로 정하는 사업장폐기물배출자는 사업장폐기물의 종류와
발생량 등을 환경부령으로 정하는 바에 따라 특별자치시장, 특별자치도지
사, 시장·군수·구청장에게 신고하여야 한다. 신고한 사항 중 환경부령으
로 정하는 사항을 변경할 때에도 또한 같다(제2항). 특별자치시장, 특별자
치도지사, 시장·군수·구청장은 제2항에 따른 신고 또는 변경신고를 받은
날부터 20일 이내에 신고수리 여부를 신고인에게 통지하여야 한다(제3항).
특별자치시장, 특별자치도지사, 시장·군수·구청장이 제3항에서 정한 기
간 내에 신고수리 여부나 민원 처리 관련 법령에 따른 처리기간의 연장을
신고인에게 통지하지 아니하면 그 기간이 끝난 날의 다음 날에 신고를 수
리한 것으로 본다(제4항). 환경부령으로 정하는 지정폐기물을 배출하는 사

---

  4. 폐유독물 등 인체나 환경에 미치는 위해가 매우 높을 것으로 우려되는 폐기물
  중 대통령령으로 정하는 폐기물
   ③ 제1항 및 제2항 각 호의 원칙을 지키기 위하여 필요한 오염 예방 및 저감방법의
   종류와 정도, 폐기물의 취급 기준과 방법 등의 준수사항은 환경부령으로 정한다.
99) 사업장폐기물배출자는 그의 사업장에서 발생하는 폐기물을 스스로 처리하거나 제
   25조 제3항에 따른 폐기물처리업의 허가를 받은 자, 폐기물처리 신고자, 제4조나
   제5조에 따른 폐기물처리시설을 설치·운영하는 자, 「건설폐기물의 재활용촉진에
   관한 법률」 제21조에 따라 건설폐기물 처리업의 허가를 받은 자 또는 「해양폐기
   물 및 해양오염퇴적물 관리법」 제19조 제1항 제1호에 따라 폐기물 해양 배출업의
   등록을 한 자에게 위탁하여 처리하여야 한다.

업자는 그 지정폐기물을 제18조 제1항에 따라 처리하기 전에 다음 각 호의 서류를 환경부장관에게 제출하여 확인을 받아야 한다(제5항). 2019년 환경부 보도자료에 의하면 불법으로 투기되거나 방치되어 있는 폐기물이 110만 톤을 넘는 것으로 확인되었다. 현행 폐기물관리법에 있어서 폐기물의 처리책임과 그에 대한 행정청의 관리·감독 책임이 분명하지 못한 점이 지적된다.[100] 위 폐기물들을 대집행하고 구상권 청구를 하는 데 있어서 지정폐기물을 대집행권자가 환경부장관으로 되어 있는데, 이러한 불법·방치 폐기물의 피해자는 지역주민이므로 이를 지방자치단체장으로 하는 것이 검토되어야 한다.[101]

Ⅲ. 개발도상국의 자원순환정책

1. 라오스

1) 순환경제전략

2018년 이전까지 라오스 정부 또는 도시 차원에서 폐기물 자원화의 접근법이나 3R원칙을 물질적으로 지원하는 정책이나 규정이 존재하지 않았다.[102] 오늘날 라오스 정부는 다른 개발도상국과 마찬가지로 국민의 생활수준을 향상시키는 동시에 천연자원을 지속가능하게 관리하면서 환경적 악영향을 완화하기 위한 이중의 목표에 직면해 있다.[103] 순환경제에 있어

---

100) 박균성, "폐기물관리법상 폐기물 처리책임 및 관리·감독 책임 - 폐기물배출자, 처리업자 및 행정청의 책임 강화를 중심으로 - ", 공법학연구 제20권 제3호, 2019, p. 353.
101) *Ibid.*, p. 373.
102) Global Green Growth Institute, *Solid Waste Management in Vientiane, Lao P.D.R - Situation assessment and opportunities for waste - to - resource,* 2018, p. 6.
103) *Xaysackda Vilaysouk, Heinz Schandl, Shinsuke Murakami, A Comprehensive Material Flow Account for Lao PDR to Inform Environmental and Sustainability Policy,* Journal of Industrial Ecology

서 폐기물관리의 목표는 제품을 가능한 오래 사용하고 그 제품으로부터 최대 가치를 추출해 내는 것이다. 이에 따른 라오스의 순환경제전략은 예방보다는 재활용에 중점을 두고 있다.[104] 라오스의 7가지 순환경제전략은 아래와 같다.[105]

① 재생이용 및 재사용

폐기물과 부산물을 재생이용 및 재사용하는데, 이와 관련한 예시로 버섯을 생산하기 위해 농업잔류물을 사용한다.

② 순환 디자인

제품 수명주기 전체에 걸쳐 자원사용을 최소화하는 설계방식을 채택한다.

③ 친환경성 원재료

세라믹 타일 · 건축자재 등을 지속가능한 목재로 대체하면서 탄소배출량이 적은 원자재를 선택한다. 사탕수수 등에서 바이오가스를 생성하여 화석연료를 대체하며, 유기농업 방식을 채택한다.

④ 공유서비스의 운영

공유 및 리스 플랫폼을 이용하여 제품 사용을 극대화하도록 한다.

⑤ 온라인 서비스 제작

물리적 제품(오디오)을 대체할 수 있는 온라인 서비스(스트리밍 앱)로 대체하는 비물질화는 자원 사용을 최적화하고 가치를 극대화하는 데 도움을 준다.

⑥ 제품 수명 연장

유지 관리를 위한 업그레이드 및 수리, 역물류(reverse logistics)를 통하여 제품 및 자산의 수명을 연장할 수 있다.

⑦ 재생에너지 활성화

화석연료의 사용을 피하기 위하여 수력발전의 잠재력을 확장한다.

23(1), 2018, p. 1
104) UNDP, Circular economy strategies for Lao PDR A metabolic approach to redefine resource efficient and low−carbon development, 2017, p. 13.
105) *Ibid.*

개발도상국은 순환경제전략을 계획하는 데 있어서 선진국의 사례를 주로 차용하게 된다. 라오스의 경우에도 마찬가지인데 다만 선진국 사례 중에서도 라오스에서 실현 가능한 전략을 선별적으로 선택하고 있다. 다음에서는 가축폐기물을 매개로 바이오가스를 생성 관련 법률을 살펴보기로 한다.

2) 가축폐기물 자원화

라오스에서 폐기물을 바이오가스로 전환하는 대규모 개발은 진행되고 있지 않지만, 폐타이어를 비롯하여 도시 폐기물을 이용한 바이오 디젤 개발은 민간업체들에 의해 시범운행 중이다.106) 한편, 액화석유가스(LPG) 경우에도 대부분을 수입에 의존하고 있는데, 라오스의 농업 및 가금류 가축107)의 폐기물(이하 '가축 폐기물'로 약칭함)은 상당량의 농업 잔류물을 생산하게 되므로 재생 가능 에너지에 대한 높은 잠재력을 가지고 있다108) 가축 폐기물 관련 에너지법으로 소개되는 라오스 전기법(Electricity Law)은 1997년에 제정되었으며 2018년 개정을 포함하여 총 3회의 개정작업을 통해서 라오스 당국의 에너지 분야의 프레임워크를 제공하고 있다. 동법은 에너지 자원의 지속적이고 효율적인 사용을 촉진하고자 관련 원칙 및 규정을 통해서 정책 수립을 하는 것에 목적이 있다.

또한 국가 간 전력 수출을 촉진하고 국내 전력 요건을 충족한다는 목표를 가지고 특정 기간 동안 전력 개발 계획을 수립하도록 규정하고 있다. 전력 개발 전략은 국가의 계획에 부합되어야 하므로 가능한 관세가 낮게 유지되어야 하며 합법적인 방식으로 관리되어야 하는 것을 밝히고 있다.109) 가축 폐기물을 이용한 재생 가능 에너지 사업에 대한 정책지원은

---

106) Boualy Vongvisith et al., *Agricultural waste resources and biogas energy potential in rural areas of Lao PDR, Energy Sources, Part A: Recovery, Utilization, and Environmental Effects,* Taylor&Francis, 2018, p. 2334.

107) 가축은 라오스 국민들의 식량 안보에 기여하고, 농작물 생산을 향상시키며 수입원으로서 생계에 중요한 역할을 한다.

108) Boualy Vongvisith et al., *Agricultural waste resources and biogas energy potential in rural areas of Lao PDR, Energy Sources, Part A: Recovery, Utilization, and Environmental Effects,* Taylor&Francis, 2018, p. 23.

비용 효율적이며, 산업 발전을 위한 주요 원동력으로 작용한다. 라오스 정부는 2025년까지 50,000개의 가정에서 이러한 바이오가스 사용할 수 있도록 계획 중이며, 조명, 보온, 전기 생산에 사용 할 수 있는 대규모의 바이오 가스 발전을 장려하기 위한 구체적인 로드맵을 제시하였다.[110] 이에 대하여 농가 가구의 이주 및 부정적 영향을 최소화하기 위한 안전장치를 마련하는 것이 중요하다. 현재까지 라오스에서 바이오 가스 사업은 기대한 바에 크게 미치지 못하고 있다. 라오스에서 2006년부터 농업폐기물 수거를 위한 생물소화조 시스템을 농가에 공급하였지만, 적합하게 설계되었음에도 불구하고 일부만 성공을 거두었는데 문화와 재정 및 기타 요소들이 동 기술의 적용을 저해하였기 때문이다.[111]

그럼에도 라오스 정부는 바이오 가스를 생산하여 석유 수입에 대한 의존성을 줄이는 것에서 나아가 바이오가스의 수출국이 되는 것을 목표로 하고 있다. 이를 위해서는 가축 폐기물을 바이오가스 에너지로 전환하기 위한 공장 건설 시스템과 관련 규정의 효율적인 제·개정이 수반되어야 한다. 예컨대, 전기법만으로는 적용범위가 제한적인 것에 불과하므로 라오스의 바이오가스 발전 전략에 부합하는 기술 및 법률 지원이 필요하다.

3) 폐기물관리를 위한 녹색기술의 도입

녹색기술의 도입은 지속가능한 폐기물관리와 밀접한 정책으로 에너지 자원 효율성을 높이기 수단과 접목하여 공공 및 민간분야에 의하여 추진된다. 지속가능한 폐기물관리는 성장과 고용의 유대를 통하여 사회적으로 유의미한 규제 변화를 촉진시킬 수 있다. 대부분의 농업국가는 생계유지를 위해 천연자원에 직접적으로 의존하고 있다. 지금까지 세계은행에서 주도적으로 추진한 라오스의 자연자원환경부 설립 및 수력발전 사업과 관

109) Asian Development Bank, *Ibid.*
110) Asian Development Bank, Lao People's Democratic Republic Energy Sector Assessment, Strategy, and Road Map, 2019, p. 72.
111) Asian Development Bank, *Renewable Energy Developments and Potential in The Greater Mekong Subregion,* 2015, pp. 28 − 29.

련하여 라오스는 2005년 수력발전소 인근 주민들의 보상과 이주에 관한 총리령을 공포하고 환경영향평가의 표준을 도입하였다.[112] 그러나 상술한 라오스 순환경제전략 중에서 수력발전의 활성화 측면은 비교적 짧은 기간 내에 저탄소 문제를 해결하기 위한 방법으로 정당화될 수 있지만 수자원을 감소시킴으로 인하여 생태계 복원과 어업활동에 부작용에 있어서 취약하므로[113] 지속가능한 폐기물관리에 해당하는지는 의문이다. 이른바 수력발전소 프로젝트의 도입은 폐기물자원화와 연관성이 낮은 수준에 불과하고, 오히려 폐기물을 이용한 재생에너지의 개발·보급이 더 필요하므로 전문적인 폐기물관리를 위한 녹색기술을 도입하는 것이 바람직하다.

폐기물관리를 위한 녹색기술은 버섯 재배를 위하여 농업잔류물을 사용하는 것에 그치지 아니한다. 예방·재사용·재생이용·재활용 및 처분의 전 단계에 걸친 자원순환 및 친환경 기술 도입과 최종적으로 녹색기술을 통한 폐기물 에너지화가 포함되어야 한다. 예컨대, 소각장에서 발생하는 탄소를 포집하는 이산화탄소 포집·저장 기술(Carbon dioxide Capture and Storage; 이하 'CCS'로 약칭)의 경우에는 EU에서 2030년까지 CCS 프로젝트의 진보가 이루어진다는 가정 아래 약 1억 6천 톤까지도 포집 및 저장이 가능할 것이라고 예상하고 있다.[114] 국내적으로 CCS의 부지 선정에서부터 주입 중 및 주입 후 폐쇄에 이르는 전 단계에 걸쳐 모니터링 및 평가를 체계적으로 수행하여야 하며, 지중저장이 안전하고 친환경적으로 이루어질 수 있도록 인·허가 및 환경 관리 규정이 마련되어 적용되어야 한다.[115]

---

112) Marketta Vuola et al., What is a Green Economy? Review of National-Level Green Economy Policies in Cambodia and Lao PDR, MDPI, 2020, pp. 8−9.

113) Hecht, J. S., Lacombe, G., Arias, M.E., Thanh, D., Piman, T. Hydropower dams of the Mekong River basin: A review of their hydrological impacts. J. Hydrol. 2019, pp. 285−300.

114) 강헌·윤성택·박기학, "환경분야 CCS(이산화탄소 포집 및 저장)에 대한 법적 근거 마련 연구 I", 국립환경과학원, 2012, p. 27.

115) 장은선·윤성택·최병영·정다위·강헌, "이산화탄소의 지중저장의 환경 관리를

2. 인도네시아

1) 순환경제전략

인도네시아의 순환경제전략은 정부와 민간 부부문간의 협력을 기초로 하고 있다. 유엔개발계획(United Nations Development Program; UNDP)에서 지원하는 인도네시아의 순환경제전략을 위한 5가지 중점 영역은 아래와 같다.116)

(1) 플라스틱

플라스틱 재활용 촉진으로 2025년까지 70%의 플라스틱 폐기물을 줄이고 해양투기 감시를 위한 일자리 창출을 도모하고자 한다.

(2) 음식 및 음료

식품과 음료용기로 사용되는 플라스틱은 인도네시아 내에서 냉동·저장 공간의 부족으로 지속적으로 늘어나고 있다. 이에 대한 순환경제전략으로 IT기술을 통한 날씨 예측 및 지역 수요에 기반한 재고 관리 개선, 폐기물 수집에 있어서 소비자 인센티브의 개발, 빅데이터를 통한 식품 가치사슬을 형성하여 생산성을 향상하는 방법을 도입하고 있다. 그리고 개별 품목 포장에 있어서 플라스틱 포장에 세금을 부과함으로써 플라스틱 포장재에 의존하지 않는 새로운 포장 및 배송방법을 지향한다.

(3) 전자기기

스마트폰을 비롯한 전자기기의 재제조 및 리퍼제품에 대한 판매자 보증을 의무화한다. 이러한 시장형성에 필요한 전자기기 폐기물 은행을 도입한다.

(4) 건설폐기물

건축물 구성요소 및 재료의 재사용과 재활용을 확대한다. 디지털 기기

위한 미국과 유럽연합의 법·제도 현황과 시사점", 「지하수토양환경」 제17권 제6호, 2012, p. 18.
116) UNDP, *Supporting Indonesia in developing a National Circular Economy Strategy−1st Phase*, Initiation Plan, 2019, pp. 6−10.

의 보급과 3D 프린터의 활용을 통해 건설과정 중에서 에너지 사용 최적화하며, 이후에도 에너지를 절감할 수 있는 제로에너지 하우스를 장려한다.

(5) 섬유 및 의류폐기물

섬유 산업에 대한 자발적인 지속 가능성 표준인 녹색산업기준(Green Industry Standard)의 도입을 통해 이러한 과제를 해결하기 위해 노력하고, 세탁·표백·염색과정에서의 유해화학물질의 배출을 최소화한다.

위 중점영역에서 나아가 세부적인 측면을 고려해서 순환경제 모델이 제시되었다. 예를 들어, 육류가 많은 식사에 비하여 식물성 식단을 섭취하면 비만예방뿐만 아니라 음식폐기물을 줄일 수 있다거나 CD 또는 DVD 대신에 스트리밍 서비스를 이용할 것인데 특별한 지침이나 기술을 요구하는 성격의 내용은 아니다. 인도네시아의 지속가능한 폐기물관리는 개발도상국으로서의 개발행위와 밀접한 연관성이 갖게 된다. 아래에서는 중점영역 중 건설폐기물에 관련하여 살펴보기로 한다.

2) 건설폐기물관리

건축물의 수명주기는 계획 → 시공 → 활용 → 해체 → 철거의 과정을 거치게 된다. 매년 폐기물 양이 증가하는 이유는 인간의 필요를 충족시키기 위한 산업 개발활동과 불가분의 관계에 있다.[117] 특히 건축물은 시공일정 지연 및 기후로 인한 자재손상, 현장에서의 원자재 낭비 내지 초과조달 등을 원인으로 모든 수명주기 단계에서 폐기물을 발생시키며 매립지 폐기물 용량에 크게 기여하고 있다. 인도네시아에서 건설폐기물은 순환경제전략의 기본원리인 3R을 기초로 구성되어 계획·시행되고 있다. 건설폐기물을 재사용하거나 재활용하게 되면 자재 운송에 수반되는 교통비·인건비 절감과 폐기물 적치를 위한 토지임대료를 줄일 수 있는 간접적 이익과 새로운 자재 구매에 따른 예산 절감 및 재활용된 중고자재의 판매수입

---

117) Vitale, P. et al., *Life cycle assessment of the end−of−life phase of a residential building*, Waste Manage 60, 2017, pp. 311−321.

으로 인한 직접적 이익을 누릴 수 있다.[118] 2017년 발표된 인도네시아 정부는 자국의 국내법을 기반으로 한 "육상 기원 폐기물관리를 위한 국가 프로그램 개발 계획"(National Program to Manage Waste Management from Land-based Sources)을 발표하였다. 이에 의하면 4년간 최대 8억 5천만 유로를 투자하는 내용을 포함하고 있으나, 이 계획은 일반적으로 모든 폐기물을 포함하는 계획에 해당하며, 현재 인도네시아 건설현장에서 건설폐기물을 재사용하거나 재활용하는 사업장은 약 36%에 불과하다.[119] 인도네시아는 지속가능한 건설의 개념을 정립하고 지역마다 개별규정에 의하여 건설폐기물의 재사용 및 재처리에 관한 규정을 마련하고 있지만 정부 차원의 건설폐기물 순환법제는 존재하지 않는다.[120] 인도네시아 건설산업에서 순환경제를 성공적으로 구현하기 위해서는 기존의 3R 관련 정책뿐만 아니라 친환경 건축자재 사용에 따른 인센티브 부여 및 건설폐기물 관련 업체의 적격성 여부 심사에 있어서 녹색기술의 도입여부에 따라 가산점을 부여하는 제도의 마련이 포함된 건설폐기물 자체의 감소를 위한 정부의 특별한 규제 조치가 필요하다.

3) 핵폐기물 문제

2020년 자카르타(Jakarta)의 주택가 공터에서 일본 후쿠시마 원전사고 당시 근로자들에게 노출된 최대 방사선 수준과 같은 정도의 방사선 수치가 조사되었다.[121] 인도네시아의 환경 운동가들은 인도네시아 정부가 핵

---

118) Fransisca Theresia Sembiring, *Study of recycling demolition waste material product in Jakarta, Indonesia*, E3S Web of Conferences 74, 2018, pp. 2-5.

119) Tri Joko Wahyu Adi, Panji Wibowo, *Application of circular economy in the Indonesia construction industry*, IOP Conf. Series: Materials Science and Engineering 849, 2020, p. 5.

120) Trie Sony Kusumowibowo, Tri Joko Wahyu Adi, *Circular Economy Model of Indonesian Construction Industry Waste Based on System Dynamics*, Advances in Engineering Research, Vol. 187, 2019, p. 26.

121) Barita News Lumbanbatu, *Basten Gokkon, Indonesia probes suspected*

관련 연구시설조차도 감시할 수 없는 능력을 감안할 때, 원자력 발전 자체를 자제해 달라는 입장을 규제 당국에 전달하였다. 인도네시아에서는 원자력 확대 가능성과 안전에 기여하기 위하여 1997년 4월부터 「원자력에너지에 관한 법 제10호(Act of the Republic of Indonesia No. 10/1997 on Nuclear Energy)」를 적용해 왔다. 동법에 의해 1998년 5월 원자력 통제 위원회(Nuclear Energy Control Board; NECB)가 설치되었으며, 원자력 에너지 규제에 대한 기본원칙의 마련과 핵폐기물관리 및 피해발생 시의 책임에 관해서 다루고 있다. 핵폐기물과 관련한 주요 내용으로는 제22조 제1항에서 핵폐기물의 관리는 근로자 및 공공환경에 대한 방사선 위험을 완화하기 위하여 실시되어야 한다고 규정하고 규정하면서 제23조에서 인도네시아 국립 원자력 기구(Badan Tenaga Nuklir Nasiona; BATAN)는 국가 또는 민간기업 및 협동조합을 지정하여 상업용 폐기물관리활동을 할 수 있는 핵폐기물관리를 수행한다고 명기하고 있다. 중저준위 핵폐기물을 발생시키는 사용자는 폐기물을 수집·분리·처리하여 임시로 보관한 후 실행주체로 이송하여야 하며(제24조 제1항), 고준위 핵폐기물은 집행기구(Executing Body)에 의하여 최종저장소를 제공할 수 있도록 하고 있다(제24조 제1항). 이때, 최종 저장소는 의회의 동의를 얻어 정부가 지정하도록 하고 있으며, 타국의 핵폐기물은 인도네시아 영토에 폐기될 수 없다.

최근 인도네시아는 신재생에너지에관한법안 초안을 작성하고 있다. 동초안은 인도네시아가 청정 자원으로 전력을 생산하는 데 도움이 될 수 있는 정책에 대한 희망을 표명하고 기후 위기를 해결하려는 노력의 일환으로 작성되었다. 인도네시아는 2030년까지 이산화탄소의 배출량을 29~41%까지 줄이는 것을 파리기후변화협약의 자발적 공약(Natonally Determined Contribution; NDC)사항으로 제출하였다. 인도네시아 환경법센터(ICEL)의 Grita Anindarini 연구원은 동 초안은 NDC에 규정된 온실가스 감축을 위

---

nuclear waste dumping at housing estate, https://news.mongabay.com/
2020/02/indonesia−probes−suspected−nuclear−waste−dumping−at−
housing−estate, Accessed on 1 January 2021.

해 재생에너지를 추진하려는 인도네시아의 노력의 일환으로 설명하고 있다.[122] 그러나 BATAN에 의하면 2031년까지 적어도 4기 이상의 원자력발전소 설립에 대한 계획이 발표되었다.[123] 인도네시아는 3개의 연구용 원자로를 포함한 핵 연구 개발 시설의 사용과 의학 및 산업에서의 핵 동위 원소 사용으로 인해 발생하는 핵 폐기물 및 사용후핵연료 관리에 대한 정책과 전략을 가지고 있다.[124]

핵폐기물 기술 센터(Radioactive Waste Technology Center; RWTC)는 인도네시아에서 유일하게 핵폐기물을 가연성 폐기물 및 고활성 폐기물의 분리와 밀봉 형태로의 처리 능력을 갖춘 기관에 해당한다. RWTC는 핵폐기물의 관리를 위해서 관리정보시스템(Management Information System; MIS)을 주기적으로 보관·개발하며 MIS는 운송 및 보관 중인 핵폐기물을 정확하게 식별하는 데 사용된다. 집행기구(Executing Body)는 핵폐기물의 관리를 통해 핵에너지 사용을 집행해야하는 과제를 수행한다. 실행기관인 BATAN은 비상업적 활동을 수행하지만, 상업용 활동은 민간기업 내지 국영기업과 협력하여 수행할 수 있다. 핵폐기물관리소(Radioactive Waste Management Station; RWMS)는 저준위 핵폐기물의 압축·소각·저장·재활용을 하는 임무를 부여받고 있다. 미국과의 양자조약에 의하면 사용후핵연료는 미국으로 재수출 될 수 있다.

인도네시아 정부는 독립 규제 기관 (BAPETEN) 및 중앙 집중식 핵 폐기물관리 기관(CRWT-BATAN)을 비롯한 광범위한 핵폐기물관리 시설을 설치하였다. 또한 국내법 및 국제협약에 의하여 핵폐기물 및 사용후핵연

---

122) Basten Gokkon, *In Indonesian renewables bill, activists see chance to move away from coal, https://news.mongabay.com/2020/02/indonesia-renewable-energy-bill-coal*, Accessed on 1 January 2021.

123) World Nuclear Association, *Nuclear Power in Indonesia(Updated January 2021)*,https://www.world-nuclear.org/information-library/country-profiles/countries-g-n/indonesia.aspx, Accessed on 1 January 2021.

124) D.S.Wisnubroto et al., *Challenges of implementing the policy and strategy for management of radioactive waste and nuclear spent fuel in Indonesia, Nuclear Engineering and Technology*, Vol. 53, 2021, p. 549.

료 취급으로 인한 모든 위험으로부터 인도네시아 국민을 보호하도록 하고 있다. 그러나 향후 핵폐기물관리의 지속 가능성은 부지 선정뿐만 아니라 핵폐기물관리 자금 조달과 관련된 처리 문제와 같은 다양한 과제에 직면해 있다. 마찬가지로 운송 문제도 지적된다. 군도 국가인 인도네시아는 핵물질 운송에 필요한 인프라 관리에 여전히 어려움을 겪고 있으며, 핵 동위 원소 생산에서 발생하는 폐기물, 특히 99Mo 생산에서 발생하는 핵폐기물은 BATAN이 처리 한 적이 없기 때문에 특별한 주의가 필요하다.125) 따라서 핵폐기물의 관리의 규정, 인프라 및 기술에 대한 수정 및 개선이 필요하다.

3. 캄보디아

1) 녹색성장전략

캄보디아는 2013년부터 2030년까지의 녹색성장에 관한 국가전략계획 (National Strategic Plan on Green Growth; NSPGG) 및 녹색성장에 관한 국가정책(National Policy on Green Growth)을 발표하였다. NSPGG는 녹색 투자와 녹색 일자리 창출, 녹색 경제 관리, 녹색 경제, 녹색 환경, 천연자원 관리, 인적 자원 개발 및 녹색 교육, 효과적인 녹색기술의 관리, 녹색 사회 안전 시스템, 녹색 문화 유산의 보호 분야를 폭넓게 통합한다. 이는 녹색 성장을 바탕으로 캄보디아의 국가개발계획을 수립함으로써 빈곤 감소를 위한 복지와 경제성장을 촉진하는 것을 목표로 하고 있다.126) 그러나 NSPGG는 폐기물관리에 있어서 구체적이지 않으며, 이와 관련한 지침을 개발하지 못하고 있다.

캄보디아에서 폐기물관리에 대한 전반적인 책임은 지방자치단체와 민간사업자에게 있다. 폐기물 양이 증가하고 관리서비스의 질이 낮아짐에

---

125) *Ibid.*
126) Marketta Vuola et al., *supra note 683.*, p. 4.

따라 공공부문과 민간부문 모두가 건전한 폐기물관리 서비스를 제공하는 것이 주요 과제이다. 현재까지 캄보디아의 효율적인 폐기물관리를 위해 전략과 규제 및 정책이 도입되어 왔지만 성과 수준과 관행, 소비자의 동기부여 정도는 회의적인 수준에 불과하다. 재정·인적 자원·법률 부재와 지방정부의 역량강화가 지속가능한 폐기물관리를 추구하는 데 있어서 한계로 작용한다. 이를 개선하기 위해서는 폐기물 수집가들에게 자금 지원, 조세 혜택, 기술 이전과 같은 인센티브 도입이 필요하며 이러한 인센티브를 캄보디아 정부가 합리적으로 투명하게 운영하여야 한다. 또한, 지방자치단체와 민간사업자의 모니터링을 통해 폐기물관리 절차 통제 및 불법투기·방치를 규제하는 적절한 법안을 마련하여야 한다. 지속가능한 폐기물관리는 캄보디아의 녹색성장 및 순환경제에 있어서 실질적인 영향을 미치게 된다.

2) 도시 쓰레기 및 폐기물관리 시행령

「환경보호 및 천연자원 관리에 관한 법률」제6조 제13호는 환경부에 의해서 하위 규정을 만들 수 있도록 하고 있다. 이와 관련하여 「고형폐기물관리 시행령」뿐만 아니라, 2015년 「도시 쓰레기 및 폐기물관리 시행령 (Sub－Decree on Management of Garbage and Solid Waste of Downtowns)」을 제정하여 환경부 및 관련 부처가 캄보디아에서의 지속가능한 폐기물관리를 추진하기 위한 규정을 마련하고 있다. 도시지역의 환경건정성, 공공보관, 도시미관을 보장하기 위하여 폐기물관리를 지속적이고 투명하며 책임감 있게 개선하는 것을 목적으로 하는 「도시 쓰레기 및 폐기물관리 시행령」은 도심 쓰레기 및 폐기물(이하 '폐기물'로 약칭함) 관련 부처와 이해관계자의 책임강화 및 대책마련, 교육 및 시민참여를 촉진시키는 목적으로 제정되었다(제2조). 캄보디아 환경부는 폐기물관리와 관련된 정책과 국가전략계획 및 법률기구, 기술지침을 마련하도록 하면서 이에 관련한 기술자문 및 역량강화를 시행할 책임이 있다(제5조). 제15조에서는 재사용·재활용 가능한 폐기물의 분리수거에 대한 내용을 규정하고, 제16조 및 제17

조는 배출 이전까지 당해 점유자의 보관방법과 의무 및 운송에 대해서 규정한다. 제18조는 점유자의 비용부담의무에 대해서 밝히고 있고, 제20조는 소각금지구역 지정한다. 매립지에 관한 규정으로 제36조는 매립지 선정시 처리기술과 사용기간을 명시하여 환경부의 허가를 받도록 규정하고 있으며, 매립지에서 환경오염사고가 발생한 경우에는 즉각적인 조치를 취할 것을 제37조에서 규정한다.

위 시행령에도 불구하고 점유자 내지 배출자의 제한된 인식으로 캄보디아에서의 폐기물 발생량은 급속히 증가하고 있으며, 비위생적인 방법으로 매립되거나 부적절한 장소에서의 소각으로 인해 공공보건 영역에서 심각한 문제를 야기시키고 있다. 캄보디아 정부는 여전히 폐기물의 최종 장소에 적합한 지역을 찾는 데 어려움을 겪고 있고 이러한 문제점은 기존 매립지 및 소각시설의 용량부족과 신규시설 설치에 있어서의 자금난이 주요 원인으로 보인다.[127] 또한, 시행령의 규정이 정부 보조금을 받고 있는 일부 지방자치단체에서만 준수되고 있으며 보조금 지급이 되지 않는 지역이 시행령상 의무와 책임에도 불구하고 중앙정부에게 폐기물관리 책임을 전가시키고 있다.[128] 이는 캄보디아 내에서 발생되는 산업폐기물, 의료폐기물, 유해폐기물 및 건설폐기물에서도 공통적으로 나타나는 문제점에 해당한다. 정부 관련 부처 간 의사소통의 수단으로 신규 폐기물관리 전략을 수립하고 폐기물 관련법에 대한 이해관계자의 인식제고를 위한 교육방안이 마련되어야 한다.

3) 프놈펜(Phnom Pehn)의 폐기물관리 전략 및 실천계획

캄보디아 프놈펜(Phnom Pehn)에서 폐기물 수집은 배출자의 수수료만으로 충당되고 있으며, 도·소매업 및 호텔, 식당 등 배출자의 지불능력을 고려해서 월정액으로 상정된다.[129] 월정액 방식의 수수료 지불은 폐기물

---

127) IGES, *State of Waste Management in Phnom Penh, Cambodia*, United Nations Environmental Programme, 2018, p. 27.

128) *Ibid.*

의 배출량이나 분리배출을 고려하지 않음으로써 사실상 감량효과를 기대하기 어려운 조치에 해당한다. 폐기물의 급격한 증가로 인하여 프놈펜에서 폐기물의 수거·운반·처리 강화의 필요성이 제기되면서 3R 전략과 친환경적 폐기물 처리에 관한 논의가 시작되었다. 「프놈펜의 폐기물관리 전략 및 실천계획(Phnom Penh Waste Management Strategy and Action Plan 2018-2035; 이하 '실천계획'으로 약칭)」은 2018년부터 2035년까지 폐기물관리 관련 이해관계자 간 협력을 바탕으로 지속가능한 도시를 유지하는데 목적이 있다. 구체적으로는 ① 유기폐기물 및 플라스틱 폐기물의 재활용을 위한 원천분리를 촉진하여 도시지역의 폐기물 수거량 개선과 처리량의 최소화, ② 지속가능한 자원관리 및 경제발전을 위해서 폐기물 재활용을 촉진하여 해당 사업부문을 육성, ③ 폐기물의 건전한 관리수립을 통한 수질 오염 및 대기오염 개선에 대한 다각적인 인센티브 도입, ④ 폐기물관리 모니터링 및 평가를 위한 폐기물관리 상황에 대한 데이터 수집 및 산출 방법의 개선이 포함된다.

캄보디아에서 재활용이 가능한 폐기물은 주로 다른 국가로 수출되어 왔다. 캄보디아 자체의 폐기물 재활용에 대한 자료는 전반적으로 부족한 가운데 프놈펜에서는 제한된 규모의 재활용 활동이 관찰되고 있다.[130] 최근에는 순환경제 접근방식에 기반한 사회로의 전환을 목표하는 잠재적인 재활용 업체에 대한 대책을 모색하고 있다. 캄보디아의 폐기물관리에 대한 자료가 제한적이므로 위 실천계획은 모니터링 강화 및 자금지원에 대한 내용을 포함하는 내용을 다루고 있다. 아래는 캄보이아 및 프놈펜의 특정폐기물에 대한 실천계획의 내용이다.[131]

---

129) 주문솔·김재영, "개발도상국에서 폐자원 에너지화 기술 선정을 위한 평가 지표 개발"-캄보디아 프놈펜시를 대상으로-, 「한국폐기물자원순환학회지」 제32권 제5호, 2015, p. 522.
130) UNEP, *Phnom Pehn Waste Management Strategy and Action Plan 2018- 2035*, Phnom Penh Capital Administration, Kingdom of Cambodia, 2018, pp. 20-22.
131) *Ibid.*, pp. 23-30.

(1) 건설폐기물

특정폐기물 중 건설폐기물에 대하여는 법적 공백 상태이며 이에 대하여 실천계획은 민간업자는 건설폐기물의 일부를 수집·처리·폐기하며, 일부는 재사용을 위해서 판매된다. 남은 부분은 불법투기·방치·소각되기도 하는데 실천계획은 향후 건설폐기물의 규제와 3R 촉진의 필요성을 밝히고 있다.

(2) 의료폐기물

의료폐기물은 분리보관함을 이용하여 배출된다. 일부 의료시설에서는 분리 관행이 여전히 제한적이다. 그 결과 일반폐기물과 혼합되어 처리되기도 한다. 의료폐기물은 GPS시스템이 장착된 운송수단을 이용하여 적십자가 설립한 소각장으로 운반된다. 프놈펜 내에서 미수거 의료폐기물이 보고되거나 의료폐기물의 수거율에 대해서는 알려진 바가 없으며, 이에 대한 최신법령으로는 2012년 「의료폐기물관리에 관한 국가지침(National Guideline on Health Care Waste Management)」이 해당된다.

(3) 산업폐기물

프놈펜에서 발생한 산업폐기물은 민간기업인 사롬무역회사(Sarom Trading Company)에 의해서 수거되며, 수거된 산업폐기물은 처리과정 없이 최종 처분장에 반입된다. 일부 사업장에서는 사롬무역회사에 폐기물 수집 서비스에 수수료 지급을 회피하고 있는 문제로 동 회사의 소득 불확실성이 문제된다.

(4) 전자폐기물

전자폐기물 수집가는 재사용 가능한 부품이나 재료를 수출하거나 국내적으로 판매하고 중요하지 않은 부품은 폐기물로 처리한다. 전자폐기물은 수집 서비스가 별도로 마련되어 있지 않기 때문에 수리 또는 해체 작업이 현장에서 이루어지고 소각하는 과정을 통해서 지역주민의 건강과 환경에 영향을 미치게 된다.

이상에서 살펴보았듯이 캄보디아에서의 순환경제 실현을 위해서는 기존의 녹생성장 전략에 순환경제 사고를 반영한 폐기물관리 프로그램을 적용시키고 관련 국내법을 제정할 필요가 있다. 또한, 순환경제에 대한 교육을 통해 소비자들이 폐기물의 분리 배출과 비용 납부에 대한 인식 제고가 필요하다. 캄보디아의 폐기물 발생률은 현재까지도 추정치에 불과하고 폐기물관리에 있어서 법·정책적 공백이 남겨져 있으므로 한계가 상존한다. 중앙정부에서 폐기물관리를 직접적으로 다루도록 하는 규정이 마련되어야 한다.

제3장

결 론

　삶의 평화를 창조, 유지하기 위해 법은 견고하고 명백하며 가치 있는 작용을 하는 원칙을 증진하여야 한다. 폐기물법은 사회적·정치적 공동체의 행위를 규제하는 체계로 구성되며, 효과적인 폐기물관리 체계를 실현하기 위해서는 개인의 인식향상과 이를 뒷받침하는 법규범으로 이루어진다. 폐기물관리에 관한 개별법률은 국내적으로 환경과 경제질서를 유지·향상시킬 수 있는 정의감에 도달할 수 있어야 한다. 개발도상국의 폐기물관리 전략에 있어서 개선방안으로 제시되는 공통점은 자국의 상황에 맞게 선택적인 폐기물관리 관행을 넘어서는 폐기물관리 전략을 도입하여야 한다는 점이다. 또한, 국내처리 및 수입억제원칙과 함께 녹색기술 도입·개발에 대한 현실적인 기금조성 방안을 마련하여야 한다.

　결국에는 건전한 폐기물관리는 지속가능한 관리의 일환으로 생산자책임재활용제도(EPR)와 기업의사회적책임(CSR)을 접목한 순환경제 전략을 반영하여야 한다. 순환경제는 생산되는 폐기물을 최소화하면서 제품, 재료 및 자원의 가치를 최대한 경제적으로 유지하는 것을 목표로 한다. 일자리 창출과 미래형 경제 성장, 민간 부문 투자 및 이윤 증가, 생활 수준 향상, 환경·자연 및 기후에 대한 부정적 영향 감소 등의 잠재력은 개발도상국가가 순환경제전략을 채택하는 동기기로 작용한다. 따라서 선형경제에서 순환경제로의 전환은 지속가능한 폐기물관리를 선택하는 데 있어서 합리적인 수단이다. 아래에서는 본문에서 언급된 개발도상국가의 문제를 중심으로 개선방안을 모색하도록 한다.

제1절 라오스

  라오스의 폐기물관리는 전반적으로 미약한 수준이다. 특히 소비자가 배출하는 폐기물의 분리가 거의 이루어지지 않고 있으며, 이로 인해 폐기물은 버려진 땅이나 마을 외곽지역, 강 등에서 불법투기되거나 소각된다. 통제나 감시가 어려운 개방형 매립지는 폐기물의 불법 투기로 인하여 지역주민의 건강위험을 초래하기도 한다. 또한, 유해폐기물로의 발생이 우려되는 유해물질에 대한 적절한 규제가 이루어지지 않으면서 지속가능한 폐기물관리를 위협한다. 폐기물 수거율은 전체의 절반 수준에 불과하고 불법적인 투기관행에 기인한 폐기물 피해가 심각한 수준이며, 특히 고형폐기물에 대한 위생처분 관련 규제가 부족한 현실이다. 이에 대하여 폐기물을 이용한 3R원칙을 반영하는 사업에 대한 정책지원은 비용 효율적이며, 라오스 산업 발전을 위한 주요 원동력으로 작용한다. 이를 위해서는 EU의 폐기물관리전략을 모범으로 한 라오스 내에서의 폐기물관리 관련 법제의 효율적인 제·개정이 수반되어야 한다.

  라오스 순환경제 전략은 재활용에 중점을 두고 있으며, 폐기물 자원화를 통하여 자국내 석유 수입 의존도를 줄이고 나아가서 바이오가스 수출국이 되는 것을 목표로 하고 있다. 타국으로부터의 기술지원 약정이 이루어지지 않는다면 폐기물 자원화 시설(압축시설, 위생매립지, 에너지 전환 소각로 등)을 설립하는 데 제한이 따른다. 따라서 효율적인 폐기물 자원화를 도모하기 위해서는 관련 인프라 구축과 관련한 전략계획의 수립이 필요하며, CCS를 비롯한 녹색기술의 발전적 측면이 라오스 국내법에 반영되어야 한다.

「환경보호관리법」상 무과실 책임은 공법상 책임으로서 기업에게 폐기물로 인한 오염 물건에 대한 정화책임을 갖는지 여부가 불분명하게 규정되어 있다. 특히 유해 및 독성물질에 대한 규제를 다루고 있을 뿐 폐기물 분야에 있어서 어떠한 유형의 폐기물에 대한 내용인지가 분명하지 않게 기술되어 있다. 개정을 통하여 무과실 책임의 범위와 손해배상의 방법이 구체적으로 적시되어야 한다. 또한 공익소송에 관한 환경보호관리법 제92조는 환경단체에 원고적격을 인정하는 조문에 해당하는데, 법률상 이익이 없는 환경단체에게 원고적격을 명문으로 인정하는 문제의 합리성에 대해서는 의문의 여지가 있다. 소송상 반사적 이익에 불과한 자에게 원고적격을 인정하는 문제는 충분한 검토가 필요할 것으로 보인다.

인도네시아에서 의료폐기물은 주로 소각 방식을 채택하고 있는데, 등록된 의료폐기물 소각장은 전체 의료시설의 4% 미만에 불과하다. 이에 대한 매립시설 및 소각장 증설과 관련한 규정이 개발되어야 한다. 「환경보호관리법」 제63조 제1항은 중앙정부와 지방정부의 협력기준의 개발(g호) 및 지역 간의 환경분쟁해결과 협력조정 및 편의제공(q호)을 규정한다. 그러나 중앙정부와 지방정부 간 협력 의무에도 불구하고 양 기관 간 폐기물관리에 있어서 과소보호의 문제는 해결하여야 할 과제로 남아 있다. 예컨대, 의료폐기물을 비롯한 유해폐기물을 취급하는 사업장에서 이를 부적절한 장소에 폐기하는 방법으로 관련 규정을 준수하지 않았을 때에는 당해 사업장을 폐쇄시키고 허가를 취소할 수 있는데, 그 기준이나 실행이 권고적인 것에 불과하다.

인도네시아의 순환경제 전략에 있어서 특히 건설폐기물 관련 정부차원 규제는 존재하지 않는다. 개발도상국의 상황에서 지속가능한 폐기물관리를 구현하기 위해서는 인프라의 확대가 선행되어야 하는 바, 건설자재 및 해체작업 시 발생하는 건설폐기물을 친환경적으로 사용하여야 하는 의무를 부과하고 녹색기술 도입에 따른 인센티브가 포함된 규제조치가 논의되어야 한다. 또한, 인도네시아 국내적으로 핵폐기물의 처리에 대한 심각성이 고조되어 있으며 군도국가인 인도네시아는 해양으로의 오염원 배출에 있어서 합리적인 규제조치가 필요한 상황이다.

제3절 캄보디아

캄보디아의 폐기물관리 관련 법은 비교적 체계적이지만 법령과 이행 간의 차이가 나타난다. 민간사업자에 의한 폐기물 식별과 운송 및 처리는 충분하지 않으며, 비용부담의 주체인 배출자의 폐기물 불법투기나 소각은 개선되지 않고 있다. 폐기물의 점유자 내지 배출자의 제한된 인식으로 폐기물 발생량은 증가하고 있으며, 개방형 폐기물 처리장을 사용하면서 위생기준을 충족하지 못한 상태에서 매립되거나 부적절한 장소에서의 소각으로 인하여 지역주민의 건강과 환경에 문제를 야기하고 있다. 이러한 문제점은 매립 및 소각시설의 용량부족과 신규시설 설치에 있어서의 자금난이 주요 원인에 해당한다. 또한, 보조금 지급을 받지 않는 지방자치단체는 폐기물관리에 대한 의무와 책임에도 불구하고 중앙정부에게 폐기물관리 책임을 전가시키고 있다. 이는 캄보디아 내에서 발생되는 모든 폐기물에서 공통적으로 나타나는 문제점에 해당한다. 3R의 실행에 있어서 민간 재활용업체와 일부 비정부기구(NGO)에 의해 비공식적인 폐기물의 재활용이 이루어지지만 제한적인 규모에 불과하다. 정부 관련 부처 간 의사소통의 수단으로 신규 폐기물관리 전략을 수립하고 폐기물 관련법에 대한 이해관계자의 인식제고를 위한 교육방안이 마련되어야 한다. 그리고 지방자치단체 내지 중앙정부가 이에 대한 유인책으로 보조금을 비롯한 재정적인 지원은 캄보디아의 폐기물관리에 있어서 필요한 수단이다.

캄보디아 형법은 폐기물관리를 위반하는 행위에 대하여 벌금형을 부과하고 있는데 민간기업이 대행하고 있는 폐기물 수거 범위를 고려하면 벌금액수의 자체가 상대적으로 낮은 수준이다. 벌금액수를 획기적으로 증액한다면 반대로 미등록 불법업체에 의한 폐기물 불법투기 관행이 증가할 수 있으므로 점진적으로 이를 증가시킬 수 있는 방안이 고려되어야 한다. 여기에는 폐기물의 불법 관리에 비례하는 징벌적 성격의 벌금제도 산정과 정화책임을 의무사항 명문화하는 노력이 필요하다.

캄보디아의 녹색성장전략은 폐기물관리에 대하여 구체적이지 않으며 관련 지침을 제공하지 못하고 있다. 프놈펜(Phnom Pehn)은 「프놈펜의 폐기물관리 전략 및 실천계획」을 통해서 건설폐기물의 3R촉진 및 의료폐기물의 처리, 산업폐기물의 오염자 책임문제, 전자폐기물의 수집서비스에 대하여 다루고 있으나 지역차원의 실천계획은 제한적인 것에 불과하므로 캄보디아 정부 차원의 순환경제 및 폐기물관리에 대한 정부차원의 법령규제가 요구된다. 정부가 기존의 폐기물 불법 관리 관행을 개선할 수 있는 관련 법령의 제정에 있어서 폐기물관리 전 단계에 걸친 세분화된 행위규범을 제시하여야 하며, 다른 개발도상국과 마찬가지로 폐기물의 점유자를 교육할 수 있는 법·정책 대안이 마련되어야 할 것이다.

현실적으로 지속가능한 폐기물관리는 국내법에 의존하여 정부 및 관련 부처의 합리적인 정책의 수립과 이행으로 실현된다. 기존의 폐기물관리 방식은 발생 → 수거 → 처리의 선형적 시스템에 국한되어 있었으나 현재는 폐기물 분리 배출과 운송 및 처리과정에서의 친환경 시스템을 구체화하는 세부적인 고려사항이 요구된다. 일련의 폐기물관리 체계는 환경과 경제적 요청에 부응하여 상호작용하는 한편 이해관계자의 충돌로 복잡한 양상으로 전개되기도 한다. 이를 해결하기 위한 접근 방식은 폐기물법 전반에 걸친 순환경제 사고의 반영과 녹색기술의 활용이 필수적이다.

저자 약력

최영진(1983년생, 대학강사)

한림대학교 법학과를 졸업하고 강원대학교 일반대학원에서 국제해양법으로 석·
박사 학위를 취득하였다. 한국안보통상학회 간사직 및 글로벌법과사회포럼 사무국
장직을 수행하였으며, 해양오염 관련 국제조약을 연구하고 있다. 주요 저서로는
「교양법학」(박영사, 2021)이 있으며, 2021년 법질서 유공 분야 법무부 장관 표창
을 수여받았다.

국제폐기물법

초판발행	2022년 3월 31일
지은이	최영진
펴낸이	안종만·안상준
편 집	윤혜경
기획/마케팅	손준호
표지디자인	BEN STORY
제 작	고철민·조영환
펴낸곳	(주) **박영사**
	서울특별시 금천구 가산디지털2로 53, 210호(가산동, 한라시그마밸리)
	등록 1959. 3. 11. 제300-1959-1호(倫)
전 화	02)733-6771
f a x	02)736-4818
e-mail	pys@pybook.co.kr
homepage	www.pybook.co.kr
ISBN	979-11-303-4129-3 93360

copyright©최영진, 2022, Printed in Korea

정 가	18,000원